O. Henry

欧·亨利
小说全集

The
Complete
Stories
by
O. Henry

5 滚石
+ 城市的声音
+ 流浪汉

〔美〕欧·亨利——著

王永年——译

人民文学出版社
PEOPLE'S LITERATURE PUBLISHING HOUSE

目　次

滚　石

统治者………3

小熊约翰·汤姆的返祖现象………22

助人为乐………36

提线木偶………45

侯爵和莎莱小姐………58

圣多尼之雾………69

朋友的召唤………78

蒂克托克………89

离奇的故事………98

城市的声音

城市的声音………103

约翰·霍普金斯正传………109

吝啬的穷情人………116

多尔蒂的启发………123

"美中不足"………129

春天的先兆………135

汽车等待的时候………142

看热闹的喜剧………148

一千元………153

城市的挫败………160

命运的震荡………167

地狱之火………173

复仇女神和糖果小贩………180

使圆成方………187

玫瑰、谋略和浪漫史………192

可怖之夜的城市………198

灵魂的复活节………203

傻瓜杀手………209

世外桃源的过客………217

餐馆和玫瑰………223

嘹亮的号角………229

悬崖勒马………237

波希米亚的市侩………245

各尽所能………251

纪念品………258

流 浪 汉

托尼亚的红玫瑰………271

周而复始………281

橡胶树盆景的故事………286

来自拿撒勒………291

幽默家自白………305

麦迪逊广场的麻雀………*315*

戴手铐的旅客………*319*

仙人掌………*322*

反侦查………*326*

狗和独幕剧………*331*

暴民小议………*336*

雪人………*340*

滚　石

统 治 者*

　　我走在傲慢城①的大街上,渴望见到一张陌生人的脸庞。因为这个城市仿佛成了沙漠,熟悉的人物像沙暴中的沙粒一般密集;而你开始憎恨他们,正如憎恨同你形影不离的朋友或者亲戚一样。

　　我的愿望实现了,因为我在百老汇路和第二十九街的拐角处看到一个亚麻色头发、脸像山核桃鳞状树皮的小个子,向围观的人群兜销一种万能工具,声称可以用它当开罐头刀、螺丝刀、纽扣钩、指甲锉、鞋拔、表链、土豆削皮器和任何男人钥匙链上的装饰品。

　　这时候,一个大腹便便的警察在顾客堆中挤进来。小贩在销售旺季受到干扰,显然已经习惯了,他收好背包,鼬鼠似的从对面人群中间溜走。人群像面包屑周围的蚂蚁,面包屑遭到惊动,蚂蚁也就漫无目的地匆匆散去。警察突然忘掉地球和它的居民,站停下来,挺着大肚子,把警棒挥舞出复杂的花样。我急忙赶上堪萨斯·比尔·鲍尔斯,抓住他的胳臂。他既没有回头看我,也没有放慢脚步,我却发觉一张五元的钞票已经利落地塞进我手里。

　　"堪萨斯·比尔,"我说,"没想到你把老朋友看得这么不值钱。"

　　他这时候才回过头,山核桃树皮绽开成了笑脸。

---

　*　这篇匠心独运的有趣的小说是作者最受欢迎、创作力最旺盛时期的作品,于1906年8月首次在《人人杂志》上发表。
　①　指纽约,其实纽约市常用的别名是"大苹果"。

"把钱还给我，"他说，"不然我告你欺诈，叫那个警察抓你。我还以为你是警察呢。"

"我有话问你，比尔，"我说，"你什么时候离开俄克拉何马的？红头发麦克吉尔目前在哪儿？你干吗在街上买这种寒碜的玩意儿？你的大角金矿出不出金子？你怎么会晒得这么黑？你想喝什么？"

"一年前，"堪萨斯·比尔按照我问题的次序逐条回答，"在亚利桑那做风车买卖。挣些零花钱。根本不出金子。去过一次热带。啤酒。"

我们找了一个合适的地方，成了以利亚①，一个穿黑衣服的侍者扮演了乌鸦的角色。我得先谈些往事，才能让比尔打开话匣子。

"是啊，"他说，"我记得小牛追你的时候，蒂莫泰奥套在大牛角上的绳索绷断了。你和那条大牛！我永远忘不了。"

"热带地区大得很，"我说，"你去的地方在北回归线或南回归线的哪一部分？"

"在中国或者秘鲁一带——或者也许是阿根廷邦联，"堪萨斯·比尔说，"反正是个伟大的民族，有点不对劲，但还是进步的。我在那里待了三个月。"

"如今你回到了真正伟大的民族中间，一定很高兴吧，"我猜测说，"特别是回到纽约，纽约人是世界各国最进步、最独立的公民了。"我像是一个到了百老汇路就忘乎所以的乡巴佬似的接着说。

"你想挑起争论吗？"比尔问道。

"能有争论吗？"我回说。

"你认为爱尔兰人有没有幽默感？"他问道。

---

① 伊利亚是以色列王亚哈时代的先知，大旱之年他搬到基立溪畔，有乌鸦叼饼和肉来喂他。见《旧约·列王纪上》第18章第6节。

"我只有一两个小时可以奉陪。"我看看酒馆墙上的钟说。

"不是说美国人不是伟大的有商业头脑的民族,"比尔让步说,"而是要怪那些把谎言当做小说来写的作家。"

"那个爱尔兰人叫什么?"我问道。

"啤酒够不够冷?"他说。

"据说俄罗斯农民还会暴动。"我说。

"他叫巴尼·奥康纳。"比尔说。

由于我们一向了解各自的思维方式,我们前言不搭后语地说到了堪萨斯·比尔的故事开头的地方:

"我是在西区的一家公寓里遇见奥康纳的。他请我去他租住的在过道隔出来的房间里喝杯酒,我们很快就像从小一起长大的狗和猫那样相处极好。他高大英俊,背靠一面墙,脚抵另一面墙,坐着在看地图。床上有一把带流苏的漂亮的金剑,剑柄镶嵌莱茵水晶石,剑身很长,伸出床外有三英尺。

"'这是什么?'我说(那时我们已经混得很熟了),'诽谤爱尔兰前统治者的年度游行吗?游行走什么路线?沿百老汇路走到第四十二街,朝东到麦克卡蒂酒馆,然后——'

"'你不妨坐在脸盆架上,'奥康纳说,'听我慢慢说。不要瞧不起那把剑。那是我父亲在芒斯特使用过的。这张地图,鲍尔斯,也不是庆祝游行的路线。你再仔细看看就明白了,那是南美洲地图,包括十四个绿、蓝、红、黄色的国家,时不时发出要求从压迫者的枷锁下解放的呼声。'

"'我知道,'我对奥康纳说,'那是文学作品的题材。十分钱一本的廉价杂志从《里德帕斯从砂岩时期到赤道的世界历史》①上

---

① 里德帕斯(1840—1900),美国历史学家,著有《美利坚合众国通俗史》《世界史百科全书》(四卷)《人类主要种族》(四卷)等。这里的书名是鲍尔斯杜撰的。

剽窃来的。分期连载,主人公通常是个姓奥基夫的雇佣军人,当西班牙裔美国人用意大利语骂人时,他就成了独裁者。我怀疑历史上是不是真有其事。你不至于也想试试吧,巴尼?'我问道。

"'鲍尔斯,'他说,'你是受过教育、有勇气的人。'

"'这一点我不否认,'我说,'教育是我们家的传统;勇气是我在生活中艰苦奋斗得来的。'

"'姓奥康纳的,'他说,'都是好战的。那是我父亲的剑,这是地图。庸庸碌碌不是我的生活。姓奥康纳的人生来就是统治者。我必须成为统治人们的人。'

"'再看看地图,'他说,'看看我刀尖指着的地方。我选中这个地方,用我父亲的剑去协助颠覆。'

"'我看到了,'我说,'那块是绿色的;证明了你的爱国主义,那块面积最小;证明了你的判断能力。'

"'你的意思是不是说我胆小?'巴尼涨红脸说。

"'单枪匹马去攻打并没收一个国家的人,'我说,'怎么能说是胆小呢。充其量只能说是剽窃或模仿。假如安东尼·霍普和罗斯福①都不追究的话,别人更没有权利反对。'

"'我不是开玩笑,'奥康纳说,'我有一千五百元的启动资金。我对你一向有好感。你干不干?'

"'我目前没有工作,'我告诉他,'怎么干呢?是不是煽动起义时,我光吃干饭,拿下那个国家后,我出任国防部长?有没有工资,或者仅仅是挂名差事?'

"'一切费用由我支付,'奥康纳说,'我要一个可以信赖的人。

---

① 安东尼·霍普(1863—1933),英国小说家,所著《曾达的囚徒》以一个虚构的王国为背景,获得很大成功,美国好莱坞将其改编为电影;罗斯福指美国第二十六任总统西奥多·罗斯福(1858—1919),在任期间曾用武力干涉哥伦比亚,并煽动巴拿马革命,从而取得巴拿马运河区的控制权。

我们如果成功,职位任你挑选,政府都可以任命。'

"'那好,'我说,'你不妨替我弄一批运货合同,并且在最高法院替我搞一个法官席位,免得我去当总统。那个国家用来惩戒总统的大炮杀伤力太大。你可以把我列在你的雇员名单里。'

"两星期后,奥康纳和我乘轮船前去那个在劫难逃的绿色的小国家。我们在船上待了三星期。奥康纳说他的计划事先已经全部安排就绪;但作为总司令,并且考虑到他的身份,计划细节必须向他的军队和内阁,也就是威廉·T.鲍尔斯保密。我参加那个未知的灾难深重国家的解放事业,每天的价格是三元。每星期六,我以接受检阅的姿势站在船上,奥康纳授予我二十一元。

"我们登陆的小镇据说叫做瓜亚格里塔。'我才不用这个名字叫它呢,'我说,'我提起它时,管它叫老希尔戴尔,或者汤姆金斯维尔,或者樱桃树角。这里显然需要进行拼音改革,把那些韵母都去掉。'

"从我们靠岸的海湾看来,小镇的风景还不错。海浪溅到沙滩上时,像是镶着绿色裥褶的白裙子。它的风景富于热带情调,像是长岛铁路公司旅客部编印的宣传品上隆孔科摩湖的图片。

"我们办理了叫人恼火的检疫和海关手续,奥康纳带我到名叫'孤独和集体圣徒的悲哀蝴蝶路'的一间土砖盖的小房子,只有十英尺宽,地上满是雪茄烟蒂和齐膝深的紫花苜蓿。

"'无赖小巷。'我给那条路另起了一个名字。

"'这里就是我们的总部,'奥康纳说,'是我在本地的代理人堂费尔南多·帕切科替我们找的。'

"奥康纳和我在那座房子里建立了革命中心。我们在前屋放了一些水果、吉他和一张摆着海螺壳的桌子,装点门面。后屋有奥康纳的书桌、一面大镜子和他藏在一卷草席里的剑。我们睡的是用两个墙钩挂起来的吊床,在英国饭店用餐,那是一个德国人开的、美国式的经济餐馆,供应的是中国饭菜,提供的是堪萨斯城大排档的服务。

"看来奥康纳事先确实有一套安排。他写了许多信,每隔一两天,就有一个当地人来总部,进了后屋,同奥康纳和翻译关上房门,谈半小时话。我注意到他们进来时嘴上总衔着八英寸长的雪茄烟,一副与世无争的样子;出去时总把一张十元或者二十元的钞票塞进口袋,把政府骂得狗血喷头。

"我们在这个瓜亚什么的滨海小镇待了差不多一个月,一天晚上,我和奥康纳坐在门外,用甘蔗酒、冰块和酸橙汁打发时间,我对他说:

"'作为爱国者,我还不太清楚我支援的是什么,能不能向你请教一个问题——你究竟策划怎么制服这个国家?你打算用流血手段呢,还是用和平正直的手段在投票站收买选票?'

"'鲍尔斯小老弟,'他说,'你是个好人,我打算在这场动乱后委你以重任。但是你不懂得政治。到目前为止,我们已经撒开一张策略的网络,用无形的手掐住了暴君卡尔德拉斯的脖子。共和国每一个城镇里都有我们的人。自由党必然取得胜利。我们的秘密名单上已经有许多同情者,多得足以一举摧毁现政权。'

"'测验投票,'我说,'只能表明空话大话的风向。'

"'这一切是谁完成的?'奥康纳自顾自往下说,'是我。指挥一切的是我。我们来这里时,我的代理人向我报告说,时机已经成熟。苛捐杂税搞得民不聊生,怨声载道。人民起来反抗时,谁是他们的当然领袖?除了我之外,还有谁?我们在杜拉斯纳斯省的代理人,扎尔达斯,昨天向我汇报说人们私下已经称我为"图书馆门"了,也就是西班牙语的"解放者"①。'

---

① 英语的"图书馆门"(Library Door)和西班牙语的"解放者"(Liberator)发音相似。

"'扎尔达斯是不是那个戴纸硬领、穿自制便鞋的酱紫色的阿兹特克老头?'我问道。

"'正是。'奥康纳说。

"'他出来时,我看见他往坎肩口袋里塞进一本黄皮小说①,'我说,'也许由于这个原因,他们管你叫图书馆门,不过他们更把你当做银行的边门。我们逢事应该往坏处着想。'

"'钱当然是要花的,'奥康纳说,'但是不出一个月,这个国家就会落到我们手里。'

"傍晚,我们通常在广场上散散步,听乐队演奏,同那些苦中作乐的老百姓打成一片。镇上一共有十三辆马车,都属于上层阶级,多半是四轮轻便车和老式的双马四轮车,正像阿拉巴马州的米利奇维尔市市长参加济贫院开幕典礼时乘坐的车子。他们绕着广场中央早已干涸的喷水池打转,朝熟人抬抬缎子高礼帽打招呼。普通百姓光着脚板溜达,抽着细长的雪茄烟。在走出屋外的人群中,最引人注意的是巴尼·奥康纳。他身高六英尺二,穿的是纽约第五街的名牌服装,眼睛炯炯有神,两撇乌黑的胡子梢一直翘到耳朵旁边。他是天生的独裁者、沙皇、英雄和蹂躏人类的人。我觉得广场上的人都注视着奥康纳,每个女人都爱慕他,每个男人都惧怕他。我瞅着他时,有一两次忽然想到以前他得意时的风光模样,我开始飘飘然,觉得自己也是南美洲的一个炙手可热的人物。紧接着我又回到严峻的现实,把想象力集中在星期六晚上领到的二十一个美元上。

"'你留心看看人民群众,'散步时奥康纳对我说,'观察他们被压迫的悲哀神情。难道你看不出他们的起义情绪已经高涨?难

---

① 黄皮小说(yellow-back)是19世纪美国流行的通俗廉价小说,最初用黄色硬纸板作封面;美钞俗称"绿背"(green-back),因为美国联邦储备银行发行的纸币背面呈绿色,故下文有"银行"之说。

道你没有察觉他们的不满?'

"'我看不出,'我说,'也没有察觉到。不过我开始了解这些人了。他们显得不快乐时,实际上过得很快活;他们觉得不快乐时,便去睡觉。他们不是对革命感兴趣的那种人。'

"'他们会聚集在我们的旗帜下的,'奥康纳说,'信号一旦发出,单单在这一个镇上就有三千人会立刻拿起武器。他们向我做了保证。不过这一切都是保密的。我们决不会失败。'

"我们总部所在的、我称之为无赖小巷的那条街上,有一排低矮的红瓦土砖房子,有几间挤满印第安人和狗的茅草屋,还有一座两层楼的带阳台的木板屋。那是军队司令敦巴罗将军的住宅。对街有一座像是烤炉和折叠床组合的私人住家。有一天,奥康纳和我一前一后走在他们称为人行道的土埂上,窗里抛出一朵又大又红的玫瑰花。走在我前面的奥康纳立刻把它捡起来,按在自己的第五根肋骨上,然后一躬到地。我打量一下四周,看看有没有穿白绵缎的小男孩或女孩打算跳上来抱住他的肩膀,他则抱起他们颠簸,踩着舞步唱道:'睡吧,小宝贝,睡吧。'

"我走过窗下时,朝里面望望,瞥见一个白衣人,黑色的大纱巾底下露出一双闪亮的黑眼睛和雪白的牙齿。

"我们回到住处后,奥康纳捻着胡子,在屋里踱来踱去。

"'你看到她的眼睛没有,鲍尔斯?'他问我。

"'看到了,'我说,'我看到的不止那些。完全和故事书里的一模一样。我知道还少些什么。对,少了爱情。是不是在第七章里出现,让多情的爱尔兰冒险家更加振奋?对,当然是爱情——使人晕头转向的爱情。我们终于有了漆黑的眼睛和从铁栅窗口飞出来的玫瑰花。然后是什么呢?地下通道——被截获的信——自己阵营里的叛徒——主人公被打入地牢——小姐神秘的信——接着是起义——广场上的战斗——'

"'别胡扯啦,'奥康纳插嘴说,'不过那倒是世上惟一配得上我的女人,鲍尔斯。奥康纳家族的人勇于战斗,也勇于求爱。当我带领手下的人投入战斗时,我要把那朵玫瑰花佩在心口。打一场恶仗,必须有女人赐予力量。'

"'如果你想痛痛快快打一架,确实是这样,'我同意说,'困扰我的只有一件事。小说主人公的浅色头发的朋友总是死于非命。把你看过的小说统统回想一遍,就明白我说的话有道理。看来在宣战之前,我要到西班牙药房去买一瓶碘酊备用。'

"'我怎么才能打听到她的芳名呢?'奥康纳用手托着下巴说。

"'你干吗不跑到街对面去问她本人?'我说。

"'你对待生活难道不能严肃一点吗?'奥康纳像教师一样瞅着我说。

"'她那朵花也许是扔给我的。'我吹着一支西班牙方登戈舞曲的调子说。

"我认识奥康纳以来,第一次看见他大笑。他笑得站了起来,拍拍自己的膝盖,背靠着墙,笑声把瓦片都震得格格直响。他进了里屋,照照镜子,从头开始又笑起来。接着他看看我,再重复一遍。刚才我问,你认为爱尔兰人有没有幽默感,就是这个原因。从我见到他的第一天起,他就在演滑稽喜剧而不自知;谁向他提出一个聪明的主意,他的表现就像是弗洛拉多拉巡回剧团的六人组全体上了台。

"第二天下午,他带着胜利的微笑回来,从口袋里掏出一条股票行情收报条似的纸带。

"'真不错!'我说,'这同国内有点相像。今天联合铜业公司行情怎么样?'

"'我打听到了她的姓名,'奥康纳说,他念出这么一连串字样:堂娜伊莎贝尔·安东尼亚·伊内斯·洛莉塔·卡雷拉斯–布

恩卡米诺斯-蒙特莱昂。她和她母亲住在一起,'奥康纳解释说,'她父亲在上次革命中牺牲。她肯定同情我们的事业。'

"第二天,她果然把一小束玫瑰从对街扔到我们门口。奥康纳扑过去,发现一根花茎上卷着一张写有西班牙文的纸条。他把角落里的翻译拖过来,叫他快翻。翻译抓耳挠腮,提出三个最佳方案:'幸运的面孔像是斗士';'幸运像是勇者';'幸运青睐勇者'。我们倾向于第三个方案。

"'看到没有?'奥康纳说,'她的意思是鼓励我拔剑拯救她的国家。'

"'我倒觉得像是要请吃晚餐。'我说。

"'这位小姐每天坐在铁栅窗里面,每次扔一束花,大概采光了一两个暖房里的花朵。奥康纳像多米纳格公鸡似的挺起胸膛,昂首阔步,向我赌咒发誓说,他一定要在血流遍野的战场上干一番事业,赢得她的欢心。

"革命时机逐渐成熟。一天,奥康纳带我进了后屋,向我吐露了全部情况。

"'鲍尔斯,'他说'一星期后的今天,中午十二点整,斗争就开始了。你会得到消遣和乐趣,因为你根本没有料到这个计划在我这样一个具有勇气、智慧和历史优越性的人手里轻而易举就实现了。奥康纳家族在全世界统治过男人、女人和民族。征服这样一个无足轻重的小国实在是小事一桩。你已经看到这个国家的人民都是光着脚的小侏儒。我一个人能打他们四个。'

"'没有问题,'我说,'但是你能打六个吗?假如他们派一支十七个人的军队来对付你,怎么办呢?'

"'你听听将要发生的情况,'奥康纳说,'下星期二中午,共和国所有的城镇里将有两万五千人起义,政府绝对措手不及。起义军将占领公共建筑,俘虏正规军,成立新政权。首都没有这么容易,因为大部分军队驻扎在那里。起义军将占领总统府和守卫森严的政府建筑,然后顶住反扑和围困。但是起义的当天,各个城镇得手后立刻派出部队向首都进军。计划如此周密,我们不可能失败。我本人率领部队从这里出发。新总统将是现内阁的财政部长埃斯帕达斯先生。'

"'你得到什么职位呢?'我问道。

"'全部职位当然都放在银托盘里由我挑选,'奥康纳笑着说,'整个计划是我制订的,战斗开始后,我想我是不会待在后方的。我们的部队能得到走私进来的武器是谁安排的?我离开纽约前,就和那里的一家商号安排好了。我们的财政代理人通知我说,早在一个月前,就有两万支温彻斯特连发枪在沿岸一个秘密地点交了货,分发到各个城镇。我告诉你,鲍尔斯,我们已经赢了这场游戏。'

"那番话动摇了我对那爱尔兰雇佣军人的可靠性的怀疑。看来那些爱国的骗子确实是认真对待这件事的。我更加尊重奥康纳了,开始琢磨作为国防部长,我该穿什么样的制服。

"星期二,预定革命的日子,按照日程来到了。奥康纳说起义的信号已经商定。国营仓库附近的海滩上有一门旧大炮,事先秘密装好了火药,十二点准时燃放。革命者马上拿起隐藏的武器,攻打由司令指挥的军营里的部队,占据海关和所有的政府财产和物资。

"整个上午,我一直紧张不安。十一点钟左右,奥康纳开始充满杀人放火的兴奋和尚武精神。他挎着他父亲的剑,在后屋里来回走动,仿佛动物园里的脚上长了鸡眼的狮子。我抽了二十多支雪茄,最后决定我制服的裤腿用黄颜色的直条纹。

"十一点半,奥康纳叫我到街上去看看有没有起义的迹象。我在外面溜达了十五分钟回来了。

"'你听到什么没有?'他问道。

"'听到了,'我回说,'起初我以为是鼓声,后来发觉不是;是鼾声。镇上的人都睡着了。'

"笨蛋!'他说,'他们居然选定大家睡午觉的时间。但是大炮会把他们惊醒的。一切都会顺利的,可以放心。'

"正十二点时,我们听到了一声炮响——轰隆!——震撼了全镇。

"奥康纳拔剑出鞘,冲出门外。我跑到门口站住。

"人们纷纷从门窗探出头来张望。但是除了一个精彩场面之外,一切仍像往日那么平常。

"司令官敦巴罗将军挥舞着一把五英尺长的军刀,在他住宅的台阶上跌跌撞撞地跑下来。他头戴插着羽毛的三角帽,身穿饰有金穗带和金纽扣的检阅正装。里面仍旧是天蓝色的睡衣,一只脚穿橡胶靴子,另一只脚穿红色的长毛绒拖鞋。

"将军被炮声突然惊醒,在他二百磅体重允许的情况下,在人行道上气喘吁吁地尽快向兵营跑去。

"奥康纳见到他,发出一声呐喊,举起他爸爸的剑,冲过街去,同敌人交上了手。

"他和将军在街上展示了铁匠和屠夫的技艺。他们的兵刃撞击出火花,将军哇哇直叫,奥康纳发出他民族和脾性的口号。

"将军的军刀突然拦腰折断;他撒开两条姜黄色的腿连蹦带跳地逃跑,每蹦一下就叫一声'警察!'。奥康纳杀红了眼,跟在后面跑了一个街口,用他祖传的武器削下将军上衣后摆的好几颗纽扣。五个戴草帽、穿棉布汗衫、光脚板的警察闻声赶来,在街角扑到奥康纳身上,按照市政治安条例制服了他。

"警察押解他去监狱时,路过前革命总部。我站在门口。四个警察分别抓住他的两手两脚,像拖海龟似的把他仰天在草地上拖过去。他们中途停了两次,第五个警察替换一个警察下来,让他抽颗烟。他们经过门口时,伟大的雇佣军人转过头看看我。我红着脸,点燃一支雪茄。这支队伍继续走去,十二点十分时,大家又回去午睡了。

"下午,翻译笑嘻嘻地跑来,伸手要拿我们平时盛放冰水的红陶瓮。

"'送冰的人今天没有来,'我说,'外面是怎么一回事呀,桑乔?'

"'哦,是啊,'那个猪肝色皮肤的语言学家说,'镇上的人刚告诉我。奥康纳先生同敦巴罗将军打架实在太糟糕了。是啊,敦巴罗将军是个了不起的军人,个子又大。'

"'他们打算拿奥康纳先生怎么办?'

"'我刚才同治安推事聊了一会儿,'桑乔说,'他对我说,一位美国先生企图杀害敦巴罗将军是非常严重的罪行。他说他们先把奥康纳先生监禁六个月;然后审讯枪毙。十分抱歉。'

"'本来准备发动的革命怎么样了?'我问道。

"'哦,'桑乔说,'我认为天气太热,不适合革命。革命最好在冬天。也许在今年冬天吧。谁知道呢?'

"'可是开了炮,'我说,'已经发了信号。'

"'你指那声巨响吗?'桑乔咧着嘴说,'制冰厂的锅炉爆炸——轰隆!把午睡的人都惊醒了。真抱歉。没有冰了。今天天气又热。'

"日落时,我去监狱,他们允许我隔着铁栅同奥康纳说话。

"'有什么消息,鲍尔斯?'他问,'我们占领本镇没有?整个下午我都在等救援队。我没有听到任何枪声。首都那面有没有消息?'

"'别着急,巴尼,'我说,'我想计划大概有了变化。现在有更

重要的事商量。你有没有钱?'

"'没有,'奥康纳说,'最后的一元钱昨天付了旅馆费。我们的部队有没有占领海关?那里应该有许多政府的钱。'

"'别去想打仗的事,'我说,'我已经打听过了。六个月后,你会被枪毙,罪名是口头威胁和动手殴打。我可能要以流浪罪服五十年苦役。在你监禁期间,只供应你白水。吃的东西要靠朋友送来。我得想想办法。'

"我回去后在奥康纳的一件旧坎肩口袋里找到一枚智利银币。我给他送去一点炸鱼和米饭当做晚饭。第二天早晨,我到环礁湖喝足了水,再去监狱。奥康纳露出盼望牛排的眼神。

"'巴尼,'我说,'我找到一个水质极好的池塘。那里的水是世界上最好、最甜、最纯净的。你只要说句话,我就替你去提一桶来,你可以把政府供应的脏水泼到窗外去。为了朋友,我只要力所能及,什么都可以做。'

"'难道事情糟到这种地步?'奥康纳发狂似的在牢房里踱来踱去,'难道先要把我活活饿死再枪毙?如果我逃脱这一劫,我要让那些叛徒知道姓奥康纳的人的厉害。'他走近铁栅,说话声音温柔了一些。'有没有堂娜伊莎贝尔的消息?即使世界上所有的人都靠不住,'他说,'我相信她的眼光。她会想办法把我救出去的。你能同她联系上吗?有她一句话——甚至有她的一朵玫瑰花,都能减轻我的苦恼。但是只能用非常审慎的方式让她知道,鲍尔斯。那些血统纯正的卡斯蒂利亚人非常敏感、骄傲。'

"'说得对,巴尼,'我说,'你提醒了我。确实应该想些办法,不然我们两个都得饿死。'

"我离开监狱,到了无赖小巷,走在街道的另一边。我经过堂娜伊莎贝尔·安东尼亚·孔恰·雷加里亚的窗口时,里面照常飞出一朵玫瑰,打在我耳朵上。

"门是开着的,我脱下帽子走了进去。里面光线不太明亮,但我看到她坐在窗口一张摇椅上,抽着黑色的平头雪茄。我再走近一些后,发现她大约有三十九岁,生平从未遇到过像我这样开门见山的人。我坐在她椅子的扶手上,拿掉她嘴上的雪茄,吻了一下。

"'嗨,伊丝,'我说,'请原谅我不落俗套,不过我觉得我们早在一个月前就认识了。不是吗,伊丝?'

"那个老小姐把头缩在大纱巾里,深吸一口气。我以为她要叫嚷,但她吸完气后只是说:'我喜欢美国人。'

"她那句话一出口,我知道奥康纳和我当天就可以动动刀叉了。我拉过一把椅子坐在她身边,半小时后,我们已经订了婚。我拿起帽子说我得出去一会儿。

"'你还回来吗?'伊丝惊慌地问道。

"'我去找牧师来,'我说,'二十分钟后回来。我们现在就结婚。你说好吗?'

"'今天结婚?'伊丝说,'好极了!'

"我跑到海滩边美利坚合众国领事的小屋。领事是个灰不溜秋的小个子,体重八十二磅,身高五英尺十一英寸,戴着一副茶晶眼镜,老是喝得醉醺醺的。他正同一个穿白衣服的皮肤黢黑的人在下棋。

"'请原谅我打扰,'我说,'你能告诉我怎么才能马上结婚?'

"领事站起来,到文件分类架那儿去寻找。

"'我记得一两年前我有一个执照,我本人就有权履行证婚手续。我找找看——'

"我抓住他的胳臂。

"'甭找啦,'我说,'婚姻本来就像是买彩票。不管你有没有执照,我都愿意碰碰运气。'

"领事和我一起回无赖小巷。伊丝叫她妈妈进来,但是老太太在院子里拔鸡毛,说是分不开身。于是我们站起来,领事履行了仪式。

"那天傍晚,鲍尔斯太太做了一顿丰盛的晚饭,有炖羊肉、玉米面包卷、烤香蕉、油焖红辣椒和咖啡。饭后,我坐在靠窗的摇椅上,她席地而坐,拨弄着吉他,像威廉·T.鲍尔斯太太那么幸福。

"我突然跳起来。我居然把奥康纳忘得一干二净。我请伊丝弄许多吃的东西让我给他送去。

"'那个高大的丑八怪,'伊丝说,'既然是你的朋友——就看在你的分上。'

"我从花瓶里抽出一枝玫瑰,拎起食品篮去监狱。奥康纳狼吞虎咽地吃完后,用香蕉皮擦擦嘴说:'你还没有堂娜伊莎贝尔的消息吗?'

"'嘘!'我把那朵玫瑰塞进铁栅栏,'这是她给你的。她要你鼓起勇气。夜幕降临时,两个蒙面人把这送到橘树林里倾圮的城堡。你觉得碎羊肉的味道怎么样,巴尼?'

"奥康纳把玫瑰按在嘴唇上。

"'对我说来,这比世界上所有的食品更有意义,'他说,'不过晚饭很丰富。你从哪里搞到钱买的?'

"'我在镇中心一家小食品店赊的账,'我告诉他说,'你别着急。需要我做的事,我一定去做。'

"这种情形维持了几个星期。伊丝是个烹调好手;假如她的性格稍稍稳定一点,抽的烟稍稍好闻一点,我们也许对我降格以求的婚姻关系逐渐产生一些责任感。随着时间的推移,我开始渴望看到纽约电车里站在我面前的真正的女士。我滞留在那个骗子和金钱的国家的惟一原因,是因为我脱不开身,我认为不等奥康纳被枪毙就走未免不够意思。

"一天,我们的老翻译来串门,抽了一小时烟后才说他奉治安推事之命,请我去见推事。推事的办公室在小镇边一座小山上的柠檬树林里,我去后看到的情形完全出乎意料。我原以为推事是通常那种肉桂色皮肤的当地人,脚上穿的是两面有松紧布的半统靴,头上戴的是皮扎罗扔掉的帽子。但我看到的是一位皮肤略显棕黄色的文雅的绅士,他坐在皮面扶手椅上,呷着加苏打水的威士忌,看一本汉弗莱·沃德夫人①写的小说。我靠伊丝的帮助,脑子里有了几个西班牙词,便用带着安达卢西亚土腔的西班牙语说:

"'你好,先生。我——我——'

"'哦,请坐,鲍尔斯先生,'他用英语说,'我在贵国上大学和法学院,待了八年。我替你调一杯威士忌好吗,要不要加柠檬片?'

"我们一见如故。半小时后,我把我们家的丑事,埃尔韦拉姑妈跟一个坎伯兰长老会的牧师私奔的事都告诉了他。他对我说:

"'鲍尔斯先生,我请你来是通知你,你现在可以把你的朋友奥康纳先生领回去了。当然,由于他攻击了敦巴罗将军,我们不得不做出一些惩罚的表示。现在决定明天晚上释放他。你和他会被送到目前停泊在港口的、驶往纽约的水果船"航海者号"。船费已经付了。'

"'稍等,推事,'我说,'那场革命——'

"推事在椅子里往后一靠,狂笑起来。

"'哈,'他说,'那是审判室附近的几个小伙子,我们这里的一两个好事的人,以及几个店员设计的一个小玩笑。全镇的人都笑破了肚皮。那些小伙子冒充谋反的人,从奥康纳先生那里骗些钱花花。真可乐。'

"'确实可乐,'我说,'我看到了这个玩笑的全过程。假如阁

---

① 沃德夫人(1834—1906),婚前名玛丽·奥古斯塔·沃德,英国通俗小说家。

下不介意,我想再喝一杯。'

"第二天天刚擦黑,我等在海滩一棵椰子树下,两个士兵把奥康纳带来了。

"'嘘!'我凑在他耳朵旁边说,'堂娜伊莎贝尔安排了我们的脱逃。别吭声!'

"我们启航时,一轮热带柔和的大月亮刚刚升起。奥康纳扶着船尾栏杆,默默地望着那个叫瓜亚什么的地方,手里还拿着那朵红玫瑰。

"'她会等我的,'我听到他说,'她那样的眼睛是不会骗人的。我会再见到她。叛徒们不可能永远压制姓奥康纳的人。'

"'你讲的好像是连载小说,'我说,'不过请你把第二卷里那个浅色头发的朋友替地牢里的主人公送饭的情节删掉。'

"我们这样追忆着,回到了纽约。"

堪萨斯·比尔·鲍尔斯讲完后,大家沉默了片刻,只听得街上的一些嘈杂声。

"后来奥康纳有没有回去?"我问道。

"他实现了一贯的愿望,"比尔说,"你愿意走两条马路吗?我可以带你去看。"

他带我往西到了一个灯光明亮的、塔形的古怪的建筑,我们走下梯级。瓷砖墙和柱子上的牌子表明我们到了地下铁道的中央车站。好几百人在月台上等候换车。

一列上行的快车飞驶而来,到站停下。车里面很拥挤。车站上更多的乘客还想挤上去。

一个高出大家一头的、宽肩膀、体格健壮的人跳进了拥挤的人群中心。他双手并用,抓住男男女女,把他们像服装模特儿似的往列车打开的车门里塞进去。

几个还保留些许自尊心和颜面的乘客转过头来,想提抗议;但是那个高个子身上的蓝制服、凶猛和压倒一切的眼神、一双蒲扇般大手的冲击力,把他们刚要出口的抱怨封在了嘴里。

列车挤满后,他向所有可能看到和欣赏他的人显示了作为统治者的不可抗拒的才能。他用膝盖、臂肘、肩膀和脚把多余的乘客推推搡搡,连拱带顶地塞进了车厢。在那些倒霉的乘客的呻吟、叫嚷、祈求和咒骂声中,列车飞快驶去。

"就是他。多了不起,不是吗?"堪萨斯·比尔赞叹说,"热带国家对他并不合适。我希望那位杰出的旅行家、作家、战地记者和剧作家里士满·霍布森·戴维斯能见到他现在的模样。应该把奥康纳这个人物搬上舞台。"

小熊约翰·汤姆的返祖现象*

我看见红门药房楼上杰甫·彼得斯的房间里亮着灯,便匆匆赶去,因为我不知道杰甫已经回到城里。他是个闯荡世界的人物,各行各业都干过,碰上他兴致好的时候,每一门行业都有故事可讲。

我发现杰甫在重新打点手提包,准备去佛罗里达看看他一个月前用育空河畔一块地皮的采矿权换来的橘树林。他把一张椅子踢过来让我坐,久经风霜的脸上仍带着以前那种幽默的微笑。我们八个月没有见面了,但他招呼我的神情像朝夕相见的人那样。时间是杰甫的仆人,美洲的空间是他根据各种工作需要而任意划分的一块大地皮。

我们不着边际地谈了一些废话,最后谈到菲律宾的动荡的形势。

"那些热带地区的民族,"杰甫说,"如果由他们自己的骑手驾驭,都会跑出好成绩。热带的人民了解他们的需要。他们需要的是看斗鸡的月票和西联电报公司敷线工人绑在鞋子上的攀爬钩,以便爬到树上去采摘面包果。盎格鲁-撒克逊人要他们学习动词变化,用背带系裤子。其实他们按照自己的方式生活才觉得最

---

* 欧·亨利认为本篇是杰甫·彼得斯系列小说中最好的,其余各篇,除《西部的心》中的《饕餮姻缘》之外,均收在名为《善良的骗子》的集子中。《小熊约翰·汤姆的返祖现象》于1903年7月首次在《人人》杂志上发表。

幸福。"

我感到震惊。

"老弟,教育是最重要的,"我说,"随着时间的推移,他们会达到我们的文明标准的。你看看教育对印第安人的帮助有多大。"

"哦嗬!"杰甫点燃了烟斗(那是个好征兆),"是啊,印第安人!我一直在看。我迫切希望看到红种人成为进步的旗手。事实上,他和别的有色人种一样。使他成为盎格鲁-撒克逊人是不可能的。我有没有把我的朋友小熊约翰·汤姆的事情讲给你听过?他一口咬掉了文化教育的右耳朵,把时间的陀螺转回到哥伦布还是孩提的年代。我有没有讲过?

"小熊约翰·汤姆是受过教育的柴罗基印第安人,也是我在准州地区的老朋友。他毕业于东部有校足球队的大学之一,那些大学成功地教会了印第安人用烤架烧鱼烧肉,而不用火刑柱烧活人。作为盎格鲁-撒克逊人,约翰·汤姆有古铜色的雀斑。作为印第安人,他是我所认识的皮肤最白净的人之一。作为柴罗基人,他是一次投票就可当选的绅士。但是作为政府官员,他却很难通过初选。

"约翰·汤姆和我凑在一起,想搞搞制药——合法的、有品位的骗局,搞的时候不必大张旗鼓,免得招来警察的愚蠢行为和大制药公司的妒忌。我们一共有五百元资金,如同所有的资本家一样,我们渴望它增值。

"于是,我们想出一个主意,看上去像金矿计划书那么正派,又像教会的义卖那么有利可图。三十天后,我们赶着两匹漂亮的马和一辆欧洲式的红色大篷车直奔堪萨斯州。约翰·汤姆的身份是威什希普多①酋长,著名的印第安巫医兼乐善好施的七部落酋

---

① 原文 Wish-Heap-Dough,意为"想捞大把钱"。

长。彼德斯先生是业务经理兼合伙人。我们还需要一个人,到处看看,发现了 J. 科宁厄姆·宾克利靠在一张报纸的求职栏下。这个宾克利有扮演莎士比亚剧中人物的毛病,幻想在纽约舞台上连演二百个晚上。但他承认他从来没有争取到靠莎剧吃饭的机会,只得降格以求,满足于在卖药的大篷车上赶二百英里路。除了扮演理查三世以外,他会唱二十七首黑人歌曲和弹弹班卓琴,并且愿意做饭,照料马匹。我们具备一整套敛财的妙法。其一是能除去衣服上的油迹和口袋里的二十五分银币的魔皂。其二是从野草提炼的印第安神药松瓦达,配方是天神托梦,告诉他宠爱的巫医和芝加哥的装瓶商麦克加里蒂和西伯斯坦大酋长的。还有一种是让堪萨斯人乖乖掏钱的雕虫小技,但百货公司没法同它相比。快来看呀快来瞧!一副丝织袜带、一本详梦大全、一打晾衣服的夹子、一枚金牙、外加一本《侠义传》,用日本仿丝手帕包在一起,由彼得斯先生交到漂亮的女士手里,只收半元钱,同时宾克利教授弹奏三分钟班卓琴为大家助兴。

"这个把戏玩得十分精彩。我们和平地掳掠了全州,决心消除人们对'流血的堪萨斯'①这个名称出处的一切怀疑。小熊约翰·汤姆全副印第安酋长的打扮,把人们从玩升官图游戏的联欢会和讨论国有制的座谈会上吸引过来。他在东部大学求学期间,得到了修辞学以及形体和诡辩的锻炼。当他站在红色大篷车上口若悬河地向农民们解释冻疮和颅骨感觉过敏的时候,杰甫就利落地把印第安神药递给顾客。

"一晚,我们在萨莱纳西面的一个小镇外宿营。我们喜欢在河边支起一个帐篷。有时候,我们的神药销路好得出乎意外,威什

---

① 19世纪中叶,美国堪萨斯州蓄奴和反蓄奴两派势力争斗激烈,流血事件频仍,有"流血的堪萨斯"之称。

希普多酋长就会梦见曼尼托①指点他就近灌装几瓶松瓦达。当时是十点左右,我们刚从街头演出归来。我在帐篷里点了一盏提灯,盘点当天的收益。约翰•汤姆还没有卸掉印第安人的化装,坐在营火旁边照看煎锅里的牛腰肉排,等教授结束卸马的惊险动作。

"幽暗的灌木丛中突然发出一声鞭炮似的声响,约翰•汤姆哼了一声,挖出一颗嵌在他锁骨上的小枪弹。约翰•汤姆朝鞭炮声的方向冲去,抓着一个小孩的衣领回来,那孩子大约九或十岁,穿一套平绒衣服,手里握着一杆镀镍的来复枪,枪管像自来水笔杆那么粗细。

"'喂,小子,'约翰•汤姆说,'你干吗用那门榴弹炮轰我?杰甫,你出来看牛排。别让它煎焦了,我来审问这个开豆子枪的小鬼。'

"'怯懦的印第安人,'那小孩像是引用一位作家的话说,'你敢把我绑在火刑柱上烧死,白人就会把你们从草原上赶尽杀绝。快放我走,不然我要告诉妈妈了。'

"约翰•汤姆把孩子放在折凳上,自己在他旁边坐好。'你干吗要朝你约翰大叔开枪。你不知道子弹上了膛?'

"'你是印第安人吗?'孩子抬头望着约翰•汤姆的鹿皮衣服和老鹰的羽毛,机灵地问道。'是的。'约翰•汤姆说。'那不结了。'孩子晃着腿说。那孩子胆量够大的,我看得出了神,几乎忘了翻动煎锅里的牛排。

"'哦嚇!'约翰•汤姆说,'我明白了。你是小复仇者。你发誓要把美洲的野蛮的印第安人消灭光。是不是这样,小子?'

"小孩不乐意地点点头。他枪下连一个战士都没有撂倒就说

---

① 曼尼托是美洲印第安人崇拜的自然神,有善恶之分,前者名吉切曼尼托,以蛋为象征,后者名马切曼尼托,以蛇为象征。见美国诗人朗费罗的长诗《海华沙之歌》第14节。

出心里的秘密,似乎不甘心。

"'你的棚屋在哪里,小子?'约翰·汤姆问道,'你住在哪里?这么晚了,还不回家,你妈妈要担心的。告诉我,我送你回去。'

"'恐怕不行,'孩子笑着说,'我住的地方离这儿有好几千里。'他朝地平线的方向做个手势。'我在这里下车,是因为乘务员说我的车票过了站。'他看看约翰·汤姆,突然起了疑。'我敢打赌,'他说,'你不是印第安人。你打扮得像是印第安人,但是说话不像,印第安人只会说"太好啦"和"白人该死"。我看你是那种在街上卖药的冒牌印第安人。有一次我在昆西见过那种人。'

"'我是雪茄烟铺门口的招牌,还是连环画里的泰曼尼①,'约翰·汤姆说,'都不用你操心。酋长议事会该讨论的是拿你怎么办。你是从家里逃出来的。你看过豪厄尔斯②小说。你企图枪杀一个温顺的印第安人的时候没有说:"去死吧,印第安狗!你十九次亵渎了小复仇者。"你究竟是什么意思?'

"那孩子思索了片刻后说:'我想我错了。我应该更往西走。据说大峡谷那面才是蛮荒地带。'他向约翰·汤姆伸出手,那个小流氓。'我开枪打了你,先生,请你原谅。希望没有伤着你,'他说,'不过你应该多加小心。侦察员发现出征打扮的印第安人时,必须用来复枪说话。'小熊大笑起来,笑完后还发出一声呐喊,他抱起孩子,抛出十英尺高再接住,让那个离家出走的孩子骑在自己肩上,孩子抚弄着鹿皮衣服的流苏和鹰羽,高兴得像是在低级人种头上作威作福的白人。从那一刻开始,小熊和那孩子显然成了好朋友。那个小叛徒已经和野蛮人媾和,从他眼神里可以看到,他在

---

① 美国雪茄烟铺门口常设有木雕的印第安人像标志;泰曼尼是17世纪美国特拉华州一个印第安酋长,曾帮助美国人的独立战争。
② 豪厄尔斯(1837—1920):美国记者、杂志编辑、作家,他的作品关注现实生活中的社会、经济、伦理问题。

琢磨怎么才能弄到一把战斧和一双小尺码的鹿皮鞋。

"我们在帐篷里吃了晚饭。在那小家伙的眼里,我和教授只不过是一般的战士,战争场面的背景人物。他坐在一个放松瓦达的箱子上,脖子只够到桌子边,嘴里塞满了牛腰肉,小熊问他叫什么名字。'罗伊,'他用带着牛腰肉的声音回答。再问到他的姓和地址时,他摇摇头。'我不告诉你们,'他说,'你们会送我回去的。我要和你们待在一起。我喜欢这种野营生活。在家时,我们一伙小孩也在我家的后院里野营。他们叫我红狼罗伊!这个名字不坏,就这么叫我吧。请再给我一块牛排。'

"我们不得不收留这个孩子。我们知道家里肯定为了他乱成一团,妈妈、哈利叔叔、简姑妈、警察局长都在千方百计地打听他的下落,但是从他嘴里再也问不出别的情况。不到两天工夫,他已经成了我们班子的吉祥物,我们暗暗希望他的原主不会出现。红色大篷车营业时,他也参与,把药瓶递给彼得斯先生,一副自豪得意的样子像是一个抛弃了价值二百元的王冠,去追求身价百万的暴发户姑娘的王子。有一次,约翰·汤姆问起他的父亲。'我没有父亲,'他说,'他抛下我们不管,自己走了。他害我妈妈伤心得直哭。露西姑妈说他是混混。''什么?'我们中间有人问道。'混混,'孩子说,'是什么混混来着——我想想看——哦,对啦,是没出息的混混。我也不懂什么意思。'约翰·汤姆想把我们的商标加在他身上,用贝壳和玻璃珠子把他装点成小酋长,但是我否决了。'我的看法是有人丢了那个小孩,或许还会要的。不妨让我用些新的策略试试,能不能看看他的名片。'

"那天晚上,我走到营火堆旁罗伊某某先生身边,鄙夷地瞅着他。'斯尼根维策尔!'我说,仿佛那个姓叫我听了就恶心,'斯尼根维策尔!呸!我才不用这种难听的姓呢!'

"'你怎么啦,杰甫?'那孩子睁大眼睛问道。

"'斯尼根维策尔!'我重复了一遍,又呸了一声,'今天我遇到你们镇上的一个人,他把你的姓告诉了我。怪不得你觉得说出来丢人。斯尼根维策尔!真差劲!'

"'你听我说,'孩子气得浑身发抖说,'你怎么搞的?那又不是我的姓。我姓柯尼尔斯。你怎么搞的?'

"'那还不是最糟糕的,'我趁热打铁,不给他思考的时间,'我们原以为你是好人家出身。这里的小熊先生是柴罗基酋长,逢年过节有资格在毡斗篷上佩带九条水獭尾巴;宾克利教授是演莎士比亚戏剧、弹班卓琴的;我有几百元钱,放在大篷车上那个黑铁皮箱子里,我们结交的人都是有根有底的。那个人说,你家住在那条又破又小的鸡窝巷,街上没有人行道,山羊和你们同桌吃饭。'

"那孩子几乎要哭了。'不是这样的,'他气急败坏地说,'那个人瞎说八道。我们住在白杨大道,我同山羊没有关系。你怎么搞的?'

"'白杨大道,'我讥刺地说,'那算是什么大道!只有两个街口长,突然就断了。你托起一桶一百磅的钉子,一举手就可以从街的一头扔到另一头。别提什么白杨大道了。'

"'那条街有几里长呢,'孩子说,'我们家的门牌是862号,后面还有许多许多房子。你怎么啦,杰甫——哎,你真烦人。'

"'得啦,得啦,'我说,'那个人也许搞错了。也许他说的是另一个孩子。下次我碰到他,我一定教训他一顿,看他还敢胡说八道。'晚饭后,我去镇上发了一个电报,收报人是伊利诺伊州昆西市白杨大道862号柯尼尔斯太太,内容是孩子在我们这里,安全无恙,如何处理盼复。两小时后回电来了,说是请牢牢看住,她搭下一班火车赶来。

"下一班火车预定第二天下午六点到站,我和约翰·汤姆带着孩子在车站等候。任你怎么张望,也找不到威什希普多大酋长了,取而代之的是小熊先生,一身盎格鲁-撒克逊人的打扮,锃亮的漆皮皮鞋,名牌的领结。约翰·汤姆上大学时,除了形而上学和足球之外,还学会了这些习俗。若不是皮肤有点黄,头发又黑又直的话,你很可能认为他和电话簿上的普通人没有什么区别,那些人订阅杂志,傍晚只穿一件衬衫在院子里推刈草机。

"列车缓缓进站,一个穿灰色衣服的、头发光泽的小妇人下了车,急切地四下张望。小复仇者一看到她就大叫'妈妈',她也喊了一声'啊!',两人便抱在一起,现在讨厌的印第安人可以从山里来到平原,不必担心红狼罗伊的来复枪了。柯尼尔斯太太上前向我和约翰·汤姆道谢,丝毫没有一般女人的激动失态。她言语不多,恰好让人感到她的真诚。我嗫嗫嚅嚅说了一些客套话,那位太太报之以友好的微笑,仿佛一星期前就认识我了。这时候,小熊先生也来凑热闹,说了一些应酬话。我发觉孩子的妈妈并不清楚约翰·汤姆是谁,但注意到了他的语言能力,便用以一顶三的词汇来应对。

"孩子把我们介绍给他妈妈,添上一些脚注和解释,比学了一星期修辞学的人更说得简单明了。他跳来跳去,捅我们的后背,试图爬上约翰·汤姆的大腿。'他叫约翰·汤姆,妈妈,'他说,'是印第安人。在一辆红色的大篷车上卖药。我开枪打了他,他没有发脾气。那一个叫杰甫,也是游方和尚。你来看看我们住的营地,好吗,妈妈?'

"显而易见,孩子是那女人的心肝宝贝。她一有机会就抱着孩子,那一点就足以说明问题了。只要是让孩子高兴的事,她无不去做。她迟疑了八分之一秒,朝几个男人又看了一眼。我觉得她心里是这样评价约翰·汤姆的:'即使他的头发不拳曲,看来似乎也是个绅士。'她对彼德斯先生的看法是:'不是讨女人喜欢的男人,但了解女人。'

"我们像守灵后的街坊邻居们一样,逛到营地。她察看了大篷车,拍拍孩子睡觉的地方,用手帕擦擦眼角。教授用班卓琴的一根单弦为我们弹奏了威尔迪歌剧《游吟诗人》的旋律,正想转入哈姆莱特的独白时,一匹马被绳索缠住了,他说了一声'老是添乱',不得不过去照看。

"天黑时,我和约翰·汤姆回到玉米交易旅馆,我们四个人一起在那里吃晚饭。我想麻烦就是从晚饭开始的,因为小熊先生那时乘上智力的气球飞升了。依我看,那个红种人相当博学广闻,他说起话来滔滔不绝,就像意大利人的通心粉似的。他锦心绣口的语言带有深湛的动词和前缀词。流利的音节同他要表达的思想配合得天衣无缝。我原以为听过他说话,其实以前听的根本不能同现在相比。差别不在语言的数量,而在表达的方式;而且不在于主题,因为他说的都是普普通通的事物,例如大教堂、足球、诗歌、感冒、灵魂、运费率、雕塑等等。科尼尔斯太太懂得他的词句和在词句中间回荡的优美的声音。杰弗逊·D.彼得斯偶尔也插进少许陈旧的、没有意义的词句,例如请递一下黄油,或者再来一条鸡腿。

"是啊,那个科尼尔斯太太似乎使小熊约翰·汤姆有点怦然心动。她属于那种讨人欢喜的类型。除了容貌姣好以外,她还有别的引人之处,请听我解释。就拿大商店里展示服装的人体模型做个比方吧。它们给你的印象是没有个性的。它们只供观赏,作用是体现三围尺寸和皮色,并且造成幻想,让人觉得那件海豹皮大衣即使穿在脸上长疣子但钱包很鼓的女士身上也很漂亮。假如一具模型撤了下来,你把它搬回家,碰到它时它会开口说'查利',并且在桌子旁边坐直,那情景就和科尼尔斯太太相似了。我看得出来,约翰·汤姆对那个白种女人不可能不产生好感。

"那位太太和孩子在旅馆过夜。他们说准备第二天早晨回家。我和小熊八点钟离开旅馆,在县政府门口的广场上卖印第安神药,直到九点。小熊让我和教授赶着大篷车回营地,他自己要在镇上多待一会儿。我不喜欢这种安排,因为这说明约翰·汤姆情绪不对头,会去喝酒,可能引起麻烦和损失。威什普多酋长喝酒的情况并不多,但是只要他一喝,那些穿蓝制服、拿警棍的白人的辖区就不得安宁了。

"九点半钟,宾克利教授已经裹着被子,用无韵诗在打鼾,我坐在火边听蛙鸣。小熊先生悄悄回到营地,靠着一棵树坐下。没有喝过酒的迹象。

"'杰甫,'他歇了好久以后说,'一个小男孩到西部来射取印第安人。'

"'然后呢?'我不知道他在想什么,随便应了一声。

"'他射中了一个,'约翰·汤姆说,'不是用枪射击的,他生平从没有穿过平绒衣服。'这时我开始明白他的意思了。

"'我知道了,'我说,'他的画像印在情人节的卡片上,他射中的,无论红种人白种人,都是傻瓜。'

"'这次的傻瓜是红种人,'约翰·汤姆平静地说,'杰甫,你认为我用多少匹马能买下科尼尔斯太太?'

"'胡说八道!'我说,'白人没有这种习俗。'约翰·汤姆大声笑了起来,咬着雪茄。'当然没有,'他说,'我指的是白人操办婚事要用多少美元。哎,我知道。种族之间有一道推不倒的墙。杰甫,如果我办得到的话,我要在红种人进过的每一所白人大学里竖起一个火炬。你们为什么要来干预,不让我们跳鬼神舞,吃狗肉宴,不让我们的婆娘替我们做蚱蜢汤、补鹿皮鞋?'

"'你不至于不尊重那朵叫做教育的永恒的鲜花吧?'我愤慨地说,'我把它佩在我智力的上衣胸前。我受过教育,'我说,'从没有因此受到损害。'

"'你用套索拴住我们,'小熊不理会我平庸的插话,自顾自往下说,'教我们认识文学和生活的美,教我们欣赏男人女人的优点。你在我身上做了些什么?你使我成了柴罗基的摩西。你教我憎恨印第安人的棚屋,喜爱白人的生活方式。我可以望望应许之地,看看科尼尔斯太太,但是我的位置在印第安人保留地。'

"酋长打扮的小熊站起来,又哈哈大笑。'但是白人杰甫啊,'他接着说,'白人提供了一种安慰品。虽然是暂时的,但能缓解一下,它的名字叫威士忌。'他又朝镇上走去。'但愿曼尼托保佑他今晚别闯大祸!'我暗忖道。因为我看出约翰·汤姆准备利用白人的安慰品。

"十点半左右,我坐着抽烟时,听到小路上有脚步声,只见科尼尔斯太太快步跑来,她头发零乱,脸上的神情像是家里既遭了贼偷,又发现了耗子,再加上面粉全用光了似的。'哎,彼得斯先生,'她打老远就嚷了起来,'哎,哎!'我飞快地思索一下,说出了问题的要害。'我和那个印第安人情同手足,我两分钟内就能让他安静下来——'

"'不,不,'她不知所措地扭着手说,'我没有看见小熊先生。是——是我的丈夫。他抢走了我的儿子。啊呀,我刚找回来,却被他抢走了!那个没良心的恶棍!他让我吃尽了生活的苦头。我可怜的小羊羔,他躺在温暖的被窝里,被那个恶魔抢走了!'

"'怎么回事?'我问道,'你先说说事情经过。'

"'我替罗伊铺床的时候,'她解释说,'孩子在旅馆门廊上玩,他驾车来到台阶前。我听到罗伊的叫声,跑了出来。我的丈夫已经把他抱上马车。我求他把孩子还给我。他往我脸上抽了一鞭子。'她把脸转向亮处。面颊和嘴巴上有一道红印。'是他用鞭子抽的。'她说。

"'回旅馆去,'我说,'我们商量商量怎么办。'

"她在路上谈了经过情况。他用鞭子抽她时,说他发现她来接孩子,便搭同一班火车来了。科尼尔斯太太住在她哥哥家,他们一直看管着孩子,因为她丈夫以前也曾想把孩子拐走。我判断那男人是个无可救药的二流子。他挥霍她的钱,殴打她,弄死她养的金丝雀,到处宣扬说她的脚冰冷。

"我们回旅馆后,发现五个愤怒的公民聚在一起,嚼着烟叶,谴责这种暴行。晚上十点钟,镇上的人大都睡了。我平静地对那位女士说,我准备乘一点钟的火车去东面四十英里外的下一个火车站,因为那位科尼尔斯先生很可能把马车赶到那里转乘火车。我对她说:'我不知道他有没有合法权利,不过找到他后,我要以扰乱治安的罪名给他眼睛上来一记非法的左直拳,让他一两天动弹不得。'

"科尼尔斯太太进屋去和旅馆老板娘一起哭,老板娘煮了猫薄荷茶,安抚那可怜的女人。老板用拇指扣着吊裤带到门廊上对我说:

"'自从贝德福德·斯蒂高尔的老婆误吞一条壁虎以来,镇上还没有这么骚动过。我在窗子里看见他用鞭子抽她。你身上这套衣服花多少钱买的?看样子这两天会下雨,是吗?大夫,你的那个印第安人今晚好像喝多了,是吗?他比你早来一会儿,我把这里发生的事讲给他听,他像汽笛似的尖叫一声,急匆匆地跑了。我想我们的警察在天亮之前会把他关起来的。'

"我想我不如坐在门廊上等一点钟的火车。我觉得没有什么可高兴的。约翰·汤姆又一次喝得烂醉,绑架的事害我睡不着觉。不过,我一向为别人的烦恼而烦恼。每隔几分钟,科尼尔斯太太就到门廊上来望望马车驶去的那条路,似乎指望那孩子手里拿着一个红苹果,骑在一匹白马上回来。女人的脾气不就是那样吗?那让人想起了猫的故事。'我看见一只耗子钻进了这个洞,'猫太太说,'你高兴的话可以去那儿撬开一块地板;我要守住这个洞口。'

"十二点三刻左右,那位没有阖过眼的太太又出来了,像自得其乐的女人那样慢悠悠地哭着,她又朝那条路张望、倾听。'夫人,'我说,'他们走了好久,看也没用。这时候他们大概已经在——''嘘。'她举起手说。我果真也听到黑暗中有些吧嗒吧嗒的响动;然后是一声呐喊,那声令人毛骨悚然的尖叫是麦迪逊广场花园野牛比尔①的日场表演之外从未听到的。然后,那个不值得尊敬的印第安人跳上了台阶和门廊。在门厅的灯光下,我没有认出一八九一班的校友小熊约翰·汤姆先生。我看到的是一个出征归来的柴罗基战士。烈酒和别的东西激励了他。他的鹿皮衣服被荆棘刮得破破烂烂,羽毛像鸡毛似的纠结在一起,鹿皮鞋上沾着几千里路的尘土,眼睛闪着原居民的光芒。但是他怀里抱着那孩子,孩子一手紧搂着印第安人的脖子,睡迷迷的眼睛半开半闭,两只小脚无力地晃荡。

"'娃子!'约翰·汤姆说,我发现他的言语已经丧失了白人的词藻。他成了同熊搏斗的、古铜色皮肤的土著。'我把娃子带来了,'他把孩子交到母亲手里说,'跑了十五英里!唔!抓到白人。带来娃子。'

"那个小妇人喜出望外。她抱紧那个惹是生非的小家伙,满口心肝宝贝的乱叫,把他弄醒了。我正想问小熊先生,但瞥见了他腰上挂的一件东西。'去睡吧,夫人,'我说,'这个爱游荡的小家伙也去睡吧,再也没有危险了,绑架事件已经彻底结束。'

"我劝约翰·汤姆尽快去营地,他倒在床上就睡着了,我把他腰间的那件东西取下来,丢到文明人的眼睛看不到的地方。因为即使有校足球队的大学也不设剥头皮的课程。

---

① 野牛比尔(1846—1917):美国西部拓荒时期的一个传奇性人物,真名威廉·科迪,传说曾在17个月中杀死4280头野牛而得此绰号,后在美国各地作蛮荒西部骑术巡回表演。

"约翰·汤姆醒来,四下张望时已是第二天上午十点钟了。我很高兴地看到他眼神里重新有了十九世纪的气息。

"'怎么啦,杰甫?'他问道。

"'酒喝多了。'我说。

"约翰·汤姆皱起眉头,思考了一会儿。'再加上那种叫做返祖现象的小小的生理骚动,'他直截了当地说,'我现在记起来了。他们走了没有?'

"'乘七点三十分的火车走了。'我回说。

"'唔!'约翰·汤姆说,'这样更好。白人,给威什希普多酋长拿些溴塞尔泽①来,他又可以担负红种人的责任了。'"

---

① 一种有镇静作用的治头痛的溴泡腾盐。

助人为乐*

"助人者能自助吗？"
——马尔瓦尼①

1

这个故事是威廉·特罗特在阿瓜斯弗勒卡斯的海滩上讲给我听的，当时我在等"漫游者号"水果船的船长派小艇来接我上船。我很不愿意离开那个"永恒下午的国家"。威廉留了下来，我们坐在国营仓库阴处的沙滩上，承蒙他向我叙述了他的经过压缩的自传。

像往常一样，我注意到那来自孟买的人已经写过这个故事，但他把它压缩成七个字的一句话，而我喜欢添枝加叶，便引用了那句话放在篇首，向他致歉，并向特伦斯致以最亲切的问候。

2

"你想不想回那个戴常礼帽和硬领的国家？"我问他说。"你

---

* 1908年12月首次发表于《芒西杂志》。

① 特伦斯·马尔瓦尼，英国小说家、诗人吉卜林（1865—1936）所著《山中的平凡日子》中一个短篇《三个士兵》里的人物，他、斯坦利·奥特里斯、约翰·利洛伊德三人的调皮捣蛋在团队里出了名。吉卜林出生在印度孟买，故下文有"来自孟买的人"之说。

心灵手巧,看上去又是个实干家,"我接着说,"我有把握替你在美国什么地方找到一份舒服的工作。"

威廉·特罗特以前很讨我喜欢,现在衣衫褴褛,光着脚,一副浑浑噩噩、自甘堕落的模样,我真不愿意看他这样沉沦下去,被热带地区吞噬掉。

"我相信你能说到做到,"他懒洋洋地剥着一节甘蔗皮说,"我绝对相信你能为我做许多事情。假如每个人为自己做的事能和为别人做的事一样多,世界上所有的国家就会千秋万代地延续下去,而不是仅仅维持几百年了。"

特罗特的话似乎发人深思。我又有了一个主意。

我有一个哥哥在奇科比大瀑布开工厂——好像是做棉纺、蔗糖、薄板之类的产品买卖。他的钱多得邪乎,因此崇尚艺术。我出生时,我们家的艺术气质就被垄断了。我知道詹姆斯哥哥会满足我的任何愿望。我可以要求他替威廉·特罗特在棉纺、蔗糖或者薄板行业安排一个工作——每月工资二百元左右。我把我的想法和建议告诉了威廉。他一向讨我喜欢,现在又这么潦倒。

我们说话时,忽然传来一阵枪声——好像是一个小队开了四五枪。那阵欢快的声音来自共和国士兵临时驻扎的兵营方向。

"听到没有?"威廉·特罗特说,"我给你说说。"

"一年前,我来到这个海滩,口袋里只有一元钱。今天我口袋里也是这个钱数。当时我在一条不定期的水果船上当厨师副手;一天清早,他们把我扔在这里不管了,也没有牧师帮我做临终忏悔,只因为前一天晚饭时我把一盘摊鸡蛋按在大副的脸上。那家伙反应强烈,因为我放在摊鸡蛋里的不是奶酪,而是辣根。

"他们把我从小艇扔到三英尺高的海浪里,我涉水上岸,坐在一棵棕榈树下。不一会儿,一个身穿白衣服的、脸色红润的白种人走过来坐在我旁边,他举止非常文雅,但有点醉意。

"我注意到海滩后面好像有个村落,风景优美,完全可以充当十来部电影的背景。但我认为这里肯定是吃人生番出没的地方,我琢磨着他们打算把我和胡萝卜还是和蘑菇一起煮来吃。我说过,这个衣着整齐的人坐在我旁边,一两分钟后,我们成了朋友。我们聊了一小时,他把有关情况都告诉了我。

"除了受过教育和嗜酒之外,他看上去还是个有才能的、认真的、能说会道的人。他什么话都对我说。他出了大学校门,就进了酿酒厂。我没有把他的姓名告诉你吗?他叫克利福德·温赖特。我不清楚他怎么会流落到南美洲这个地方来,不过我认为这是他的私事。我只问他有没有在不定期的水果船上当过厨师副手,他说没有,我就不再往下猜测了。他谈起话来像是一部百科全书。他还佩戴一块表,一块有齿轮机件的银表,误差在二十四小时以内。

"'很高兴认识你,'温赖特说,'我是伟大酒神的信徒,但是我的思维功能还不需要修理,'他说了些意思类似的话。'此外,'他又说,'我讨厌傻瓜治理世界。'

"'我滴酒不沾,'我说,'傻瓜的种类繁多;世界按照科学原理,在它自己的向点上运转,我决不干预。'

"'我说的是这个共和国的总统,'他说,'他的国家情况坏透了。国库空虚,同邻国尼加马拉处于战争边缘,倘若不是天气太热,全国各地早就开始革命了。这个国家,'温赖特接着说,'已经濒临毁灭。只要一个聪明人发布一些必要的公告法令,一天之内就可以使它避免迫在眉睫的灭亡。戈麦斯总统一点不懂政治和治国大计。你听说过亚当·史密斯吗?'

"'我想想看,'我说,'得克萨斯州沃思堡有个姓史密斯的、只剩一个耳朵的人,不过他的名字好像是——'

"'我说的是政治经济学家。'温赖特说。

"'那就是绰号叫缺德鬼的史密斯了,'我说,'他可从来没有栽进去过。'

"温赖特情绪激昂地抨击了那些没有资格担任公职的人的麻木不仁,然后对我说,他这就要到离阿瓜斯弗勒卡斯四英里的总统夏宫去,指点总统如何治理水深火热的共和国。

"'特罗特,跟我一起去吧,'他说,'我让你看看头脑能起什么作用。'

"'能得到什么呢?'我问道。

"'满足感,'他说,'拯救一个二十万人口的国家,使它免于毁灭、重新获得繁荣和平的满足感。'

"'太好啦,'我说,'我跟你去。我现在很想吃一只活煮龙虾;不自由,毋宁死,不过既然还谈不上死,就给我第二种选择吧。'

"温赖特和我穿过镇上,他在一家酒厂门口停住了。

"'你有钱吗?'他问。

"'有,'我掏出那枚银币说,'我身边总带一定数量的钱。'

"'我们喝酒吧。'温赖特说。

"'我不喝,'我说,'我决不喝邪恶的甘蔗酒或者它的衍生物。这是我的非弱点之一。'

"'它是我的短处,'他说,'你的弱点是什么呢?'

"'勤劳,'我说,'我努力工作,刻苦勤奋,不知疲倦。'

"'我亲爱的特罗特先生,'他说,'我们虽然初次见面,但我已经看出你在撒谎。人人都有弱点和其他方面的强项。你请我喝杯甘蔗酒,我们去拜访总统先生吧。'"

3

"就这样,"特罗特接着说,"我们在棕榈、蕨类植物和其他屋顶花园植物的原始暖房里走了四英里路,到了总统避暑的白宫。其实那建筑是蓝色的,像是你看见的舞台上第三幕的场景,节目单上写的是'同第一幕景'。

"五十多人等在围绕房屋和花园的铁栅栏外面,其中有穿金色缏带制服的将军和鼓动家,戴钻石饰物和巴拿马草帽的市民——都在等待总统召见。我们看到府邸前面的避暑别墅里有个深褐色的人不慌不忙地用黄金餐具在吃早饭。我估计外面的人是来听取命令和提出请求的,但是不敢贸然行事。

"克利福德·温赖特才不管这一套呢。大门是开着的,他朝总统的餐桌笔直走去,自信得像是认识小饭馆侍者领班的主顾。我跟在他后面,因为我只有七十五分钱,而且我没有别的事可做。

"那个姓戈麦斯的人站起来,尽管皮肤很黑,但仍看得出他的神色像是要召唤一号岗哨的卫兵班长。温赖特特别流利地对他说了几句话,他马上请我们坐下共进早餐,咖啡、面包卷、大蜥蜴肉排一道一道地飞快地端上,连九十个侍役都侍候不过来。

"温赖特开始发言,但是总统打断了他的话。

"'你们这些美国佬,'他客气地说,'自以为高人一等,不可一世,我对你们说,'——他的英语比你我都好,滔滔不绝地说了一大套——'你们走了不少路,不过在凉爽的早晨步行比骑马舒服。要不要来一些饮料?'他说。

"'甘蔗酒。'温赖特说。

"'给我来一支雪茄。'我说。

"好吧,他们两人谈了一个小时,让那些穿漂亮制服的将军和特权市民在铁栅栏外面干等着。我一面默默地抽雪茄,一面听克利福德·温赖特谈安邦定国的道理,如何把一个破败的共和国搞得繁荣富强。我听不出他的论点和国际可理解性有没有什么特殊联系,但是他牢牢地吸引了戈麦斯先生的注意力。温赖特用铅笔在白亚麻桌布上写满了数字、预算和推论。他纵横捭阖地谈论进出口税、海关收益、税收、条约、预算、特许权,以及政治和政府所需要的种种废话;他说完后,那个姓戈麦斯的家伙跳起来同他握手,连连说他拯救了国家和人民。

"'你将得到酬谢。'总统说。

"'给我再来一杯——甘蔗酒,好吗?'温赖特说。

"'给我再来一支雪茄——烟叶要黑一点的。'我说。

"好吧,总统派一辆四轮敞篷马车把我和温赖特送回镇上,驾车的是两匹满身跳蚤的、淘汰下来的赛马,不过在他们国内算是最好的了。

"我后来发现温赖特实际是个游民——沿海一带数他最聪明,但是为酒所累。我喜欢他。

"有一天,我把他骗出来,走了两里路,到村外小河边的一间旧茅草屋。他坐在草堆上,大谈他从书本上学来的全世界的智慧时,我出其不意地抓住了他,用我带来的皮索捆住了他的手脚。

"'你躺着别动,'我说,'想想人生的变幻莫测,等我回来。'

"我到阿瓜斯弗勒卡斯一个名叫蒂莫泰雅·卡里索的十分聪明的姑娘和她母亲所住的棚屋去。那姑娘的美好是不多见的。在美国,她会被称之为浅黑型,但她比浅黑型更好——可以把她归在浅褐型。我和她很熟。我把我的朋友温赖特的情况讲给她听。她给了我一大把树皮——我想大概是黄金鸡纳树皮吧——和一些草药,叫我混在一起,并且告诉我服用的方法。树皮和草药熬汤后给温赖特喝下去,在一段时间里不让他碰甘蔗酒。我这样做了两星期。你知道,我喜欢温赖特。我们两人都没有钱;但是蒂莫泰雅每天给我们送来山羊肉、香蕉和玉米饼,我终于煞住了克利福德·温赖特的酒瘾。他再也不想喝酒了。傍晚凉快的时候,他和我坐在蒂莫泰雅母亲的棚屋屋顶上,吃些米饭、炖海蟹和咖啡之类的无害的东西,拉拉手风琴。

"那期间,戈麦斯总统发现克利福德·温赖特的劝告正是他寻找的东西。国家摆脱了债务,国库有了钱,他晚上偶尔可以偷偷溜出去自娱自乐。老百姓每天又可以睡两小时午觉了——这是最可靠的繁荣迹象。

"他从首都派人来请克利福德·温赖特,委任他为总统私人秘书,年薪两万秘鲁元。是啊——确实丰厚。温赖特戒了酒(这要感谢我和蒂莫泰雅),在政府里平步青云。别忘了怎么做到的——黄金鸡纳树皮和草药混在一起熬汤——每两小时服一汤匙。你自己可以试试。它能消除喝酒的欲望。

"我先前说过,一个人为别人做的事可以大大超过他为自己做的事。温赖特凭他的头脑使一个国家摆脱困难,站了起来;但他能为自己做些什么?我没有什么聪明的头脑,只凭一点胆量和常识,就帮他站了起来,因为我没有他的那种弱点——除了雪茄之外,我没有弱点,谢谢。而且——"

特罗特停住不说了。我看看他褴褛的衣服和他那张晒得黧黑的沉思的脸。

"卡赖特有没有提出替你做些什么呢?"我问道。

"温赖特,"特罗特纠正说,"不错,他提出要给我一些肥缺。但是我非离开阿瓜斯弗勒卡斯不可,我一个也没有接受。喂,我没有多谈那个姑娘——蒂莫泰雅的事吧。我们情投意合。她不比任何地方的姑娘差——主要是西班牙型的,稍稍加一点柠檬色。即使她们住的是茅草屋,光着胳臂,又有什么关系?

"一个月前,"特罗特说,"她走了。我不知道她去哪里。可是——"

"你还是回美国好,"我坚持说,"我可以向你承诺,我哥哥肯定能给你安排一个棉纺、制糖或者薄板行业里的工作——我只是不能肯定在哪个行业。"

"我想她和她母亲大概回到家乡的山区去了，"特罗特说，"告诉我，你提到的工作给多少工资？"

"哎，"我说，提到生意买卖我有点迟疑了，"大概每月五十或者一百元吧——也可能有二百。"

"真奇怪，"特罗特用脚趾蹭着沙子说，"事情落到自己头上却拿不定主意了。我不知道该怎么办。当然，我在这里混不上饭。我游手好闲。可是——我希望你见过蒂莫泰雅。人人都有弱点。"

"漫游者号"的小艇快靠岸来接船长、事务长和惟一的乘客我了。

"我担保，"我满有把握地说，"我哥哥每月会给你七十五元工资。"

"好吧，"威廉·特罗特说，"我——"

灼热的沙滩那头传来一个悦耳的声音。一个皮肤稍带柠檬色的姑娘站在雷亚尔街召唤。她光着胳臂——但那又怎么样呢？

"是她！"威廉·特罗特望着她说，"她回来啦！多谢你的好意，我不能接受那份工作了。不管怎么样，我还得谢谢你。我们能帮别人大忙，但帮不了自己，你说怪不怪？你提出的优厚待遇几乎打动了我，但是我们都有弱点。蒂莫泰雅就是我的弱点。哎呀！"特罗特转身要走，突然退了一两步，"我还没有告别，差一点就走了，"他说，"她们出乎意外地走了一个月，又出乎意外地回来，真把我搞糊涂了。咱们握握手。再见啦！喂，你还记得刚才兵营那边的枪声吗？我知道是怎么回事，不过没有说。那是兵营里的行刑队枪毙克利福德·温赖特的枪声，罪名是把国家机密泄露给那个尼加马拉共和国。不错，是甘蔗酒惹的祸。他故态复萌，落到这个地步。我想我们大家都有弱点，帮不了自己多少忙。我的弱点

43

在等着我呢。我很想干你哥哥那里的工作,但是——我们大家都有弱点。后会有期!"

4

一个高大的加勒比黑人背着我涉过海水,把我送上水果船的小艇。半路上,事务长把他最后一刻在阿瓜斯弗勒卡斯邮局替我代领的一封信交给我。信是我哥哥写给我的。他要我在新奥尔良的圣查尔斯旅馆和他见面,接受他商行的工作——可能是棉纺、制糖或者薄板行业,年薪五千元。

我抵达新月城①后,匆匆避开圣查尔斯旅馆,找了比维尔街一间阴暗的带家具出租的房间。在那里,我时不时的从阁楼的窗口望望街对面那家老旧得发黄的酒馆,写了这篇小说,换些买面包和黄油的钱。

"助人者能自助吗?"

---

① 新月城是新奥尔良的别号,因为该城坐落在密西西比河新月状的弯曲处。

提线木偶

警察站在第二十四街和一条黑得邪乎的胡同的拐角上,高架铁路正好在上面通过。当时是凌晨两点:黎明前的黑暗浓重潮湿,让人很不舒服。

一个穿长大衣、帽子压得很低、手里提着什么东西的男人轻手轻脚地从黑胡同里匆匆出来。警察迎上前去,态度和蔼,但带着恪尽职守的自信。时间、胡同的恶名、行人的匆忙、携带的重物——这一切自然而然地构成了"可疑情况",要求警察干预查明。

"可疑者"立即站住,把帽子往后一推,摇曳的街灯照出的面孔镇定自若,鼻子相当长,深色的眼睛毫不躲闪。他没脱手套就把手伸进大衣口袋,摸出一张名片交给警察。警察凑着晃动的灯光看到名片上印的是"医学博士查尔斯·斯宾塞·詹姆斯"。街道和门牌号码在一个殷实正派的地段,不容产生好奇,更不用说怀疑了。警察的眼光朝下扫去,看到医生手里提的东西:一个漂亮的白银扣饰的黑皮医药包;名片得到了进一步的证实。

"请吧,大夫,"警察让开一步,口气和蔼得有点过分,"上面关照要格外小心。最近溜门撬锁、拦路抢劫的案子很多。在这样的夜晚出诊真够呛。不算冷,但是黏黏糊糊的。"

詹姆斯医师彬彬有礼地点点头,说了一两句附和警察对天气评价的话,继续匆匆走去。那晚有三个巡警都认为他的名片和神气的医药包足以证明他是正派人,干的是正派事。假如第二天这些警察中间有谁觉得应当去核实一下名片（只要别去得太早，因为詹姆斯医师没有早睡早起的习惯），他将发现一块漂亮的门牌上确有医师的姓名，摆设精致的诊所确有衣着整饬的医师本人，邻居们都乐意证明两年来医师奉公守法，照顾家庭，业务兴旺。

因此，假如这些热心维护治安的人中有谁能看到那个表面清白的医药包里的东西，准会大吃一惊。包一打开，首先呈现在眼前的是一套最新发明的"保险箱专家"专用的精巧工具，所谓"保险箱专家"是如今撬保险箱的窃贼们自封的称号。那些工具都是专门设计、特别打造的——短而结实的撬棍，一套奇形怪状的钥匙，在冷铸钢上打孔就像耗子啃奶酪那般轻松的高强度的蓝钢钻头和冲头，能像水蛭那样附着在光滑的保险箱门上，像牙医拔牙那么利索地拔出号码锁的夹钳。"医药包"里的小贴袋里有一瓶四英两装的硝化甘油，还剩下一半。工具下面是一堆皱皱巴巴的钞票和几把金币，总数是八百三十元。

詹姆斯医师在他极有限的朋友圈子里被称为"了不起的希腊人"。这个奇特的称呼一半是赞扬他冷静的绅士作风，另一半在帮会黑话里是指头儿和出谋划策的人，凭他的地址、职业的影响和威望，他能搞到信息，供哥儿们制定计划，干非法勾当。

这个精干的小圈子的其他成员是斯基采·摩根、根姆·德克尔和利奥波德·普雷茨费尔德。德克尔是"保险箱专家"，普雷茨费尔德是城里的珠宝商，负责处理三人工作小组搞来的钻石和其他首饰。他们都是讲朋友义气的好人，守口如瓶，忠实不渝。

合伙人认为那晚的收获并不令人满意，只能勉强补偿他们花费的力气。一家资金雄厚的经营呢绒的老字号的双层侧栓的老式保险箱，星期六晚上的存款理应超过两千五百元。但是他们只找到这个数目，三人按照惯例，当场就把钱平分掉。他们本来指望有一万或一万两千元。然而商号股东老板之一办事有点儿过于老派。天黑后,他把大部分现金装在一个衬衫盒里带回家去了。

詹姆斯医师继续沿着杳无行人的第二十四街走去。经常聚集在这一地区的戏剧界票友们也早已上床睡觉了。牛毛细雨在铺路的石子间积成小水洼,被弧光灯一照,反射出千百片闪闪发亮的小光点。水汽凝重的寒风,从房屋之间的空当里劈头盖脸地一阵阵扑来。

医师刚走近一座高大的砖砌建筑的拐角,这座与众不同的住宅前面突然打开了,一个嘴里嘀嘀咕咕、脚下踢踢踏踏的黑种女人从台阶下到人行道。她说着什么,很可能是自言自语——她那个种族的人独自遇到危难时总是采取这种求助的办法。她像是旧时南方的奴仆——多嘴多舌、肆无忌惮、忠心耿耿,却又不服管教,她的外貌说明了这一点:肥胖、整洁、系着围裙、扎着头巾。

詹姆斯医师迎面走去时,这个从沉寂的房屋里突然出现的形象刚走下台阶。她大脑的功能从发音转换到视觉,停止了嘀咕,一对金鱼眼睛死死盯住医师手里的医药包。

"谢天谢地!"她一见到医药包就脱口嚷道,"你是大夫吗,先生?"

"是的,我是大夫。"詹姆斯医师停住脚步说。

"那就请你看在老天份上去瞧瞧钱德勒先生吧。不知他是犯病还是怎么搞的,像死了似的。艾米小姐派我去找大夫。先生,你不来的话,天知道老辛迪上哪儿才能找到大夫。假如老主人知道这里的情形,就有好戏看了,先生——他们准会打枪,在地上数好步子,用手枪决斗。那个羔羊般的、可怜的艾米小姐——"

"你要找大夫,就在前面带路,"詹姆斯医师踩上台阶说,"你要找个听你唠叨的人,我可不奉陪。"

黑女人引他进屋,走上一溜铺着厚地毯的楼梯。他们经过两个光线暗淡的门厅。在第二个门厅里,爬得上气不接下气的引路人拐了弯,在一扇门前站停,打开了门。

"我把大夫请来啦,艾米小姐。"

詹姆斯医师进了屋,朝站在床边的一位年轻太太微微欠身。他把医药包搁在椅子上,脱掉大衣,搭在医药包和椅子背上,镇定自若地向床边走去。

床上躺着一个男人,仍是先前倒下去时的姿势——衣着华丽时髦,鞋子已经脱去,全身松弛,死了似的一动不动。

詹姆斯医师像是散发着宁谧、镇定和力量的光环,对他主顾中的软弱失望的人来说,简直像是久旱后的甘霖。他在病室里的举止风度有某些地方特别使妇女们倾倒。那并不是时髦医师对病人的纵容讨好,而是沉着自信,压倒命运的气魄,对人尊重、保护和献身的态度。他那坚定、明亮的棕色眼睛里有一种清澈的吸引力,和蔼的面相非常适合担任知己和安慰者的角色,冷静而近似牧师的安宁带着潜在的威严。他有时出诊,那些和他初次见面的妇女居然会告诉他,她们为了防止失窃,晚上把钻石藏在什么地方。

詹姆斯医师经验丰富,眼珠不怎么转动,就估出了房间家具摆设的等级和质量,同时也打量了那位年轻太太的外表。她身材娇小,年纪二十出头,容貌有一种迷人的美,但现在蒙上了阴霾。这与其说是意外不幸所引起,还不如说是由来已久的固定的哀怨。她额头一侧有一道青紫色的挫伤,医师根据经验判断,受伤的时间不会超出六小时。

詹姆斯医师伸手去试病人的脉搏。他那双几乎会说话的眼睛在询问年轻女人。

"我是钱德勒太太,"她回答说,带着南方人那种含糊的哭音和腔调,"你来到前十分钟左右,我丈夫突然病了。他以前也犯过心脏病——有几次相当凶险。"病人深更半夜这副打扮促使她做出进一步的解释,"他在外面很晚才回家,我想大概是赴晚宴。"

詹姆斯医师现在把注意力转向病人。不论他从事哪一类"职业"活动时，他总是全神贯注地对待"病例"或者"买卖"。

病人年纪有三十左右。面相大胆放荡，但还算端正，一种乐观幽默的神情补救了缺点。他衣服上有一股泼翻了酒的气味。

医师解开他的上衣，用小刀把衬衫的假前胸从领子割破到腰部。清除了障碍之后，他把耳朵贴在病人心口，仔细听着。

"二尖瓣回流？"他站直时轻声说。句子结尾是没有把握的升调。他又俯身听了好久，这次才用确诊的音调说："二尖瓣闭锁不全。"

"夫人，"他说话的口气曾多次解除过人们的忧虑，"有可能——"当他缓缓朝那位太太转过头去时，只见她脸色惨白，晕了过去，倒在黑老太婆的怀里。

"可怜的小羊羔！可怜的小羊羔！辛迪大妈的宝贝孩子被他们害苦啦！但愿上帝发怒，惩罚那些把她引入迷途、伤了她那颗天使般的心、害她落到这个地步的人——"

"把她的脚抬高，"詹姆斯医师上前去扶持那个晕倒的人，"她的房间在哪里？必须把她抬到床上去。"

"在这儿，先生，"黑老太婆把扎着头巾的脑袋朝一扇门摆摆，"那是艾米小姐的房间。"

他们把她抬进房间，放在床上。她的脉搏很微弱，但还有规律。她神志没有清醒，从昏迷状态进入了沉睡。

"她体力衰竭，"医师说，"睡眠对她有好处。等她醒来时，给她一杯加热水的酒——再打个鸡蛋在里面，如果她能喝酒的话。她前额的挫伤是怎么搞的？"

"磕了一下，先生。那个可怜的小羊羔摔了一跤——不，先生"——老太婆变化不定的种族性格使她突然发作起来——"老辛迪才不替那个魔鬼撒谎呢。是他干的，先生。但愿上帝让他的手烂掉——哎呀,真该死!辛迪答应过她可爱的小羊羔决不讲出来。先生,艾米小姐头上是磕伤的。"

詹姆斯医师向一个精致的灯架走去,把灯光捻小一点。

"你在这儿守着太太,"他吩咐道,"别做声,让她睡觉。如果她醒来,就给她喝加热水的酒。如果她情况不好,就来告诉我。这事有点怪。"

"这里的怪事还多着呢,"黑女人正要说下去,医师一反常态,像安抚歇斯底里病人似的专断地吩咐她别出声。他回到另一个房间,轻轻关上门。床上的人没有动弹,但是已睁开了眼睛。他的嘴唇抽动着,似乎想说什么。詹姆斯医师低下头,只听到微弱的声音:"钱!钱!"

"你听得清我说的话吗?"医师压低嗓门,但十分清晰地说。

病人略微点点头。

"我是医师,是你太太请来的。她们告诉我,你是钱德勒先生。你病得不轻,千万别激动或是慌张。"

病人的眼神仿佛在召唤他。医师弯下腰去听那仍旧十分微弱的声音。

"钱——两万元钱。"

"钱在哪里?——在银行里吗?"

眼神表示了否定。"告诉她"——声音越来越微弱了——"那两万元钱——她的钱"——他的眼光扫视着房间。

"你把钱藏在什么地方了吗?"詹姆斯医师的声音像塞壬女妖一般急切,想从那个神志逐渐不清的人嘴里掏出秘密——"在这个房间里吗?"

他觉得那对暗淡下去的眼睛里有表示同意的闪动。他指尖能触摸到的脉息细得像一根丝线。

詹姆斯医师的另一门职业的本能在他的头脑和心里出现。他做事敏捷,马上决定要打听出这笔钱的下落,即使知道这一来肯定会出人命也在所不惜。

他从口袋里掏出一小本空白的处方笺,根据标准的常规做法,开了一张适合病人需要的处方。他到里屋门口,轻声叫那个黑女人出来,把处方交给她,让她去药房配药。

她嘀嘀咕咕地离开后,医师走到钱德勒太太躺着的床边。她仍在沉睡,脉象比先前好一些了,额头除了挫伤红肿的地方以外也不烫了,稍稍有些湿润。没人打扰的话,她可以睡几小时。他找到房门钥匙,出来时随手把门锁上。

詹姆斯医师看看表。有半小时可以归他支配,因为那个老太婆去配药,半小时以内回不了家。他找来水罐和平底酒杯,打开医药包,取出一个盛着硝化甘油的小瓶——他的善于摆弄手摇曲柄钻的哥儿们把它简单地称做"油"。

他把淡黄色稠厚的液体倒了一滴在酒杯里,然后取出带银套筒的注射器,安好针头。他根据玻璃管上的刻度细心抽了几次水,把那滴硝化甘油稀释成将近半酒杯的溶液。

那晚两小时前,詹姆斯医师用同一个针筒把未经稀释的液体注射到他在一个保险箱锁上钻出的窟窿里,一声沉闷的爆炸毁坏了控制门闩的机械。现在他打算用同样的方法震撼一个人的主要机械——刺激他的心脏——目的都是为了钱。

同样的方法,但是形式不同。前者是鲁莽粗野、凭借原始动力的巨人;后者是奉承者,但用丝绒和花边掩饰了同样致命的手臂。因为医师用针筒细心从酒杯里抽取的液体已经成了三硝酸甘油脂,这是医学科学中已知的最厉害的强心剂。二英两能毁坏一扇厚实的保险箱铁门,他现在要用一量滴的五十分之一来使一个活人的复杂机理永远静止。

但不是立即静止。这不符合他的要求。首先要迅速增加身体的活力；强有力地促进每一个器官和功能。心脏会勇敢地对致命的鞭策做出反应，静脉里的血液会更快地回到心脏。

詹姆斯医师很清楚，这种心脏病遇到过于强烈的刺激，就像挨了一颗来复枪子弹似的，结果是立刻死亡。当血流量在窃贼"油"的作用下骤然增加，管腔本来不畅的动脉会迅速完全堵塞，生命之泉就停止流动了。

医师解开昏迷的钱德勒前胸的衣服，熟练地把针筒里的液体注射到心前区的肌肉里。他干两门行业都干净利落，注射完毕，仔细擦干针头，把保持针头通畅的细铜丝重新穿好。

三分钟后，钱德勒睁开了眼睛，开始说话了，声音虽然微弱，但还能辨清，他问抢救他的是谁。詹姆斯医师再一次解释他是怎么来这儿的。

"我妻子呢？"病人问道。

"她睡着了——由于过度疲劳和忧虑，"医师说，"我不愿叫醒她，除非——"

"没有——必要，"钱德勒呼吸短促，说话时常间断，"为了我——去打扰她——她不会——领你的情。"

詹姆斯医师把一张椅子拖到床前。时间不容浪费，要抓紧谈话。

"几分钟前，"他以另一门职业的低沉坦率的声音说，"你打算对我说些有关钱的事。我不指望你对我推心置腹，但是我有责任劝告你，焦虑对你的恢复是不利的。假如你心里有什么事——我记得你提到过两万元钱的事——最好说出来，可以减轻你的精神负担。"

钱德勒的脑袋动不了，但他的眼珠转向说话人的方向。

"我说过——这笔钱——在哪里吗？"

"没有，"医师回答说，"我只不过从你模糊不清的话里推测到你十分关心它的安全。如果钱在这个房间里——"

詹姆斯医师住口不说了。他是不是从病人揶揄的脸上看到一丝恍然大悟的神色？他是不是显得有点迫不及待，他是不是说漏了嘴？钱德勒随后说的话使他恢复了自信。

"除了——那个——保险箱以外，"他上气不接下气地说，"还能——藏在哪里呢。"

他用眼光指点房间的一角，医师这才看到窗帘下端半遮着的一个铁制的小保险箱。

他站起身，抓住病人的手腕。病人的脉搏宏大，但有不祥的间歇。

"抬起胳臂。"詹姆斯医师命令说。

"你知道——我动不了，大夫。"

医师快步走到通向过道的门前，打开门，听听外面有什么动静。一片静寂。他不再旁敲侧击，径直走到保险箱前面，打量了一下。那个保险箱式样古老，设计简单，只能防防手脚不干净的仆人。拿他的技术来说，这只能算是一件玩具，等于稻草和硬纸板糊的东西。这笔钱可说是已经到手了。他能用夹钳拔出号码盘，钻透制栓，不到两分钟就打开保险箱的门。用另一种办法，也许只要一分钟。

他跪在地上，耳朵贴着保险箱门，慢慢转动号码盘。不出他所料，锁门时只用了一个组合暗码。号码盘转动时，他敏锐的耳朵听到轻轻的咔嗒一响，他利用暗码组合——门把手松动了。他打开了保险箱。

保险箱里一无所有——空空的铁格子里连一张废纸都看不见。

垂死的人额头汗涔涔的，但嘴角和眼睛露出嘲弄的冷笑。

"我这辈子——从没见过，"他吃力地说，"医药同——盗窃结合！你身兼二职——赚头不坏吧——亲爱的大夫？"

当时的情况十分尴尬,詹姆斯医师的精明强干从没有遇到过比这更严峻的考验。受害者的出了格的幽默感使他陷入既可笑又不安全的处境,但他仍然保持着尊严和清醒的头脑。他掏出表,等那人死去。

"你对——那笔钱——未免——过于猴急了。可是你——亲爱的大夫——根本奈何不了它。它很安全。十分安全。它全部——在赛马——赌注登记人手里。两万元——艾米的钱。我拿去——赛马——输得精光。我是个败家子,贼先生——对不起——大夫,不过我输得光明正大,我可从来没有见过——像你这样——不够格的坏蛋——大夫——对不起——贼先生。给受害者——对不起——给病人喝杯水——是不是违反——你们贼帮的——职业道德？"

詹姆斯医师替钱德勒倒了一杯水。他几乎不能吞咽。药物的反应一阵阵袭来,越来越强烈。但他死到临头还想狠狠地刺痛一下别人。

"赌徒——酒鬼——败家子——我都沾边,可是——医师兼窃贼！"

医师对他刻薄的讽刺只做了一个回答。他俯下身子,盯着钱德勒急剧凝滞的眼光,举手指着那个沉睡的女人的房间,姿势如此严厉而意味深长,以致那个衰竭的人用尽残剩的力量,半抬起头,想看个究竟。他什么也没有看到,但听到了医师冰冷的言语——他临终时听到的最后的声音：

"到目前为止,我可从来没有揍过女人。"

企图研究这种人是徒劳的。没有哪一门学问能对他们进行探讨。人们提到某些人时会说"他这也行,那也行",他们就是这些人的后裔。我们只知道有这种人存在,只知道我们可以观察他们,议论他们的浅显的表现,正如孩子们观看并议论提线木偶戏一样。

然而,这两个人——一个是谋财害命的强盗和凶手,站在受害人面前;另一个虽然没有严重违法,但行为更其恶劣,令人厌恶,他躺在受他迫害、侮辱和毒打的妻子的房屋里;一个是虎,另一个是狼,他们两人互相憎恨对方的卑劣;尽管大家罪恶昭著,却互相炫耀,说自己的行为准则(即使不谈荣誉准则)是无可指责的。

詹姆斯医师的反驳肯定刺伤了对方残余的羞耻心和男子气概,成了致命的一击。钱德勒脸上泛起一阵潮红——垂死红斑,他停止了呼吸,几乎没有颤动就一命归天了。

他刚咽气,黑老太婆配好药回来了。詹姆斯医师一手轻轻按着死者合上的眼皮,把结果告诉了她。她并不伤心,只带着遗传的、与抽象死亡友好相处的态度,凄凉地抽抽搭搭地抱怨说:

"可不是吗!上帝自有安排。他会惩罚有罪的人,帮助落难的人。他现在该帮助我们了。辛迪买这瓶药,把最后一枚硬币都花了,结果药也没用上。"

"难道钱德勒太太没有钱吗?"詹姆斯医师问道。

"钱?先生,你知道艾米小姐为什么晕倒,为什么这么虚弱?是饿成这样的,先生。家里除了一些破饼干外,三天没有什么吃的了。那个小天使几个月前就变卖了她的戒指和怀表。这座房子里的红地毯和漂亮家具全是租来的,催租的人凶极了。那个魔鬼——饶恕我,上帝——已经在你手里遭到了报应——他把家产全败光了。"

医师的沉默使她越说越有劲。他从辛迪杂乱无章的独白中理出了一个古老的故事,其中交织着幻想、任性、灾难、残酷和傲慢。她喋喋不休的言语组成的模糊概貌中,有几幅比较清晰的画面:遥远南方的一个舒适的家庭,草率的、随即后悔的婚事,充满侮辱和虐待的不幸生活,女方最近得到一笔遗产,带来了重振家业的希望,狼夺去了那笔钱,两个月不照面,在外面挥霍得精光,一天晚上,喝得醉醺醺的又回来了。从一团乱麻似的故事里可以看到一条纯白的线索:黑老太婆的质朴、崇高和始终不渝的爱,不论遇到什么艰难险阻,她都坚定不移地追随着女主人。

她终于住嘴时,医师问她家里有没有威士忌酒或者任何什么别的酒。老婆子说有,餐具柜里还有那条豺狼剩下的半瓶威士忌。

"照我刚才吩咐你的那样,倒些酒,兑些热水,打个鸡蛋在里面。把你的女主人叫醒,让她喝下去,然后告诉她家里出的事情。"

十来分钟后,钱德勒太太由老辛迪搀扶着进来了。她睡了一会儿,喝了热酒,看上去不那么虚弱了。詹姆斯医师已经用床单盖好床上的死人。

那位太太哀伤和半含惊恐的眼睛朝床上一瞥,向她的保护人身边挨得更近些。她的眼睛干而发亮。极度的痛苦使她的泪水已经干涸。

詹姆斯医师站在桌边,他已穿好大衣,手里拿着帽子和医药包。他的神情镇定安详——他的职业使他见惯了人类的痛苦。只有他那闪烁的棕色眼睛里流露出审慎的医师的同情。

他体贴而简洁地说,由于时间太晚,请人帮忙肯定有困难,他可以亲自去找合适的人来料理后事。

"最后还有一件事,"医师指着打开的保险箱说,"钱德勒太太,你的丈夫最后知道自己不行了,他把保险箱的组合号码告诉了我,让我打开。如果你要使用,请记住号码是四十一。先朝右拧几圈,再朝左拧一圈,停在四十一这个数字上。他虽然知道自己即将去世,却不让我叫醒你。

"他说,他在保险箱里存了一笔数目不大的钱——也够你用来完成他最后的请求了。他请求你回你的老家去,以后日子好过一些的时候,请你原谅他对你犯下的种种罪愆。"

他指指桌子,桌上是一叠整整齐齐的钞票,钞票上面放着两摞金币。

"钱在那儿——如他所说——一共是八百三十元。请允许我留下我的名片,以后有我可以效劳之处,请尽管吩咐。"

他在最后时刻居然顾念到她——并且想得很周到! 来得太迟了! 但是这个谎话在她认为已经成为一片灰烬和尘埃的地方扇旺了一个柔情的火花。她脱口喊道:"罗勃! 罗勃!"然后转过身扑在忠诚的仆人怀里,用泪水冲淡她的悲哀。在往后的年月里,凶手的假话像一颗小星星,在爱情的坟墓上空闪烁,给她慰藉,争取她的原谅,这本身就是一件好事。

黑老太婆把她搂在胸口,像哄小孩似的低声安慰她,她终于抬起头——但是医师已经走了。

侯爵和莎莱小姐[*]

老比尔·巴斯康做梦也没料到自己居然和波罗泰尔侯爵在同一天里被命运之神打垮。

侯爵住在伦敦的摄政广场。老比尔住在得克萨斯州哈德曼县的跛鹿河畔。叫侯爵摔跟斗的天翻地覆的变化，是一个所谓"中南美木材树胶垄断"的投机公司。老比尔的索命鬼在危险程度上说来，并不小于那家投机公司。一群从淮州地区来的开化的印第安盗牛贼，把他的四百头牛全部赶跑了，老比尔追踪他们时，又被他们打死。侯爵发觉他的全部财产不够还债时，开枪自杀了，这一来，两件不幸事情的结局相同。

老比尔的妻子死在他前头，现在只留下六个无怙无恃的儿女。他们落到既没有一头小牛可吃，也没有一文钱可花的地步。

侯爵有一个成年的儿子，他早就到了美国，在得克萨斯北部办了一个大牧场，养了很多牲口。这个小伙子得到侯爵去世的消息后，马上赶到城里。除了马、鞍、温切斯特枪和口袋里的十五元钱之外，他把所有的财产交给他的律师，委托他变卖，把钱汇到伦敦去偿还父亲的债务。然后他跨上马，向南方跑去。

一天，两个小伙子来到小石的钻石牧场，要求工作，他们到的时间几乎相同，路线却不一样。两个都穿着整洁潇洒的牛仔服装。

---

[*] 1903年6月首次在《人人》杂志上发表。

一个身材笔挺,眉清目秀,褐色的头发剪得很短,光洁的脸庞晒成了金黄色。另一个应征的人长得比较结实宽阔,脸色红润,稍微有点雀斑,拳曲的头发带些红色,容貌没有什么特点,但是一对含笑的眼睛和讨人喜欢的嘴巴替他增添了不少光彩。钻石牧场的经理认为可以给他们工作。事实上,这天早晨营地里传话来说是厨师——队里最重要的成员——跨上马走了,因为营地里总是把厨师当做取笑和恶作剧的合法对象,仿佛那是他职务的一部分,他忍受不住,开了小差。

"你们中间谁会做饭?"经理问道。

"我会,"那个头发微红的小伙子马上回答说,"我在营地里常常做饭,我愿意干这个活儿,直到你有别的工作让我做的时候。"

"哎,我喜欢说话这样爽快的人,"经理赞同地说,"我替你写一个便条给桑德斯,他会安排你的工作。"

这样,钻石牧场的发薪单上就增加了约翰·巴斯康和查尔斯·诺伍德两个名字。他们两个吃了中饭,立刻出发到驱集牛群的营地去。指点他们的话很简单,但也足够了:"沿着河道走十五英里路就到了。"两个都是远地来的陌生人,都朝气蓬勃,碰巧又有机会一起骑马赶长路,那天下午,当他们沿着坎达凡尔达的小河道驰去时,很可能就建立了他们之间往后那种奇异的友情。

太阳压山时,他们到了目的地。主营很舒适地坐落在一个长水坑旁边,在一片浓密的丛林底下。好几顶三角帐篷和一个储藏食品的方形帐篷说明他们准备在这里待上相当长的时间。

牛仔们刚把牲口赶回营地不久,大伙又累又饿,可是没有晚饭,正争先恐后地用适合这种情况的语言在诅咒那个不告而别的厨师。他们卸马鞍,替马匹上脚绊时,新来的人到了营地,要找品克·桑德斯。营地的头目出来,他们便把便条交给了他。

品克·桑德斯在干活的时候虽然是头目,平时却是营地里的幽默家。在营地里,从厨师到经理都是平起平坐的。他看了便条,向弟兄们挥挥手,扯起嗓子一本正经地喊道:"各位先生,请允许我向你们介绍侯爵和莎莱小姐。"

两个新来的人听到这话都显得不知所措。新受雇的厨师吃了一惊,有点出乎意外的样子,但是随即想起"莎莱小姐"是得克萨斯西部每一个牧牛营地里的男厨师的诨名,便恢复了常态,自己也笑了起来。

他同伴的不安不下于他,甚至咬着嘴唇,忿忿地转过身,向他的坐骑走去,仿佛想重新上马;但是莎莱小姐碰碰他的胳臂,笑嘻嘻地说:"来吧,侯爵,那是桑德斯的好意奉承呢。你那与众不同的神气和贵族式的鼻子,才让他们叫你侯爵的。"

他开始卸下马鞍,侯爵也恢复了平静,跟着卸马鞍。莎莱小姐捋起袖管,一面向厨车跑去,一面嚷道:

"我是新厨师啦!你们去几个人,弄些柴火来生个火,我在三十分钟之内保证让你们吃上一顿正式的热饭菜。"莎莱小姐在厨车里找咖啡、面粉和腌肉时的那股劲儿和兴致马上获得了营地的好评。

在以后的日子里,侯爵跟大伙儿混得比较熟了,证明也是一个愉快有趣的人,他总是有点拘谨,并且不参加营地里的胡闹,但是弟兄们逐渐尊重他的这种拘谨——这和桑德斯给他的称号很适合——甚至为了这一点而对他有了好感。桑德斯分配给他的工作是在把牛群分开的时候管住牛群。他的骑术很高明,使用套索或者盖烙印的本领也同大多数人一样好。

侯爵和莎莱小姐成了相当亲密的同伴。吃过晚饭,一切整理好之后,他们两个多半待在一起,莎莱小姐抽着他的石南根烟斗,侯爵在编马鞭,或者刮牛皮,做一副新的马脚绊。

经理并没有忘记自己的诺言,经常留意着厨师。有几次他来

营地时和厨师谈了很久。他仿佛很喜欢莎莱小姐。一天,他在各个营地兜了一圈,要回牧场,顺便来对厨师说:

"明天早晨有一个人来接替你的位置。他到这里以后,你立刻上牧场来。我要你管理牧场的账目和信件。我要一个可靠的人,在我离开期间处理牧场的事务。薪水没有问题。钻石牧场不会亏待关心牧场的人。"

"好吧,"莎莱小姐平静地说,好像早就料到了这件事,"我把妻子带到牧场上去有问题吗?"

"你结过婚了吗?"经理略微皱一皱眉头说,"我们以前谈话的时候,你可没有提起呀。"

"因为我没有结过婚,"厨师说,"但是我打算结婚。我认为我可以在找到一个室内工作之后再结婚。我总不能让她住在一个牧牛营地里呀。"

"对,"经理同意说,"营地不是有家眷的人住的地方——不过——行,牧场里有房子,假如你像我所想的那样适合我们的工作,你有条件结婚。你写信去请她来吧。"

"好吧,"莎莱小姐又说,"明天我交待了工作,立即去牧场。"

那天晚上寒意很浓,晚饭后牛仔们围在一个用干燥的荬树木烧的火堆旁边。

他们通常的笑话和打趣逐渐平静下来,但是营地里的平静多半标志着在酝酿恶作剧。

莎莱小姐和侯爵坐在一段圆木上,讨论赶长路时用长脚蹬好,还是用短脚蹬好。没多久,侯爵站起来,到附近的一株树那儿去看看他晾着准备做套索的几条生牛皮。他离开时,一阵微风把干溪史密塞卷的烟屑吹了一些到莎莱小姐的眼睛里。厨师眼泪汪汪地在揉眼睛,话匣子戴维斯——由于他的嗓子像破锣,得了这个诨名——站起来发表讲话了。

"朋友们,公民们!我要提出一个问题。世界上最伤心的景象是什么?"

一连串闹闹嚷嚷的声音都想回答他的问题。

"一副输给人家的同花顺子!"

"烙印铁不在你手头时的一头小牛!"

"你自己的这副尊容!"

"别人对着你的枪口!"

"闭嘴吧,你们这批笨蛋,"老泰勒,一个肥胖的牛仔说,"话匣子知道是什么。他等着要告诉我们呢。"

"都不是,朋友们,公民们,"话匣子接着说,"你们讲的都不伤心,猜得有点近了,可惜都不是。最伤心的景象在那里——"他指着还在揉眼睛的莎莱小姐——"痴情的真心女子受了薄情汉的骗,心痛得在哭。容貌出众、头衔显赫的贵族跑到我们这里来,欺侮了我们应当保护的可爱的莎莱小姐,我们却眼睁睁的看她哭得这样伤心,我们究竟算是人呢,还是野猫?我们是不是要拿出一点男子汉的气概来,还是让她哭个不停,吃那些被她泪水沾得稀烂的面包?"

"太不像话了,"干溪嗤嗤鼻子说,"没有良心。我注意到那家伙常常找她聊天。他还是个侯爵呢!那是不是一个头衔,话匣子?"

"有点像是皇帝,"树溪基德抢着解释,"只不过地位低一点。我想大概相当于纸牌里的杰克或十点。"

"别误会我的意思,"话匣子接着说,"别以为我瞧不起贵族。他们有几个挺不坏,和我们这种牛仔也合得来。我和沃思堡的市长干过不止一杯,和凯迪火车站的站长也拼过酒,他们的酒量可以同任何人相比。但是当一个侯爵要玩弄一个天真的厨娘时,请问应该怎么处理?"

"皮绑腿。"干溪史密塞嚷道。

"可不是吗!"基德同意说。

"我们也赞成。"牛仔们异口同声喊道。

侯爵还不明白他们的意思,两个人已经抓住他的胳臂,把他拖到木柱那儿。话匣子自告奋勇来执行处罚,手里拿着一副皮绑腿,站着等待。

在他们相当粗暴的游戏中,这是牛仔们第一次触犯侯爵。

"你们想干什么?"他眼睛一睁,冒火地问道。

"别担心,侯爵,"抓住他的一个牛仔鲁贝·费罗斯,悄悄说,"只是开开玩笑。你别认真,他们便会轻轻放过你。他们只不过打算把你捆在柱子上,用皮绑腿抽你十下、八下。没有什么大不了的。"

侯爵龇着白得发亮的牙齿,愤怒地嚷了一声,突然表现了惊人的力气。他使劲一分胳臂,四个大汉踉踉跄跄从木柱那儿倒退了几步。莎莱小姐听到暴喊,这时他眼睛里的烟草屑已经弄出来了,见这情景,马上挤到扭打的人中间。

正在这时候,传来一声响亮的"嗨!",一对跳腾的烈马拉着四轮车来到篝火照亮的圈子里。大家回头,看到的景象打消了话匣子戴维斯提议的不新鲜的傍晚消遣。比侯爵更大的猎物来了,抓住侯爵的人都松了手,瞅着新来的受害者。

这辆四轮车和马匹都是大泥沼的牧人山姆·霍莱的。赶车的是霍莱,和他一起的还有一个穿长上衣、戴大礼帽的脸颊光洁的大汉。那是县里的法官台夫·哈克特先生。他想连选连任,由山姆陪他到各处各个营地跑跑,争取选民的投票。

他们下了车,把马拴在一株荚树上,朝火堆走来。

除了侯爵、莎莱小姐和不得不尽接待之责的品克·桑德斯以外,营地里的人都假装害怕地叫喊着,在黑暗里四散逃去。

"天哪!"哈特嚷道,"难道我们长得那么丑吗?你好,桑德斯先生。很高兴又和你见面了。你拿我的帽子干吗呀,霍莱?"

"这顶帽子叫我担心,"山姆·霍莱若有所思地说。他把哈克特的帽子摘了下来,拿在手里,踌躇地瞅着篝火亮光之外的、现在是一片静寂的黑暗。"你觉得怎么样,桑德斯?"

"最好把它挂起来,"他说,像是心不在焉地替别人出主意,"光线不太好,我可不愿意把它戴在头上。"

霍莱踩上厨车的后轮毂,把帽子挂在一根橡树枝上。他的脚刚着地,突然响起一阵左轮手枪声,那顶帽子弹痕累累,掉到地上。

然后只听得一阵像是二十来条响尾蛇凑在一起发出的咝咝声,暗地里,牛仔们从四面八方走出来,脚提得高高的,滑稽地装出小心的样子,嘴里发出嘘嘘声,互相叮嘱走近时要特别谨慎。他们一本正经地在那顶帽子周围站成一个大圈子,惊恐地瞅着它,随时打算逃跑。

"那就是晚上飞来飞去叫着'维里—华罗!'的怪物。"一个害怕的声音说。

"那是狠毒的奇伯顿,"另一个人说,"它死后还会叫唤,埋掉后还会索命。"

"那是茅茅族的头目,"话匣子戴维斯说,"可是现在死得硬邦邦的了,弟兄们。"

"别相信它,"干溪反驳说,"它在装死。那是丛林里来的海格拉根。要弄死它只有一个办法。"

他把体重二百四十磅的老泰勒推上来。老泰勒把帽子端端正正放在地上,郑重其事地一屁股坐下去,把它压得像烙饼一样扁。

哈克特目瞪口呆地看着这一切,山姆·霍莱知道他要发火了,便对他说:

"你的输赢全在这一招了,法官。钻石牧场有六十张选票。

弟兄们在试试你的性子。把它当个笑话吧,我认为你不会后悔的。"哈克特心里一亮,马上抓住这个机会。

那些除害的人站在怪物的遗体周围,宣布它终于死绝了,法官便走上前,非常诚恳地说:

"弟兄们,你们见义勇为救了我,我应当表示感谢。你们这样大胆而彻底消灭的凶残的怪物,是我们经过河道时从树顶上落到我们头上来的。我认为你们对我有救命之恩,同时我希望你们给我重新当选的机会。这里是我的名片。"

恶作剧时一直板着脸的牛仔们,这时都露出了赞许的笑容。

但是话匣子戴维斯开玩笑的胃口还没有满足,又出了一个主意。

"伙计,"他一本正经地对哈克特说,"你放了这样一个恶毒的东西出来,在任何别的营地里都会给你一顿臭骂,我们既然没有人受害,可以不予追究。不过你可以替我们做些事,作为回报。"

"什么事呀?"哈克特说。

"你有权执行婚礼的神圣仪式,对不对?"

"哎,不错,"哈克特说,"由我主持的结婚仪式是合法的。"

"我们这个营地里有个不正常的情况应当纠正,"话匣子道貌岸然地说,"一个贵族戏弄了一个对他有情有义的美丽而卑微的女人。营地里有责任把那一百个伯爵——也许是一百二十五个伯爵——的高傲的后裔拉下马来,即使要用套索也不妨,让他和那个哭哭啼啼的姑娘结合。弟兄们,把莎莱小姐和侯爵抓起来,要举行婚礼啦!"

话匣子的奇想博得了狂野的赞同声。牛仔们动手去抓这场婚礼的主角。

"请说说明白,"哈克特说,虽然晚上很冷,他却在擦额头上的汗水,"这样的把戏要搞多久。我的衣著还有什么会被误认是野兽,要给杀死的吗?"

"弟兄们今晚兴致特别好,"桑德斯说,"他们说是要举行婚礼的是营地里的两个兄弟——一个是牛仔,一个是厨师。只是另一个玩笑罢了。今晚你和山姆总得歇在这里了,你最好凑凑他们的兴。这之后,他们也许会安静下来。"

媒人们发现莎莱小姐坐在厨车的辕杆上,悠然自得地抽着烟斗。侯爵无聊地倚在食品帐篷旁边的一棵树上。

他们两个给七手八脚地推进了帐篷,话匣子权充司仪,吩咐大家做准备工作。

"你们几个,干溪、杰米、班和泰勒,到树林子里去采些宴会用的花——荚草就行了——再到马厩角上弄些剑兰给新娘装扮。你,跛子,把你那条红黄两色的毯子拿来,给新娘当裙子。侯爵,你不用打扮了,没人看新郎的。"

他们荒唐地张罗时,两个主角单独在帐篷里待了几分钟。侯爵突然显得不知所措。

"这个玩笑不能再开下去了。"他转过脸向莎莱小姐说,在帐篷顶梁下挂着的灯笼光下,他的脸色显得煞白。

"为什么不能?"厨师觉得好笑地说,"弟兄们爱闹着玩,他们开玩笑时总是轻易放过你的。我可不在乎。"

"可是你不懂得,"侯爵恳求似的坚持说,"那家伙是法官,他的行为有法律效力。我不能——哦,你不明白——"

厨师走上前,握住侯爵的手。

"莎莱·巴斯康,"他说,"我明白!"

"你明白!"侯爵哆嗦着,结结巴巴地说,"你——你愿意——"

"比什么都愿意。你可愿意——弟兄们来啦!"

牛仔们捧着那些装饰品,拥进来了。

"不忠实的家伙!"话匣子严厉地对侯爵说,"你愿不愿意乖乖地走上圣坛,弥补你对这个痴心的大个子娘儿的损害,还是要我们把你捆起来,拖上去?"

侯爵把帽子往后一推,高傲地靠在堆得很高的豆子袋上。他脸上泛起红晕,眼睛闪闪发亮。

"尽管开你们的玩笑吧。"他说。

没多久,一小队人朝哈克特、霍莱和桑德斯坐着抽烟的树下走去。

领头的是跛子华克尔,咿咿呀呀地拉着手风琴。后面是新娘新郎。厨师腰上围着那条花里胡哨的纳瓦霍毯子,手里捧着有十五磅重的斗大的白剑兰。他的帽子上装饰着荚树枝和黄金雀花。一顶破帐子当做面纱。他们后面是话匣子戴维斯,扮作新娘的老爸,把脸埋在一条鞍毯里,抽抽噎噎地哭着,一英里路外都能听见。牛仔们一对对地跟在后面,大声品评新娘的容貌,模仿参加时髦婚礼的宾客。

这队人走到哈克特面前时,他站起身,讲了一小段主持婚礼的话后,问道:

"你们叫什么名字?"

"莎莱和查尔斯。"厨师回道。

"手握手,查尔斯和莎莱。"

恐怕再也没有比这更奇怪的婚礼了。因为这确实是一场婚礼,虽然在场的人中间只有两个人明白。

仪式结束后,牛仔们欢呼祝贺,立刻放弃了那晚上的游戏。纷纷解开毯子,现在最重要的问题是睡觉了。

厨师(装饰都拿掉了)和侯爵在厨车的阴影下逗留了一会儿。侯爵把头靠在他肩膀上。

"我不知道该怎么办,"她说,"爸爸死了,我们这些孩子总得想办法生活。以前我一直帮他牧牛,我认为我已经成了一个牛仔。

我没有别的谋生本领。虽然我来这里后,并不是特别喜欢,并且我只有——"

"只有什么?"

"你明白。现在告诉我,你什么时候第一次——你怎么会——"

"哦,我们来到营地那天,桑德斯喊出'侯爵和莎莱小姐'的时候,我发现你听到这名字非常不安,我就怀疑——"

"咄!"侯爵悄悄地说,"你怎么知道我认为他叫的'莎莱小姐'是指我呢?"

"因为,"厨师平静地说,"我是侯爵。我爸爸是波罗泰尔侯爵。你不介意这一点的,是吗,莎莱?你明白,那不是我的过错。"

圣多尼之雾*

药剂师警惕地瞅着那张苍白的、被大衣翻领遮住一半的面孔。

"我还是不卖给你的好,"他迟疑地说,"我刚才已经卖了十二片吗啡给你,一个小时还不到呢。"

顾客凄惨地一笑。"那只能怪你们的曲曲折折的街道。我没有打算来两次,可是我大概走胡涂啦。对不起。"

他把大衣领子再拉拉高,慢吞吞地走了出去。他在拐角的电灯底下站住,心不在焉地玩弄着三四个小纸盒。"三十六片,"他自言自语地说。"绰绰有余了。"那晚上,一阵灰雾笼罩了圣多尼,像是一只晦暗可怖的手掐住了本市每一个客人的脖子。据说有三千个病人蛰居在这个城市里。他们来自各个遥远的地方,因为臭氧女神挑了这个滨河小街的城市逗留下来。

先生,这里的空气是世上最纯净的!我们城里固然有河流蜿蜒通过,可是先生,您别以为我们这里疟疾流行!政府和当地的专家经过一再试验,证明我们的空气丝毫不含有害物质——除了臭氧之外没有别的,先生,只有纯粹的臭氧。在沿河各地所做的石蕊纸试验①说明——说明什么也不必谈了——您自己可以在市政报

---

* 1912年10月发表于《世界杂志》。写作时间可能是1904年,欧·亨利在纽约成名之后。

① 石蕊试纸有红蓝两种,蓝的遇酸变红,红的遇碱变蓝,用作分析化学的指示剂。

告里看到,再不然圣多尼人可以一字不漏地把它背给您听。

在改善自然环境方面,我们可能创造奇迹,但是要改善气候,我们却无能为力了。圣多尼的阴冷的灰雾跑来亲亲三千个病人的嘴,把他们送进坟墓,当然不能怪圣多尼不是。那晚上,被希望控制住的结核病菌又繁殖猖獗了。到那里去翻腾灰雾的手指并不是不沾血污的。许多追求臭氧的人那晚向敌人屈服了,他们在那片沉默凄凉、使他们的看护人害怕的冷漠中把脸转向墙壁。在咯血的河流上,几个魂灵随着红波漂去,留下像雾气本身那般苍白冰凉的可悲的皮囊。有两三个人开始领悟,这个大气的使者乃是不可抗拒的诱惑,它跑来悄悄地告诉他们:肺里的空气总是要呼出来的,再把它吸进去是多么荒谬愚蠢,于是这几个人便拿起凑手的东西来求得解脱——有的用手枪,有的用煤气,再有的就用救苦救难的吗啡。

买吗啡的主顾漫步走进雾里,最后来到一座小铁桥上,架在市内那条迂回曲折的小河上的这样的铁桥有二十来座。他倚在栏杆上直喘气,因为这里的雾特别浓,白茫茫的一片,仿佛是谋财害命的拦路贼在窥伺三千人中像他这种自投罗网的人。铁桥的链索被他的咳嗽震得直响,似乎在学肺痨病人的阵咳,并且对他说:"卡嗒—卡嗒!稍微潮湿一些,冷一些,先生——不过并不是由于我们的河流。沿岸都用石蕊纸试验过,除了臭氧以外没有别的。卡嗒——卡嗒!"

这个来自曼菲斯的人终于喘过气来,发觉十英尺外有一个也穿着大衣的人靠在栏杆上,也是咳嗽了一阵刚刚停住。三千人有一种同病相怜的精神,不需要客套和介绍。咳一声就是你的名片,咯一口血就是证明文件。那个曼菲斯人差不多恢复了,他先开口说话。

"古多尔。曼菲斯来的——肺结核——大概是末期。"三千人说话都很简洁。说话等于呼吸,而他们要保持元气给医生开支票。

"赫尔德,"另一个人气喘吁吁地说,"姓赫尔德,托莱多人。俄亥俄,托莱多。气管炎。名字是丹尼斯,大夫说是末期。还说如果小心保养,可以活四个星期。开除你的命令下来没有?"

"我的大夫,"曼菲斯的古多尔有点自鸣得意地回答,"说我有三个月好活。"

"哦,"托莱多人说,他说话停顿的时间很长,老是呼哧呼哧地喘着气,"这种差别有什么了不起。月份又算什么!我希望——把我的期限缩短到一星期——宁可被车子辗死,也不愿意咳死。我上路的时候,让酒吧里的人多多哀悼吧①。自从我落到眼前这个境地,我经常光顾他们。喂,曼菲斯的古多尔——既然大夫把你的期限定得这么紧——你干吗不——像我一样——大喝大玩——爽爽快快地去见上帝呢?"

"大喝大玩,"古多尔说,仿佛想起了一个新的主意,"我从来没有干过这种事。我本来考虑用另一种方法,可是——"

"来吧,"俄亥俄人邀请说,"喝几杯吧。我已经喝了两天,可是这个鬼——鬼东西不像以前那么上劲了。曼菲斯的古多尔,你的呼吸是多少?"

"二十四。"

"每天的热度呢?"

"一百零四。"

"你两天就成啦。我却要一个星期。喝个烂醉吧,古多尔老兄——尽量乐一乐吧,然后——醉醺醺地上路,省掉麻烦和花费。如果这里不是疗养胜地的话,我真是混——混蛋了——我敢和你

---

① 这里套用了英国诗人丁尼生(1809—1892)的诗句:"但愿我出海的时候,港口没有哀恸之声","港口"的原文 bar 也作"酒吧"解。

打赌!即使艾利湖的雾气到了这里,两分钟之内就会无影无踪。"

"你刚才不是说去喝一点吗?"古多尔说。

几分钟后,他们并排坐在一个闪亮的酒吧前面,胳膊肘支在柜台上。酒吧的伙计是个金黄头发、结实整饬的人,替他们斟好酒,立刻发现这两个顾客是属于三千人以内的。他看到一个是衣着讲究的中年人,有着一张满是皱纹的、凹陷的脸;另一个简直还没有成人,瘦得只见一双眼睛和大衣。酒吧伙计很巧妙地掩饰了那些一再重复、令人生厌的话,开始唱起圣安多尼的卫生史诗。"先生们,在我们城里,今晚算是相当潮湿的。我们的河上起了一小阵雾,不过毫无妨碍。试验过好多次啦。"

"去你妈的石蕊试纸,"托莱多人喘着气说——"对不起,我不是对你个人过不去。"

"我们早就听说过啦。随它们变红、变白、变蓝去吧。我们只需要一再试试那个——威士忌。来吧。刚才的酒归我请客,曼菲斯的古多尔。"

酒瓶从一个酒杯斟到另一个酒杯,忙个不停,始终没有从柜台上撤走。酒吧伙计看到这两个形销骨立的病人所喝的"肯塔基美女"酒足以醉倒十来个牛仔,他们却仍旧面不改色,只是悲哀而沉思地注意着酒瓶的传递。他禁不住对后果表示了一点关心。

"你放一百二十个心好啦,"托莱多人回答说,"我们醉不了。我们接种过威士忌——和——鱼肝油疫苗。你喝了这些酒也许会进警察局,我们喝了只觉得口更渴。再——再来一瓶。"

要走那条路去找死并不快当。非得找一条更快的路不可。他们离开酒馆,重新投入雾里。人行道窄得像是房屋墙角的边缘;街道像是凄凉的峡谷,雾气则像是泛滥的洪水。墨西哥居民区就在不远的地方。一把吉他的音调和一个小姐的忧郁的歌声,仿佛循着电线,在沉重的空气中传来:

滚　　　石

　　在冬日迟暮的阴影中，
　　我躺在马拉尔草地上，
　　诅咒我不幸的命运——
　　　诅咒我最悲惨的生活。①

　　托莱多人和曼菲斯人都听不懂这支歌的歌词，不过词句是生活中最无足轻重的东西。乐声使那两个寻求忘忧药的人心痛欲裂，托莱多人不由地说：

　　"我不知道——我那些孩子——天哪，曼菲斯的古多尔先生，我们刚才的威士忌还喝得太少！我不爱听缓慢的音乐。它不能使你忘怀。"

　　这当儿，托莱多的赫尔德掏出表，说道：

　　"我真混蛋！我跟朋友约好，十一点钟乘车去圣彼得罗泉。全忘啦。一个是从纽约来的，一个是我，还有莱茵格德图的卡斯蒂育姐妹。那个纽约佬真运气——他有一个肺是好的——还可以活上一年。并且他有的是钱。一切花费都归他负担。我可不能错过这样一个作乐的机会。遗憾得很，你不能同去。再见吧，曼菲斯的古多尔先生。"

　　他拐过街角，蹒跚地走开了，就这么毫不在意地离开了一个萍水相逢的朋友。一只脚踩在坟墓里的人都是这样的，因为人在面临死亡的时候，自私自利就达到了顶点。但是，他仍旧回过头，在雾里向另一个人喊道："喂，曼菲斯的古多尔！假如你赶在我前头先到那里，请你告诉他们，赫尔德随后就到。俄亥俄托莱多的赫尔德。"

　　引诱古多尔的人就这么抛下了他。那个小伙子既不抱怨，也不在乎，他咳了一声，喘过气来之后，漫无目的地顺着街走去。他

————————
　　① 原文为西班牙语。

不知道,也不想知道,这条街叫什么名字。他走到一个地方,看到了旋转门,还听到了门里透出来的管乐器和弦乐器的喧响。街上有两个人正要进门,他也跟着进去。里面有个前厅之类的房间,摆着许多棕榈、仙人掌和夹竹桃。人们坐在几张大理石面的小桌子旁边,侍者端着啤酒,静悄悄地走来走去。一切都井井有条、整洁、沉郁,有点德国式的气氛。他右面是一道楼梯。那里有一个人伸出手。古多尔抓了一把银币递过去,那人挑了一枚。古多尔上楼,发现一个两侧有看台的音乐厅,他现在才明白音乐厅在楼下,在他刚才进来的前厅前面。两排看台分成了包厢或者楼厅,由于挂着抽丝帷幕的关系,坐在里面的人相当隐蔽。

他信步走过这些羞答答的、隐蔽的包间外面的过道,看到一间有一个年轻女人孤零零地坐着,仿佛在想心事,他不由得放慢了脚步。年轻女人觉察到他来近,嫣然一笑,使他完全站停了,她紧接着的邀请使他迟迟疑疑地在包厢里另一张椅子上坐下,同她隔着一张小桌子。

古多尔只有十九岁。可怕的痨病之神打算毁掉某些人的时候,先使他们显得特别漂亮,古多尔就是其中一个。他面色白皙,脸颊上咄咄逼人的火焰产生了惊人的光彩。他的眼睛反映出一张在劫难逃的、超凡脱俗的情景。人们无从正确猜测自己的命运,因此当生命的帷幕被揭起一角的时候,不由他们不吓得发抖。

那个年轻女人穿着很讲究,展露出一种特别娴静温柔的美丽,她像夏娃那般平易近人,根本看不出注定要夭殇的迹象。

这两个人怎样达到某种相互了解的程度是不重要的,暂且撇开不谈,总之这个过程相当短暂得体。

他们不时按按隔板上的电钮,侍者应召来来去去。

那个沉思的美人长着一头金黄色的发丝,编成两条粗大的辫子,几乎拖到地上,她简直是洛雷莱①的支系后裔。她不喝烈酒,侍者便端来起泡的、冰凉的、金绿色的啤酒。台上的乐队正在演奏"哦,雷切尔"。两个年轻人已经相互介绍了许多情况。她叫他"沃尔特",他则叫她"洛莎小姐"。

古多尔的嘴开了河,他把有关自己的事情全告诉了她:他在田纳西的家庭、橡树底下有圆柱的邸宅、马厩、狩猎,他所有的朋友,以至小鸡和小径两旁的黄杨树丛。他说他到南方来是换换气候,希望从而逃避他家传代的毛病。他又原原本本谈了在一个牧场上休养三个月的情形:打鹿啦,响尾蛇啦。营地上的玩闹等等。然后谈到他怎么来到圣多尼,他在这里间接听到一位著名的专科医师说,他生命的月历也许只剩下两页了。最后他说起这一个死白的、叫人喘不过气来的夜晚,它跑来扼杀他的希望,逼他出来在它沉闷的风浪中找一个抛锚的港口。

"这个星期我家里没有来信,"他对她说,"我情绪低落。我知道我没有多久好活了,我懒得等待。我出来买吗啡,每到一家药房就买几片。我买到了三十六片,正打算回去吃掉,可是我在桥上碰到一个古怪的家伙,他有一个新奇的主意。"

古多尔把一个小纸盒扔在桌子上。"我把药片全放在里面了。"

作为女人,洛莎小姐当然打开盖子,并且在看到那些外表没有什么可怕的药片时,微微打了一个寒噤。"可怕的东西!这些白色的小颗粒——它们怎么也不会吃死人的!"

其实它们能致人死命。沃尔特很清楚。这里已经有六百毫克吗啡了!这个剂量的一半就足以致人死命。

洛莎小姐要听听那个托莱多的赫尔德先生的事情,沃尔特告

---

① 洛雷莱,德国神话中的女妖,坐在莱茵河右岸的岩石上,用歌声诱惑水手。

诉了她。她像一个快活的孩子似的笑着。"多么有趣的家伙！沃尔特,你再谈谈你的家庭和你的妹妹吧。得克萨斯、毒蜘蛛和牛仔等等,我已经听够了。"

这会儿,这个话题很适合他的心情,他把一个可爱的家庭的细枝末节都讲给她听,那些充满流放者的心的惦记和亲切的事物。他的一个妹妹,艾丽斯,成了他爱谈的话题。

"她像你一样。洛莎小姐,"他说,"也许没有你这样美,不过像你一样好、一样亲切,并且——"

"哎,沃尔特,"洛莎小姐不客气地说,"还是谈谈别的吧。"

这时候,外面的墙壁映上了一个人影,影子后面是一个身材高大、衣着讲究的人,他悄悄走来,在帷幕外面停了一会儿,又走了。没多久,侍者传话说:"罗尔夫先生说——"

"告诉罗尔夫,我有事。"

"我说不出究竟,"曼菲斯的古多尔说,"不过我不像刚才那么愁闷了。一个小时以前我想死,但是碰见你之后,洛莎小姐,我真想活下去。"

年轻女人一阵风似的绕过桌子,用臂膊勾住他的脖子,在他脸上吻了一下。

"你应该这样,好孩子,"她说,"我知道是怎么一回事。可怜的雾天使你情绪低落,使我也有点忧郁。可是你瞧呀。"

她轻快地拉开帷幕。对面墙上有一扇窗,瞧呀！雾消散了。宽容的月亮又露了脸,重新在高不可测的天空中飘游。屋顶、栏杆和尖塔都给抹上一层柔和的珠色的釉光。房屋与房屋之间的小河闪映出天空的光亮。新的一天快要破晓了,健康、甜美、愉快的一天。

"世界多美呀,你还说想死来着！"洛莎小姐把手搭在他肩上说,"做些让我高兴的事吧,沃尔特。回去休息,并且说:'我一定养好身体。'去吧。"

"既然你希望这样,"小伙子微笑着说,"我一定照办。"

侍者又端来两杯斟得满满的啤酒。他们按过铃没有?没有;不过拿来也好。把酒留下好啦。临别时再干一杯。洛莎小姐说:"祝你恢复健康,沃尔特。"他说:"为我们下次相会干杯。"

他的眼睛不再看着空虚了,而是看着死亡的对立面。今晚他的脚踩上了一片还未发现过的地方。他很听话,打算走了。"再见吧。"她说。

"我还没有吻过一位姑娘,"他老老实实地说,"除了我的妹妹。"

"这一次你也没有呀,"她笑着说,"是我吻你的——再见吧。"
"我什么时候再跟你见面?"他坚持说。

"你答应我回家了,"她皱皱眉头,"好好休养。也许我们不久就可以见面的。"他拿着帽子,迟迟不走。她爽朗地笑了,又在他前额上吻了一下。她目送他走到过道的那头,才在桌子旁边坐下。

刚才那个人影又映在墙上。这次那个高大的、脚步轻悄的人分开帷幕,朝里面望望。罗莎小姐的眼光和他碰到了,他们一言不发地这样坚持了半分钟,用那种最有力的武器搏斗着。接着,那个高大的男人放下帷幕,走开了。

乐队突然停止演奏,过道那头的包厢里传来一个高谈阔论的声音。显然是某一个居民在招待到本城来的客人。罗莎小姐朝椅子里一靠,对她偶然听到的几句话笑了起来。

"世界上最纯净的空气——全用石蕊试纸试验过啦——毫无害处——我们的城市——只有纯粹的臭氧。"

侍者进来收盘子和酒杯。他进来时,那姑娘刚揉掉一只纸盒,把它扔在角落里。她用帽针在酒杯里搅着什么。

"怎么啦,洛莎小姐,"使者又可气又亲切地说——"时候还这么早,您已经在啤酒里加盐了吗?"

朋友的召唤[*]

我在西部推销五金器具的时候,常去科罗拉多州一个名叫沙尔蒂洛的小镇。我总是有把握从西蒙·贝尔那里得到一笔小的或者比较大的订货。贝尔在镇上开杂货店,是个身高六英尺、声音低沉、一身兼有西部和南部特点的人。我很喜欢他。看他的样子,你会以为他是那种抢劫邮车,或者靠假金矿骗钱的人。但他会卖给你一包平头钉或者一个线团,比城市里任何百货公司的女售货员都要耐心和客气十倍。

我这次去沙尔蒂洛有双重目的。一是兜销一批货物,另一个目的是向贝尔提供一个我所知道的生意机会,我肯定他在这笔交易中可以发一笔小财。

在联合太平洋铁路线上一个比沙尔蒂洛大五倍的山城里,有一家商店要关门了。它的生意本来相当兴旺,但由于经营不善和一个股东老板的赌博挥霍,正面临倒闭解体。外面还不知道这家商店的情况。我有内部消息。我知道,假如有现款的话,这家商店很愿意以四分之一的价值盘出。

我一到沙尔蒂洛,就去贝尔的商店。他向我点点头,爽朗地笑笑,继续从容不迫地接待一个买糖果的小姑娘,然后绕过柜台和我握手。

---

[*] 1910 年 7 月发表于《月刊杂志》。

"好啊,"他说(我每次去,他总是这样说说笑笑),"我想你这次是来拍山景照片的吧。目前不是五金器具进货的季节。"

我把山市的那笔有利可图的买卖告诉了贝尔。如果他抓到了这个机会,以后他不会像在沙尔蒂洛这样存货积压,而是要经常脱销。

"听来不坏,"他热切地说,"我愿意扩充一下,把买卖做得大一些,承蒙你告诉我这个信息,我很感激。不过——嗯,今晚你去我家歇脚,让我考虑考虑。"

这时太阳已经落山,沙尔蒂洛比较大的商店都准备休息了。贝尔店里的伙计们收起账簿,锁好保险箱,穿戴了衣帽,各自回家。贝尔锁上两扇木制的大店门,我们在门外站了一会儿,呼吸着从山麓飘来的清新的空气。

街上有个身材高大的人走来,停在商店的高门廊前。他脸色白里带红,照说应该是那种金黄头发的类型,但是他长长的胡子、眉毛和拳曲的头发都是黑的,显得非常古怪。他四十来岁,穿着白坎肩,戴着白帽子,胸前的表链是用一个个五元的金币连接起来的,一套灰色衣服剪裁合身,式样是十八岁的学生喜欢的那种。他先是不信任地瞅我一眼,然后冷淡地瞧瞧贝尔,在我看来,他神情里还有一点敌意。

"好啊,"贝尔像是招呼陌生人似的说,"那件事你安排好了没有?"

"我安排好了没有!"那人不痛快地回答说,"你认为我在这儿待了两个星期是干什么的? 这件事今晚就得解决。这对你合不合适? 你还有什么不满意的吗?"

"好极啦,"贝尔说,"我知道你能行。"

"你当然知道,"那个大模大样的陌生人说,"难道我以前不是这样的吗?"

"是这样的,"贝尔承认说,"我也这样。你觉得旅馆怎么样?"

"糟糕透啦。可是我不抱怨。喂——你能不能教我一点办法,怎么对付那件事?你知道,在那种交易上我还是新手呢。"

"不,我没有办法,"贝尔想了一会儿后说,"各种各样的办法我都试过了。你得自己想办法。"

"来软的行不行?"

"试过不知多少回了。"

"试过头上带扣子的马肚带吗?"

"从来没有。有一次刚想开个头,得到的却是这个。"

贝尔伸出右手。即使在逐渐朦胧的暮色中,我仍能看到手背上有一条白色的长伤痕。很可能是铁钩、刀子或者别的锐利的器具造成的。

"嗯,好吧,"那个服饰华丽的人满不在乎地说,"往后我知道该怎么办。"

他没有说别的话就离开了。走了十来步后,回过头来向贝尔喊道:

"货色送到时你躲得远些,免得妨碍这笔交易。"

"好,"贝尔回答说,"我这方面的事情我会照顾。"

我简直听不懂这番话的意思,由于和我没有关系,我根本不放在心上。但是那个人奇特的外表却在我脑海里萦绕了一会儿,我们向贝尔家走去时,我对他说:

"你的主顾的脾气仿佛很别扭——你出外打猎遇到大雪封山时,决不愿意和他那样的人待在一个营帐里。"

"一点不错,"贝尔很高兴地承认,"他总是让我联想起给毒蜘蛛咬了一口的响尾蛇。"

"他不像是沙尔蒂洛的人。"我接着说。

"不是,"贝尔说,"他住在萨克拉门托。他来这里有些小事。

他名叫乔治·林戈,是我二十多年的最好的朋友——事实上也是我惟一的朋友。"

我大吃一惊,没有什么话可说了。

贝尔家在小镇边上,是一幢舒适质朴、四四方方的两层楼的白色房屋。我等在客厅里——那间屋子气派大得叫人难受——红丝绒的家具、草席、纱窗帘,还有一只装得下木乃伊的大玻璃柜,里面摆满了矿石标本。

我等着的时候,听到楼上有一阵走遍世界都能立刻辨认出来、准不会错的声音——一个女人的越来越冒火、越来越响的拌嘴声。在那一阵阵狂风暴雨中间,我还听到贝尔有节制的话语,想使惊涛骇浪平息下来。

风暴不久就平息了,可是临了还听到那女人用比较低的、有力的声音(那比她逼着嗓子的谩骂清楚得多)说道:"这是最后一次了。我对你说——最后一次了。哼,你会明白的。"

贝尔家仿佛只有贝尔、他的妻子和一两个仆人。晚饭时,我被介绍给贝尔太太。

乍看上去,她好像长得很漂亮,但是没多久我便注意到她的美貌给糟践了。我想,一种不加克制的脾气、情感上的自私、遇事不冷静考虑,以及经常的不满,使她的风韵大打折扣。吃饭时,她和那些爱闹性子的女人一样,假装出高兴的样子、做作的客气和勉强的温柔。如果不是这样的话,她这种女人可能使许多男人倾心。

饭后,贝尔和我把椅子搬到外面,坐在月光下抽烟。满月是个迷人的妖妇。在她的照耀下,老实人会变得更为纯真,骗子则会从他们狡诈的颜料管里挤出更鲜艳的色彩。我看到贝尔脸上露出了从容爽朗的笑容,一副怡然自得的样子。

"我猜想,你一定觉得我和乔治是一对很古怪的朋友,"他说,"事实上我们两人一向互不感兴趣。但是他的思想和我的思想,作为朋友应有的情况来说,一直有共同之处,这些年来,我们的行动一直严格遵守这个思想。现在我不妨告诉你,我们的思想是什么。"

"一个人只要有一个知己朋友就行了。陪你喝酒,同你厮混,拍你的肩膀,花费你的时间,对你说他怎么喜欢你,这种人即使从小和你在学校里打弹子、在同一条河里钓鱼,并不能算是朋友。当你不需要真正的朋友时,这种人可以凑数。但是作为真正的朋友,依我看来,是要能在严格的互惠互利的基础上同你交往的人,正如我和乔治那样。

"许多年前,他和我有过千丝万缕的联系。我们一起投资,在新墨西哥经营一条货运路线,我们开过一些矿,冒过一些风险。之后,我们遇到一两件麻烦事;我觉得那比任什么都更能促进我们之间的相互了解,只不过我们对于彼此的个人作风一直感到不满。乔治是我看到的最爱慕虚荣的人,也是最大的吹牛家。他轻轻一口气就能把约塞梅特山谷最大的喷泉吹回它的洞里去。我是个好静的人,喜欢沉思冥想。我们见面的次数越多,大家越是不喜欢待在一起。假如他像我见到的人对他们称之为朋友的人那样,拍拍我的肩膀或者假惺惺地对待我,我一定当场就同他打起来。乔治也是这样。他对我的作风的憎恶程度不下于我。我们采矿时总是分两个帐篷住,以免互相看不顺眼。

"但是过了一个长时期,我们开始了解,一旦遇到危急关头,我们是可以相互依靠的,即使要我们付出我们最后的一元钱、最后的保证或伪誓、最后的一颗子弹或一滴血。我们从来没有提起过这件事,因为提了反而不好。但是经过反复考验,我们自然而然地知道了。当他在爱达荷被误认是抢劫火车的强盗,将被处绞刑的时候,我抓起帽子,跳上一列货车,赶了两百英里路去替他证明。有一次,我在得克萨斯害了伤寒,躺倒在帐篷里,既没有钱也没有替换的衣服,便捎信到波埃斯城找乔治。他搭下一班火车来了。他来后,二话不说,先把一面小镜子挂在帐篷里,然后卷卷胡子,往头上抹了一些染发剂。他的头发本来是淡红色的。接着,他把我臭骂了一顿,再脱去上衣。

"'假如你不是像摩西那样软弱的小玛丽的小羔羊,你不至于病倒,'他说,'难道你连这点常识都没有了吗?竟会喝污水?难道你觉得有点小疝气,或者被蚊子叮了一口的时候,竟会睡倒下来嚷嚷?'他确实叫我冒火。

"'你连巫医的医德都没有,'我说,'我希望你快走,别把我气死。我真懊悔请你来。'

"'我也想走,'乔治说,'谁都不关心你的死活。但是我既然给骗来了,不妨待下来,让你这场不碍事的不消化症,或者荨麻疹或者随便什么病好了以后再说。'

"两星期后,我开始下床走动,大夫笑着对我说,我的朋友一天到晚让我冒火,对我的好处比他开的随便什么药都大。

"我和乔治就是这样的朋友。没有什么情感——只是有来有往,双方都知道,无论什么时候对方都能应召而来。

"我记得,有一次我仅仅为了考验乔治,跟他开了一个玩笑。之后我觉得有点懊悔,因为我根本不应该对他有所怀疑。

"那时候,我们两人都住在圣路易谷的一个小镇里,经营一些羊群和牲口。我们合伙干的,但是像往常一样,并不住在一起。我有一个老姑妈,从东部来我那儿过夏天,我便租了一个小村舍。她不久就搞了几头母牛、猪和几只鸡,使那地方有点家庭情调。乔治独自住在镇外半英里路远的一幢小木屋里。

"一天,我们的一头小牛死了。我当晚肢解了它,装进一条麻袋,用绳子扎紧。我换了一件旧衬衫,把一条袖子扯去一大半,把领子扯破,头发弄弄乱,往手上、脸上、衬衫上抹了许多红墨水。我那副模样一定像是狠狠打过一架。我用马车装了那袋东西,赶到乔治的小木屋。我招呼后,乔治出来了,他穿着一件黄颜色的睡衣,头上一顶土耳其睡帽,脚下一双漆皮鞋子。乔治的穿着一向非常讲究。

"我把那袋东西放在地上。

"'嘘——嘘!'我装得有点惊慌地说,'把这拿去埋掉,乔治——就那样埋在你屋后的什么地方。千万别——'

"'别慌张,'乔治说,'天哪,你赶快去洗洗手脸,换一件干净的衬衣。'

"我赶着马车回去时,他点燃了烟斗。第二天早上,他来到我们的村舍,我的姑妈在前院里忙着她的花卉和菜蔬。他鞠躬欠身,尽可能地和姑妈寒暄一番,最后问姑妈要了一株玫瑰,说是他在小屋后面翻了一块地,想在上面种些花草装饰装饰。我的姑妈很高兴,连根拔了一株最大的玫瑰送给他。后来,我看到那株玫瑰种在一片锄掉草、翻平土的地方。但是乔治和我再也没有提起这件事。"

月亮升得更高了,它引起海水涨潮,把妖精从岩洞里勾引出来,促使这个忠诚的朋友西蒙·贝尔说出了更多的知心话。

"没过多久,"他接着说,"我能替乔治·林戈做件好事的机会来了。乔治做牛生意赚了一些钱,搬到了丹佛,我见到他时,他穿着鹿皮坎肩、黄皮鞋和药房门前的遮阳布似的衣服,头发染得那么蓝,以至在光线暗的地方简直像是黑的。他写信给我,叫我赶快去他那儿——信中说是他需要我,还叫我带上我最好的衣服。我接到信时,恰巧穿着我最好的衣服,于是我搭上火车就走。乔治——"

贝尔停了一会儿,倾听着什么。

"我还以为有马车驶来呢,"他解释说,"乔治待在丹佛附近一个湖边的避暑地点,尽可能装得神气活现。他租了一幢有两间正房的别墅,养了一条奇瓦瓦狗,挂了一张吊床,备着八根不同的手杖。

"'西蒙,'他对我说,'这儿有个寡妇,有意思和我结婚,同我纠缠不清。我脱不了身。一般说来,她并不难看,也不讨嫌,可是她搞得很认真,我却不打算和任何人结婚,也不想安顿下来。我不能参加什么祝宴,或者坐在旅馆的前廊里,或者和时髦社会的人厮混,因为她老是把我从人群里拉出来,整天跟我纠缠。我喜欢这个地方,'乔治接着说,'并且我和一些最高尚的小圈子混得不错,因此我不想离开这个地方。这就是我请你来的原因。'

"'你要我干什么呢?'我问乔治。

"'嗯,'他说,'我要你把她引开。要你让我脱身。要你来救助。例如你看到一头山猫要来吃我,你打算怎么办?'

"'干掉它。'我说。

"'对啦,'乔治说,'照样干掉这位德克林顿太太。'

"'我怎么着手呢?'我问,'用武力和卑劣的行为呢,还是用比较温和、比较不可怕的办法?'

"'追求她,'乔治说,'把她从我背后引开。请她吃饭。带她出去划船。整天和她泡在一起。如果有可能的话,让她迷恋上你。有些女人是大傻瓜。她也许会对你有意思,谁都说不准。'

"'你可曾想到,'我问道,'在她面前时把你的致命的魅力稍微收敛点,在你迷人的声音里稍微夹杂一点刺耳的调子,或者遮掩你的美貌——换一句话说,由你自己给她一点难堪?'

"乔治没有听出我话里带刺。他捻捻胡子梢,瞧瞧他的鞋尖。

"'哎,西蒙,'他说,'你了解我对太太们的态度。我可不能让她们伤心。我生来就对她们彬彬有礼,尊重她们的意愿。这位德克林顿太太和我似乎不很般配。此外,我绝不是一个准备结婚

的人。'

"'好吧,'我说,'在这件事上我一定尽力效劳。'

"于是,我买了一套新衣服和一本礼仪大全,坚决同德克林顿太太作对了。她长得相当好看,性情愉快。开头时,我几乎要把她拴住才能不让她跟在乔治背后,后来我逐渐得手,她仿佛也很乐意和我一起去骑骑马,或者在湖上划船,当我早上忘了送她一束花时,她仿佛真的生了气。不过,有时候,她从眼角瞟着乔治的神情还是叫我不痛快。乔治这下子可乐了,随他自己高兴跟大伙儿瞎混。嗯,"贝尔接着说,"那时候她的确长得很好看。后来稍微变了些,你吃晚饭时或许也注意到了。"

"什么!"我嚷起来。

"我和德克林顿太太结了婚,"贝尔接着说,"有一晚我们在湖上划船时,我向德克林顿太太求婚了。当我把这件事告诉乔治时,他张开了嘴巴,我以为他会打破我们的传统,说一些表示感激的话,他却咽了下去。

"'好吧,'他一面说,一面逗着他的狗玩,'我希望你不至于碰到太多的麻烦。我是怎么也不会结婚的。'

"那是三年以前的事了,"贝尔说,"我们搬到这里安顿下来。第一年,我们相处得还好。接着情况大变。两年来,我过的日子和我的姓倒很押韵①。你听到今晚我们在楼上吵架吗?和往常比较起来,这还算是愉快的欢迎呢。她厌倦了我,厌倦了这个镇,像关在笼中的豹子一样,整天咆哮。我一忍再忍,直到两星期前,不得不发出了那个召唤。我探听到乔治住在萨克拉门托。他接到我的电报就动身来这儿。"

贝尔太太出了门,快步向我们走来。她仿佛非常激动不安,但

---

① "贝尔"的原文 Bell 和"地狱"hell 押韵。

勉强装出女主人的笑容,尽量使她的音调平静。

"露水下来了,"她说,"时间也不早啦。你们两位是不是最好进屋里去?"

贝尔从口袋里掏出几支雪茄,回答说:"夜色太好啦,现在就进屋未免可惜。我想艾姆斯先生和我还要在路上再溜达一两里,抽一会儿烟,我想我要和他谈谈我向他买的货物。"

"路东还是路西?"贝尔太太问道。

"路西。"贝尔说。

我觉得她像是放心地叹了一口气。

我们走了百来码,房子已被树木遮住的时候,贝尔领我走进路边浓密的树林里,在树林中回头朝他家走去。我们在离房子二十码的阴暗的地方停下来。他的行动正叫我觉得奇怪的时候,我听见房子背后的路上传来均匀的马蹄声。贝尔把表凑在一缕月光下。

"真准时,一分钟也不差,"他说,"乔治做事就是这样。"

马匹接近房子时放慢了脚步,在一片黑影中停住。我们看到一个女人的身形,提着一只沉重的箱子,从房子另一边迅速向等她的马车走去。然后马车朝它来的方向轻快地驶去。

我想我大概露出了询问的神色。我当然没有问他什么话。

"她跟乔治私奔了,"贝尔简单地说,"她经常把计划发展的情况告诉我。她将提出离婚,六个月后跟乔治结婚。乔治帮朋友忙,总是帮到底的。他们早就把这件事安排好了。"

我起初弄不懂什么是朋友交情。

我们回家后,贝尔轻松地谈着别的事情,我也凑合着他。不多久,我又想起了山市那笔买卖的大好机会,再向他提出。如今他自由了,可能更容易接受。

"不,艾姆斯先生,"他过了一会儿说,"我不能做这笔交易。

承蒙你告诉我,非常感激。可是我得待在这儿。我不能到山市去。"

"为什么?"我问道。

"贝尔太太,"他回答说,"不愿意在山市住家。她讨厌那个地方,不愿意去。我得守在沙尔蒂洛。"

"贝尔太太!"我嚷出声,简直不明白他的意思。

"我得解释一下,"贝尔说,"我了解乔治,也了解贝尔太太。乔治没有耐心,他不像我这样,叫他冒火的事情他忍耐不了多久。六个月,我答应给他们六个月的结婚生活。之后又会分开的。贝尔太太会回到我这里来。她没有别的地方可去。我得等在这里。六个月结束的时候,我得拿起手提包去赶火车。因为乔治会发出那个召唤。"

蒂克托克*

法国大侦探在奥斯丁

成功的政治阴谋

1

一般人都不知道法国名侦探蒂克托克上星期到了奥斯丁。他在林荫路旅馆入住登记时用的是假名,但是他讳莫如深的谨慎举止反而使他立刻被认了出来。

谁都不清楚他来奥斯丁的原因,但是他向一两个人透露,他此行负有法国政府的重要使命。

一种说法是法国内务大臣发现,基于查理曼大帝和罗伯茨总督签署的条约,帝国的法规中有一条旧法令,明确规定首都北门必须敞开,但这只是猜测而已。

上星期三,一位衣着讲究的绅士敲敲蒂克托克旅馆房间的门。
侦探开了门。

---

* 这篇有关蒂克托克的滑稽故事作于 1894 年,发表于《滚石》杂志。原系供街坊邻居阅读的游戏之作,但喜爱欧·亨利作品的读者对之仍感兴趣,现按原样转载如下。

"是蒂克托克先生吧?"绅士说。

"我在登记簿上签的姓名是 Q. X. 琼斯,"蒂克托克说,"绅士们应该明白,我希望以这个姓名出现。如果你不想被人当做非绅士,我可以在七月一日以后的任何时候接受决斗的要求,并且按照你的愿望,同时和斯蒂夫·奥唐奈、约翰·麦克唐纳、伊格内修斯·唐纳利决斗。"

"我毫不在乎,"那位绅士说,"事实上,我已经习惯了。我是民主党二区部执行委员会主席,我有个朋友遇到一些麻烦。我从你的样子看出你是蒂克托克。"

"请进吧。"侦探说。

那位先生进来后,坐在侦探端给他的椅子上。

"我这个人言语不多,"蒂克托克说,"在可能情况下,我可以帮助你的朋友。我们两国非常友好。我们给了你们拉斐特和法式炸土豆。你们给了我们加利福尼亚香槟——收回了沃德·阿利斯特。① 谈谈你的案子吧。"

"我尽量说得简单些,"来客说,"这家旅馆的七十六号房间住着一位重要的人民党候选人。他独自一人。昨夜他的袜子被偷。怎么也找不到了。假如找不回来,他的党会把损失归咎于民主党。他们会利用这次入户盗窃大肆宣扬,尽管我敢肯定这里面根本没有政治动机。袜子必须找回来。这件事只有你能办到。"

蒂克托克欠身表示感谢。

"是不是授权我询问旅馆里所有相关的人?"

"已经和旅馆老板打过招呼。旅馆里一切都听你吩咐。"

蒂克托克看看表。

---

① 拉斐特侯爵(1757—1834),法国政治家、将军,曾援助美国的独立战争。沃德·阿利斯特(1827—1895),美国社会名流,他首次提出纽约是由"四百个"社会精英组成。

"明天下午六点钟,你会同旅馆老板、人民党候选人和两党选出的任何证人到这个房间来,我把袜子交回。"

"好,先生;晚安。"

"再见。"

民主党二区部执行委员会主席很有礼貌地鞠了一躬,退出去了。

蒂克托克把旅馆侍者叫来。

"昨夜你有没有去过七十六号房间?"

"去过,先生。"

"里面有人吗?"

"有一个搭乘七点二十五分那班火车来的乡下老先生。"

"他要了什么?"

"保镖。"

"要保镖干吗?"

"替他关灯。"

"你在房间里的时候拿过什么东西没有?"

"没有,他没有叫我拿。"

"你叫什么名字?"

"杰姆。"

"你可以走了。"

2

奥斯丁最豪华的私人邸宅之一,客厅里灯火辉煌。邸宅前面的街上停满了马车,从大门通向宅门的地上铺了红丝绒地毯,供客人们高贵的脚踩过。

这次活动是为了庆祝紫罗兰花冠之城①最美丽的花蕾首次步入社交界。客厅里洋溢着本城的文化、美丽、青春和社会时尚。人们公认奥斯丁是堪萨斯城西南最有趣、最高级和最有修养的社会。

女主人鲁塔巴加·圣维图斯夫人周围聚集了一批本城精英,他们的才华和美貌是别处罕见的。她家的聚会气派得像是沙龙,除了浮士德和玛格丽特②的招待会以外,任何场合都无法与之相比。

圣维图斯小姐身材苗条,黑头发,大眼睛,举止天真可爱,老是带着讨人喜欢的微笑。在这个宣告她进入社交界的盛情招待的场合,她穿一件中国丝绸做的紧身连衣裙,戴着钻石首饰,后背垫了两条毛巾来掩盖过于瘦削的肩胛骨。她和明尼阿波利斯一家制裤厂的代理商哈罗德·圣克莱尔,坐在长毛绒面的双人沙发上悠闲地聊天。她的朋友和同学艾尔西·希克斯,一两星期前和旅行推销员结了婚,同年轻漂亮而有才气的出租马车车夫巴姆·史密瑟斯,打赌赢了两打百威啤酒,现在同埃塞尔伯特·温德普一起在法国式落地长窗里进进出出,温德普目前在钻营牛皮检查员的职位,他的名字经常出现在违警罪公告上面。

隐藏在灌木丛里的乐队在演奏,宾客们谈话间歇时可以闻到厨房里飘来煎洋葱的气味。

鲜红的嘴唇里发出欢乐的笑声,帅气的脸庞俯在白皙的脖子和低垂的头上显得更温柔,胆怯的眼睛传达了嘴里不敢说出的话,紧身绸胸罩和绒面呢衣服里的心脏随着《爱情的青春梦》乐曲的

---

① 希腊喜剧大师亚里斯托芬把雅典城称为"紫罗兰花冠之城",这里是指奥斯丁。

② 玛格丽特是法国作曲家古诺(1818—1893)所著歌剧《浮士德》和意大利作曲家博伊托(1842—1918)所著歌剧《梅菲斯托费勒斯》中的女主角。根据德国传说,浮士德把灵魂出卖给魔鬼,换来24年的荣华富贵。

甜美音符跳动。

"前一阵子你上哪儿去了,用情不专的骑士?"圣维图斯小姐对哈罗德·圣克莱尔说,"你是不是在另一个神殿里顶礼膜拜?你是不是忘了老朋友,骑士先生,替你自己辩护吧。"

"哦,别那么说,"哈罗德用他那深沉的、带音乐感的男中音说,"我替许多来自产棉地带的罗圈腿的乡巴佬做裤子,忙得不可开交。他们裤腿的膝盖那里都鼓了起来,有的大得像葫芦,根本做不到合身。你有没有替罗圈腿量过尺寸——我的意思是说——你有没有想到,为了让他们穿上合身的裤子,我给搞得多么焦头烂额?此外买卖也不好做,价格超过三元的,谁都不要。"

"你这个机灵鬼,"圣维图斯小姐说,"说话还是那么俏皮。你想喝点什么?"

"嗯,啤酒吧。"

"挽着我的手臂,我们进客厅去喝一瓶吧。你提到棉花,我嘴里也像嚼棉花那样发淡了。"

这对俊男靓女手挽手在众人注视之下穿过房间。他们走过时,夹竹桃下站着吕德里克·赫特林顿和梅布尔·格拉布,前者是孤星屠宰场的崭露头角的守夜人,后者是腰缠万贯的峰驼酒馆老板的女儿。

"她非常美。"吕德里克说。

"神经病!"梅布尔说。

在此期间,敏锐的观察者会注意到,有个十分冷静而自信的人巧妙地挪动着位置,似乎想避免同任何人打交道。

那晚的名人是钢琴家路德维西·冯·巴姆教授先生。

一星期前,圣维图斯上校在东佩坎街的酒馆里发现他在喝啤酒,按照奥斯丁的规矩,把他请回了家,第二天把他介绍给当地人士,向他提出许多担任音乐家庭教师的选择。

冯·巴姆教授在演奏贝多芬的《无音乐的歌》里的美妙的G小调交响曲。辉煌的和弦十分和谐地在客厅里回荡。他熟练地弹出了伴奏本垒打中极其困难的段落,当他用琶音弹完感恩赞时,客厅一片寂静,对于艺术家说来,此时的寂静比最响亮的掌声更使他得意。

教授环顾周围。

厅里空无一人。

除了法国大侦探蒂克托克以外,厅里空无一人。蒂克托克从一大堆热带植物后面跳到教授身边。

教授惊慌地站起来。

"别出声,"蒂克托克说,"别出任何声音。你弄出的声音已经够多的了。"

外面有脚步声。

"赶快,"蒂克托克说,"把袜子给我。别耽误时间。"

"你说什么?"

"啊,他坦白了,"蒂克托克说,"别的袜子都不管用,就要你从人民党候选人房间里拿走的袜子。"

客人们听不到钢琴声,陆续回来了。

蒂克托克不再犹豫,抓住教授,把他掀翻在地,脱下他的鞋袜,拿着袜子跳出窗外,逃到花园里。

3

蒂克托克在林荫路旅馆的房间。

有人敲门。

蒂克托克开了门,看看表。

"哦,"他说,"刚六点。请进,先生们。"

先生们进来了。一共七位：莫名其妙被拉来的人民党候选人，民主党二区部执行委员会主席，旅馆老板，三四个能找到的民主党和人民党员。

"我不明白，"人民党候选人开口说，"你们把我拉来究竟——"

"对不起，"蒂克托克坚定地说，"在我做完汇报之前，请你保持安静。我受雇处理本案，我已经解决了。为了法国的荣誉，我要求各位静听。"

"当然，"主席说，"我们很乐意听听。"

蒂克托克站在房间中央。他头上的电灯亮得刺眼。他仿佛是警觉、活力、智慧和狡黠的化身。

大伙儿在靠墙的一排椅子上就座。

"获悉盗窃案后，"蒂克托克开始说，"我首先询问了旅馆侍者。他一无所知。然后我去警察局。他们也一无所知。我请一个警察去酒吧喝酒。他说十区本来有个黑人小孩，偷了东西留着等警察去起获，但是有一次那小孩没有在约定的地点等警察去逮捕，便被关进了监狱。

"我开始思考推理。我想，谁拿了人民党党员的袜子都不会不包包好就放进口袋的。在旅馆里，他不会这么做。他会找一张报纸。上哪儿去找呢？当然上《政治家》报馆。一个把头发梳到前额的年轻人坐在桌后。我一看就知道他在编写社会新闻，因为桌上放着一只年轻小姐的拖鞋、一块蛋糕、一把扇子、半瓶没喝完的鸡尾酒、一束玫瑰花和一支警察用的口哨。

"'你能告诉我过去三个月里有谁来这里买过报纸吗？'我说。

"'有，'他说，'我们昨晚卖掉一份。'

"'你能说说那人的容貌特征吗？'

"'完全可以，那人是蓝胡子，肩胛骨中间长了个疣子，有点疝

气痛的毛病,嘴里带酒气。'

"'他朝哪个方向走的?'

"'朝门外走的。'

"于是我——"

"且慢,"人民党候选人站起来说,"我不明白——"

"我必须再次要求你保持安静,"蒂克托克相当不客气地说,"我报告的时候请你务必不要打断我的话。

"我在街上错抓过一个人,"蒂克托克往下说,"两个穿着讲究的先生在我身边走过时,我听到其中一个说他'偷了袜子',我立刻用手铐把他铐起来,拖到一家有灯光的商店里,他的同伴向我解释,说他酒喝得多了,舌头不太灵活。他刚才在谈生意买卖,想说的是他'卖了股票'。①

"我便放了他。

"一小时后,我经过一家酒馆,看到这位冯·巴姆教授在一张桌子边喝啤酒。我在巴黎时就认识他。我说'这就是我要的人'。他崇拜瓦格纳,靠林伯干酪、啤酒和贷款生活,谁的袜子都会偷。我跟踪他,到了圣维图斯上校的招待会上,一到恰当的时机就抓住了他,把他的袜子剥了下来。就在这里。"

蒂克托克做了一个夸张的手势,把一双脏袜子扔到桌上,然后双臂合抱,扬起头。

人民党候选人愤怒地大喝一声,又跳了起来。

"岂有此理!我告诉你们我要采取什么措施。我——"

房间里另外两个人民党党员冷冷地看着他。

"情况是否属实?"他们质问候选人。

"不,老天在上,绝对不是这么回事!"他颤抖地指着民主党主

---

① 原文"袜子"(socks)和"股票"(stocks)、"偷"(stole)和"卖"(sold)发音相似。

席说,"这一切都是那个人捏造出来的。这是个穷凶极恶的、不公正的政治阴谋,目的是削弱我们党的选票。这个把戏要玩到什么时候?"他狠狠地转向侦探说。

"所有的报纸都作了报道,《政治家》下星期还要发新闻稿。"蒂克托克得意地说。

"全完啦!"人民党党员说着朝门口走去。

"看在老天份上,我的朋友,"候选人追上去恳求,"请听我说;我对天发誓,我这辈子从未穿过袜子。这一切都是为了竞选而造的谣言。"

人民党党员转过身。

"损害已经造成,"他们说,"人民已经听到了。你还有时间体面地退出竞选。"

大家离开了房间,只剩下蒂克托克和民主党党员。

"我们下楼去喝一瓶香槟酒吧,由财务委员会出账。"民主党二区部执行委员会主席说。

离奇的故事

[原载《滚石》]

奥斯丁北部从前住有一个姓斯马瑟斯的老实本分的人家。家庭成员有约翰·斯马瑟斯、他的妻子、他本人、他们五岁的小女儿和小女儿的父母,按照特殊的浮夸计算方法,他们替本市人口增加了六人,但按照实际计算方法只有三人。

一天晚饭后,小女儿肚子突然剧痛,约翰·斯马瑟斯匆匆到市区去买点药。

他再也没有回来。

小女孩恢复正常,后来长大成人。

母亲由于丈夫的失踪而悲痛万分,差不多过了三个月,她再婚后,迁到圣安东尼奥。

小女孩长大成人,结了婚,过了几年,她自己也有了一个五岁的女儿。

她仍旧住在她父亲离开后再也没有回来的那所房子里。

一天晚上,似乎出于离奇的巧合,小女孩突然也害了肠绞痛,那天正好是约翰·斯马瑟斯失踪后的五周年,假如他仍健在,并且有一份稳定工作的话,他就是小女孩的外祖父。

"我去市区替她买点药。"约翰·史密斯说(他是同当年的小女孩结婚的人)。

"不,不,亲爱的约翰,"他的妻子说,"你也可能从此永远失踪,忘了回家。"

于是约翰·史密斯没有去,夫妇二人坐在小潘西的床边(小女孩叫潘西)。

过了一会儿,潘西情况越来越坏,约翰·史密斯又要去买药,但他的妻子不让他去。

房门突然打开了,一个弯腰曲背、头发又长又白的老人走了进来。

"嗨,姥爷来了。"潘西说。她最早认出了他。

老人从口袋里取出一瓶药水,给潘西喝了一汤匙。

她肚子立刻不痛了。

"我等电车,"约翰·斯马瑟斯说,"耽误了一点时间。"

城市的声音

城市的声音

二十五年前,小学生念书都像是唱歌似的。

他们声调平板的吟哦像是圣公会牧师的布道和锯木厂疲倦的营营声。我没有不尊重的意思。木材和锯木屑都是我们不可或缺的东西。

我记得生理课上一个美妙而有启发的抒情作品。最惊人的一句话是这样的:

"胫骨者,人体内最长的一根骨头是也。"

假如有关人类肉体和精神的全部事实都能这样抑扬顿挫、合乎逻辑地灌输到我们年轻的心灵中,我们得到的益处将会无法估量!但是我们得到的解剖学、音乐和哲学的知识少得可怜。

有一天,我越想越糊涂。我需要启发。我回想过去的学校时期。但是在我们坐在硬板凳上发出的哼哼鼻音里,我记不起有什么涉及人类凝聚的声音。

换句话说,密集人群的合成的口头信息。

换句话说,大城市的声音。

然而,个别的声音并不缺少。我们能理解诗人的歌唱,小河的流淌,向你借五元钱保证下星期一归还的那个人的意思,法老墓上的碑文,花的语言,乐队指挥的"快节拍",凌晨四点钟送牛奶人的奶罐的前奏曲。某些大耳朵的人甚至断言,他们能辨出 H. 詹姆斯先生发出的空气对鼓膜造成的振动。但是谁能理解城市的声音呢?

我到外面去看看。

我先问奥里利亚。她穿着白色的棉布衣服,帽子上缀着花朵,全身都有一些丝带之类的零碎东西。

"告诉我,"我结结巴巴地说,因为我没有自己的声音,"这个巨大的——呃——庞大的——呃——喧嚷的城市在说什么?它肯定有某种声音。它有没有对你说过话?你怎么理解它的意思?它是个庞然大物,一定有个主音调。"

"像旅行箱那样吗?"奥里利亚问道。

"不,"我说,"别扯到箱盖上去①。我觉得每个城市都有自己的声音。每个城市对能听到它的人都有话要说。这个大城市对你说些什么?"

"所有的城市,"奥里利亚审慎地说,"说的都是同样的话。它们说完后,费城就发出回声。因此,它们是一致的。"

"这里有四百万人,"我卖弄学问地说,"挤在一个岛上,其中绝大多数都是华尔街的海水所包围的容易上当受骗的人。这么多的个体集合在这么小的空间必然会产生同一性,通过共同的渠道得到口头表现。不妨说,那是一种一致的解释,集中在可以称作'城市的声音'的具体的总概念里。你能告诉我是什么吗?"

奥里利亚美妙地微笑着。她高高地坐在门口的露台上。一枝摇曳的常春藤傲慢地擦着她的右耳。一缕冒失的月光在她鼻尖上闪动。但是我心如铁石,不为所动。

"我必须弄明白,"我说,"这个城市的声音是什么。别的城市都有声音。这是任务。我必须了解。纽约不会递给我一支雪茄说:'老兄,我的话不供发表。'任何别的城市都不那样做。芝加哥会毫

---

① 原文的"主音调"也有"关键""钥匙"等意。

不犹豫地说'我愿意';费城说'我应该';新奥尔良说'我一向如此';路易斯维尔说'我无所谓';匹茨堡说'赶快'。而纽约——"

奥里利亚笑笑。

"好吧,"我说,"我只有去别的地方打听了。"

我到了一个地上铺着瓷砖、天花板绘有长翅膀的小天使、不找警察麻烦的华丽的场所。我把脚搁在黄铜横档上,对本区最好的侍者比来·马格努斯说:

"比来,你在纽约待了很长时间——你有没有听到这个城市对你说过什么废话?我指的是某种能集中体现这个城市特点的警句似的东西,像一杯在酒吧上滑到你面前的、加了一点苦味酒、插着一片柠檬的鸡尾酒——"

"请稍等,"比来说,"有人在按边门的电铃。"

他走开了,拿着一个空铁罐回来,把它装满后又走了;回来时对我说:

"那是马梅。她总是连按两下铃。她晚饭时爱喝一杯啤酒,她和她的孩子。你没有看到我的那个小鬼呢,他大模大样地坐在童椅上也喝啤酒——哎,你要什么来着?我听到两声铃响就有点紧张——你刚才问的是棒球比分还是要杜松子酒汽水?"

"姜麦酒。"我回答说。

我向百老汇路走去,看见街角上有个警察。警察们总是抱起小孩,搀扶妇女过马路,把男人抓进局子。我走到他面前。

"假如我的话没有超出限度,"我说,"我想问你一个问题。你看到的是喧嚣的纽约。你和你的警察弟兄们的职责是维护这个城市的音响效果。这个城市必定有你所理解的声音。你晚上独自巡逻时必定听到过。它的骚动和喧嚷的要点是什么?这个城市对你说什么?"

"朋友,"警察挥旋着警棍说,"它什么都没说。我听从上头的命令。嗨,我看你这个人还可靠。你在这里站几分钟,帮我留神一下巡夜的人。"

警察消失在小街的黑暗中。十分钟后,他回来了。

"我上星期二结的婚,"他有点生硬地说,"女人都是那样的。她每晚九点钟到那个街角上——来同我打个招呼。嗨,你刚才问我什么来着——城里有什么新闻?哦,往前走十来个街口,有一两家新开张的屋顶花园。"

我跨过电车轨道的交叉处,沿着一个幽暗的公园的边缘走去。塔顶上镀金的狄安娜女神风标在当空皎洁的月光下微微闪烁。这时我的诗人朋友匆匆跑来,他头发蓬乱,戴着帽子,嘴里叨念着平仄仄平平。我抓住了他。

"比尔,"我说(他在杂志上发表作品时署名克里昂),"帮我一个忙。我接受了一项了解城市的声音的任务。你知道,这是专门采访。在通常情况下,召开一个座谈会,收集亨利·克卢斯、约翰·L.沙利文、埃德温·马卡姆、梅·欧文、查尔斯·施瓦布等等名人的意见就可以了。但这次不一样。我们需要了解城市灵魂和内涵的广阔的、诗意的和神秘的发声。你正是能指点我的人。几年前,有人到尼亚加拉大瀑布,测出了音高标准。那音符比钢琴最低的 G 键还低两英尺。纽约却不能用一个音符来表现,除非你有更好的手段。你想想看,假如纽约开口说话,说的会是什么。必定是个响亮无比的、传播极远的声音。要达到那个音响效果,我们必须把白天交通的巨大轰响、晚上的笑声和音乐、帕克赫斯特博士①庄严的语调、拉格泰姆②、哭泣、出租马车鬼鬼祟祟的轮子声、剧团

---

① 帕克赫斯特(1842—1933),美国长老会牧师,抨击美国政治腐败和有组织的犯罪甚力,促进了纽约市长改选。
② 拉格泰姆,1890—1915 年间美国流行的一种以黑人音乐为基础的、快节奏、拍子清晰的音乐,后发展为爵士音乐。

广告员的喊声、屋顶花园喷泉的叮咚声、草莓小贩的喧哗、《人人杂志》的封面、公园里情人的喁喁低语集合起来——这一切都应该包含在你所说的声音里,不是合并,而是混合,然后从这个混合物里提取精华——听得到的精华,只要一滴就能形成我们所寻觅的东西。"

"你记得上星期我们在斯蒂弗的工作室见到的那个姑娘吗?"诗人格格一笑说,"我现在正要去看她。她背诵我写的《春颂》那首诗,一字不差。她是本市目前最聪明的姑娘了。喂,我这个该死的领结怎么样?我弄坏了四条,才打成这个样子。"

"我问你的声音怎么样了?"我问道。

"哦,她不会唱歌,"克里昂说,"不过你应该听听她朗诵我写的《向陆风的安琪儿》那首诗。"

我继续走去。一个报童向我亮出那种刊登超前两小时新闻的粉红色的小报,我拦住了他。

"小伙子,"我一面装着在口袋里掏零钱,一面问他,"你有时候是不是觉得这个城市会说话?人们每天熙来攘往,每天发生种种古怪可笑的事情,假如这城市能开口的话,你认为它会说些什么?"

"别开玩笑啦,"报童说,"你要什么报?我可没有时间胡扯。今天是玛吉的生日,我要多挣三毛钱买件礼物给她。"

看来他不是诠释城市声音的人。我买了一份报纸,把那些尚未宣布的条约、预谋的暗杀和没有发生的战役扔进了垃圾桶。

我又回到公园,坐在月光下。我苦苦思索,不明白为什么谁都不能回答我的问题。

接着,恒星光芒似的答案使我心头倏地一亮。我站起来,像许多恍然大悟的人那样,把过去的事情回想了一遍。我得到了答案,把它紧紧搂在怀里,拔腿就跑,惟恐有谁拦住我,打探我的秘密。

奥里利亚仍坐在露台上。月亮升得比先前高一些,常春藤的阴影更浓一些。我在她身边坐下,望着一小块浮云向飘移的月亮掩去,苍白地散开。

紧接而来的是奇迹中的奇迹,欢乐中的欢乐!不知怎的,我们的手相互触摸,手指扣在一起,不再分开。

半小时后,奥里利亚带着她特有的微笑说:

"你知道吗,你来后一句话也没说呢!"

"那就是城市的声音。"我若有所悟地点点头说。

约翰·霍普金斯正传

有句俗话说,没有经历过贫穷、爱情和争斗的人,算不上体会到人生的真谛。爱好精辟哲学的人觉得这句话特别正确。这三种情况几乎概括了生活中值得体验的一切。肤浅的人也许认为这份清单上应该增添财富一项。其实不然。当一个穷人发现一枚滑到坎肩夹缝里、藏了好久的二十五分银币时,他所体会到的人生乐趣绝不是任何百万富翁所能企求的。

统治生命的聪明的主宰仿佛觉得应该让人在这三种情况下磨练磨练,事实上谁也别想把这三关统统逃过。在乡下地方,这几个名词的意义不大。贫穷不太难熬,爱情比较有节制,争斗也缩小成有关地界和邻家母鸡的争执。在城市里,我们的格言就更确切有力了,并且让一位名叫约翰·霍普金斯的人在相当短的时间里全部体验了一下。

霍普金斯住的公寓同千千万万别的公寓一样。一个窗台上摆着橡皮盆景,另一个窗台上坐着一条满身虼蚤的小猎狗,琢磨着自己什么时候才有得意的一天①。

约翰·霍普金斯同千千万万别的先生一样。他在一座九层楼的红砖房子里工作,周薪二十元,干的行业可能是保险、伯格尔起重机、手足疾病治疗、典当、滑车、毛皮围巾整旧如新、五课包教华

---

① 英文成语有"即使是狗,也有它得意的日子"。

尔兹,或者整肢矫形。我们用不着根据外面的招牌来猜测霍普金斯先生的职业。

霍普金斯太太同千千万万别的太太一样。嘴里有颗金牙,爱坐着不动,星期日下午喜欢郊游,老是在食品店里买些小吃,在百货公司专找削价廉售的商品,自以为胜过三楼前房那位太太(那位太太戴着插有鸵鸟毛的帽子,门铃上标着两个名字),百无聊赖地在窗栏旁边一待就是好几个小时,机灵地躲避分期付款讨债的推销员,不倦地关心送菜升降机的音响效果——总之,纽约公寓住户的一切属性在她身上都可以找到。

再说几句闲话,故事就要开场了。

大城市里时常发生突兀的大事情。你从街角拐出来,突然把你的阳伞骨戳到从库特奈瀑布①来的老朋友的眼睛里。你到外面逛逛,想在花园里摘一枝石竹——可是哎呀!暴徒袭击了你——救护车把你送进医院——你跟医院里的护士结了婚;又离婚——倒霉的时候又被敲诈——排队领救济面包——跟一个有钱的女人结了婚,阔绰得把衣服送到洗衣店去洗熨、付得起俱乐部的会费——这一切仿佛都是一眨眼之间的事。你在街上行走,一个手势勾引你,一块手绢故意掉到你脚边,一块砖头落到你头上,你乘坐的电梯钢缆断了,你存款的银行倒闭了,你吃的客饭或者你的妻子不合你的胃口,命运把你颠倒播弄,有如没拿到小费的侍者替你开的酒瓶里的软木屑。城市是一个淘气的小孩,你是他玩具上的红漆,迟早会被他舐掉的。

约翰·霍普金斯吃了一顿实实在在的晚饭,坐在他那像手套一般紧凑的老式公寓里。他坐在一张石硬的沙发榻上,心满意足地瞅着钉在墙上的那张家庭艺术社的《风暴图》。霍普金斯太太

---

① 库特奈瀑布在加拿大哥伦比亚省。

懒洋洋地谈着对面人家做饭的气味。那条满身虼蚤的小狗不耐烦地望望霍普金斯，呲呲牙，表示厌恶男人。

这里既没有贫穷和爱情，也没有争斗，但是在这些光秃的枝柯上也可以嫁接充实生活的三个要素。

约翰·霍普金斯想在淡而无味的生活面团里嵌几颗谈话的葡萄干。"公司里安装了一部新的电梯，"他抛开主语说，"老板留起胡子来啦。"

"真的吗！"霍普金斯太太说。

"维伯尔斯先生，"约翰接着说，"今天穿上了他新的春装。我很喜欢那套衣服。灰颜色的料子，上面——"他住了口，突然感到一种油然而生的需要。"我想到拐角那儿去买一支五分钱的雪茄。"他说。

约翰·霍普金斯拿起帽子，小心地走下公寓房子的霉臭的过道和梯级。

傍晚的空气很柔和，街上响着小孩玩耍的无忧无虑的叫嚷声，他们用的调子和词句都叫人听不懂。他们的家长坐在门口和台阶上，悠闲地抽烟聊天。矛盾的是，一对对的情人待在避火梯上，却不打算避开他们在那里煽起的烈火。

约翰·霍普金斯要去的拐角上的烟店是一个姓弗雷什梅耶的人开的，那人把全世界看成是寸草不生的海岬。

霍普金斯不是这家铺子的老主顾。他跨进门，和气地打了招呼，要买一支"相当于电车票钱的菠菜"。这个浑名加深了弗雷什梅耶的悲观情绪，但他还是拿出一种极其接近订货规格的牌子。霍普金斯咬掉烟蒂，在摇曳的煤气灯上点燃。他掏口袋付钱，发觉一个子儿也没有。

"喂，朋友，"他坦率地解释说，"我忘了带零钱啦，下次走过这里一准把那五分钱给你。"

弗雷什梅耶心里一阵高兴。这件事证实了他的想法,即世界是糟糕透顶的,人类是有生命的罪恶。他一言不发,绕过柜台,认真地向他的主顾发动了攻击。霍普金斯不甘心给一个悲观的烟店老板充当练拳的沙袋。诸亲好友概不赊欠的弗雷什梅耶热烈地踢他一脚,他马上回敬一拳,把弗雷什梅耶的眼睛打得像雪茄烟似的又黑又辣。

敌方的攻势把霍普金斯的防线压到了人行道上。在那里,战斗进行得更为激烈,那个安分守己、面带笑容的木头印第安人①也给掀翻了,街上爱看搏斗场面的行人团团围拢来观望这场精彩的比赛。

这时候,不可避免的警察出现了,给攻击和被攻击双方都带来了迫在眉睫的麻烦。约翰·霍普金斯本来是个晚上待在家里猜猜画谜的和平居民,但并不是没有那种与战斗狂热同来的基本的抵抗精神。他把警察打跌到人行道旁边一个食品杂货摊上,又狠狠地给了弗雷什梅耶一拳,使他暂时懊悔为什么不订出规矩,对某些顾客可以赊五分钱的账。接着,霍普金斯精神抖擞地顺着人行道逃跑,烟店老板和警察紧追不舍,警察的制服上还说明了食品杂货摊上为什么竖着那块"本摊鸡蛋全市最低价"的牌子。

霍普金斯奔跑时,注意到有一辆红颜色的又大又矮的跑车在街上跟着他。这辆汽车驶到人行道旁边,开汽车的人打手势让霍普金斯跳上车。霍普金斯没有放慢脚步,就照办了,他跳上车,一屁股坐在司机身边土耳其红的软垫座位上。这辆大汽车发出逐渐减弱的咯咯声,像一只信天翁似的拐了一个弯,飞快地在横马路上开走了。

那人一声不吭,全神贯注地开着车。他穿戴着司机的制服和

---

① 美国的烟草店铺门口多半有一个木制的印第安人标记。

黑眼镜,诡秘得叫人捉摸不透。

"非常领情,老兄,"霍普金斯感激地说,"我想你一定爱打抱不平,不喜欢看到两吃一的事情。再迟一步,我可能就要吃亏了。"

司机仿佛没有听到似的。霍普金斯耸耸肩膀,咬咬那支在整个混战期间一直衔在嘴里的雪茄。

十分钟后,汽车开进一座华贵的褐石公馆的车道,停了下来。司机跳出来,说道:

"快来,小姐会解释的。对你是了不起的光荣哪,先生。哦,小姐居然叫阿尔芒做这件事!不过我只是个司机罢了。"

司机指手划脚地把霍普金斯领到屋里。他给引进一个精致的小会客室。一个年轻的、天仙般的小姐站起来。她眼睛里含着不失身份的怒火,两道弓起的纤细的眉毛皱成一幅可爱的样子。

"小姐,"司机深深一鞠躬说,"请允许我告诉您,我到了朗恩先生家,发现他不在。我回来的时候,看到这位先生——该怎么说呀——正在以寡敌众。他跟五个——十个——三十个人在打架——并且还是宪兵呢。是的,小姐,他正如您所说的,'打垮'了一个——三个——八个警察。既然朗恩先生不在家,我想这位先生一定能为您效劳,便把他带来了。"

"很好,阿尔芒,"那位小姐说,"你可以去啦。"她转向霍普金斯。

"我派司机,"她说,"去接我的表哥沃尔特·朗恩。这屋子里有人欺侮我、亏待我。我向姑妈诉苦,她却笑我。阿尔芒说你勇敢。在这种单调乏味的日子里,既勇敢又侠义的人太少太少了。我能不能指望你的帮助呢?"

约翰·霍普金斯把没抽完的雪茄往上衣口袋里一塞,瞅着这个可爱的人,有生以来第一次感到了叫人浑身舒坦的浪漫滋味。

这是骑士式的爱情,而且并没有不忠于那个浑身虼蚤的小狗和他自己选中的太太所在的公寓。他在贴标签女工工会第二分会组织的一次野餐会后,同他现在的太太结了婚,主要是因为他的朋友比来·麦克曼纳斯用了激将法,跟他打赌,请所有在场的人吃杂烩,另外送给每人一顶新帽子。目前请求他救援的这位天仙般的小姐,同杂烩那样庸俗的东西联系不起来,至于帽子——只有镶珠宝的金王冠才配得上她!

"喂,"约翰·霍普金斯说,"告诉我,惹你生气的人在哪里。我一向忽略了我打架的天才,今晚可够我忙的。"

"他在那里面,"小姐指着一扇关上的门说,"来吧。你肯定不会畏缩或者害怕吗?"

"我吗?"约翰·霍普金斯说,"只要从你戴的那束玫瑰中给我一朵,好不好?"

小姐给了他一朵红红的玫瑰。约翰·霍普金斯吻了它,塞进坎肩口袋,打开门,走了进去。那是一间漂亮的书房,光线柔和而明亮。一个年轻人在那里看书。

"你应该看的是讲礼貌的书,"约翰·霍普金斯生硬地说,"站起来,让我教训教训你。你欺侮一位小姐,是吗?"

年轻人稍微有些诧异。接着,他不高兴地站起来,巧妙地抓住了约翰·霍普金斯的胳臂,把他服服帖帖地带到了大门口。

"拉尔夫·布兰斯康姆,"小姐跟在后面嚷道,"这个勇敢的人要保护我,你对他要留点神。"

年轻人轻轻地把约翰·霍普金斯推出去,关上了门。

"贝丝,"他平静地说,"我希望你别再看历史小说啦。那家伙怎么跑进来的?"

"阿尔芒把他带来的,"年轻小姐说,"你不把那条圣伯纳狗给我,我觉得你太不应该。我吩咐阿尔芒把沃尔特请来。我很生你的气。"

"别胡闹啦,贝丝,"年轻人扶着她的胳臂说,"那条狗靠不住。它在狗房附近咬过两三个人。来吧,我们去告诉姑妈,我们不闹别扭啦。"

他们手挽手走了。

约翰·霍普金斯步行回家。看门人的五岁的女儿在台阶上玩耍。霍普金斯给了她一朵好看的红玫瑰,走上楼去。

霍普金斯太太正在摆弄卷发的纸。

"买了雪茄吗?"她不感兴趣地问道。

"当然,"霍普金斯说,"我在外面逛了一会儿。今晚天气真好。"

他在那张石硬的沙发榻上坐好,掏出没有抽完的雪茄,把它点燃,然后瞅着对墙《风暴图》上的优美的人形。

"刚才,"他说,"我跟你谈起维伯尔斯先生的衣服。灰颜色的料子,上面有不明显的格子花纹,很好看。"

吝啬的穷情人

大公司里有三千个女职员。麦西是其中之一。她十八岁,是男子手套部的售货员。在这里,她熟悉了人的两种类型:一种是在百货公司里买手套的先生们,另一种是替不幸的先生买手套的太太们。除了这种有关人类的广泛知识以外,麦西还学到了一些别的东西。她留心听过其余两千九百九十九个女职员所发表的明智的见解,把它们储存在她那个马耳他猫似的隐秘而谨慎的脑袋里。造化也许预料到她没有聪明的朋友可以商量,于是在赋予她美丽的同时,也给了作为补救的狡黠,正如造化把贵重的毛皮赋予银狐时,也给了它超出一般动物的狡猾。

麦西很美,长着一头黄澄澄的头发,她安详的姿态像是橱窗里烤黄油蛋糕的模特儿。她站在大公司她的柜台后面,当你在皮尺上握住拳头量手套尺寸的时候,你不禁想起赫柏①,赶上你再看她一眼的时候,你不禁纳闷,弥涅瓦②怎么会挑中她的。

巡视员不望着麦西时,她便吃果脯,巡视员的眼光朝她扫过来时,她便像看天上云彩似的抬起眼睛,若有所思地微笑着。

那是女店员的微笑,我劝你赶快躲开,除非你有所戒备,能对感情方面的事、情人馈赠的糖果和爱神的挑逗无动于衷。这种微

---

① 赫柏,希腊神话中的青春女神。
② 弥涅瓦,罗马神话中艺术与商业的保护神。

笑属于麦西的业余时间,而不属于公司,然而巡视员一意孤行。他是公司的夏洛克①。他探头探脑跑来时,他的鼻梁就是征收通行税的桥梁。他瞅着一个漂亮的姑娘时,他的眼睛成了媚眼或者色眼。当然啦,不是所有的巡视员都这样。前几天报上不是刊登了一个年过八十的巡视员的事情吗?

有一天,欧文·卡特,画家、百万富翁、旅行家、诗人、开汽车的能手,偶然来到大公司。应当替他声明一下,他并不是出于自愿。身为儿子的责任抓住他的领子,把他硬拖进来,陪他的母亲在那些青铜和陶器的雕像中间闲逛。

为了消磨时间,卡特溜达到手套柜台那儿。他要买手套倒是真的,他恰好忘了带。他的行为也不需要辩解,因为他从没有听说过手套柜台调情的事情。

走近命运为他安排的人时,他迟疑了一下,突然觉察到他以前从不知道的这种比较低级的求爱场合。

三四个衣着俗气、档次不高的家伙靠在柜台上,摆弄着那些作为进身之阶的手套,而嘻嘻哈哈、吱吱喳喳的女店员们则你应我和地在卖弄风情。卡特本来也许会退出去,但是已经迟了。麦西站在柜台里面询问似的瞅着他,她那双蓝眼睛的光亮像夏季的太阳闪射在南海冰山上那样凛冽、美丽而又热情。

这时候,欧文·卡特,画家、百万富翁等等,觉得自己那高贵的、苍白的脸上热辣辣地红了起来。他之所以脸红倒不是由于腼腆,而是由于有自知之明。他立刻意识到自己同那些在别的柜台前面奉承嘻嘻哈哈的女店员的、低档的年轻人没有什么区别了。他自己也挨在平民的爱神的橡木约会处,只想博得一个卖手套的女店员的欢心。他同比尔、杰克、米基等等比起来,没有什么区别。

---

① 夏洛克,莎士比亚剧本《威尼斯商人》中的贪婪的犹太高利贷者。

接着,他突然有了一种原谅他们的感觉,对他耳濡目染的习俗产生了昂扬而勇敢的轻蔑,他毫不犹豫地下定决心,要获得这个十全十美的人。

货款付清,手套包扎好之后,卡特逗留了一会儿。麦西的淡红嘴角上的笑靥更深了。买手套的先生们都要那样逗留一会儿。她曲起那条露在罩衫外面的、像普赛克①一般的胳臂,把肘子支在柜台边上。

卡特从没有遇到过他不能应付裕如的场合。但现在他却比比尔、杰克、米基等等都尴尬了。他没有机会在交际场合碰到这个美丽的姑娘。他搜索枯肠,想从看到和听到的东西里回忆女店员的性格和脾气。他有一个模糊的概念,认为她们有时候并不斤斤计较正式的介绍。他想提出跟这个可爱而纯洁的人儿做一次打破常规的会晤,心头不禁怦怦乱跳。但是内心的混乱却给了他勇气。

说了几句无关紧要的客套话,得到满意的回答之后,他便把自己的名片放在柜台上她的手边。

"如果我显得太冒昧的话,"他说,"千万请你原谅,可是我诚恳地希望你能给我一次再见面的机会。这是我的名片,我向你保证,我是出于极大的尊敬,请求跟你做朋——跟你认识。我能不能存这种妄想?"

麦西是了解男人的——尤其是买手套的男人。她毫不迟疑,含着笑意,坦率地瞅着他说:

"当然可以。我想你没有问题。虽然我平常不跟陌生男人出去。那样未免不像上等女人啦。你想在什么时候跟我见面?"

"随你的便,"卡特说,"假如能让我去你府上——"

麦西格格笑了起来。"哦,不行!"她很干脆地说,"你可没有

---

① 普赛克,希腊神话中爱神厄洛斯所爱的美女,灵魂的化身。

看到我们住的地方呢！我们五个人住三间屋子。假如我带一个男朋友去家里的话，我倒真想瞧瞧我妈的脸色！"

"那么随便什么地方吧，"醉心的卡特说，"只要你觉得方便就行。"

"哎，"麦西的有红是白的脸上显得很聪明地提议说，"我想星期四晚上很合适。七点三十分，你在八马路和第四十八街的拐角上等我怎么样？我就住在那里附近。不过我十一点钟以前要回家的。妈不准我十一点以后还待在外面。"

卡特感激不尽地答应履约之后，连忙到他母亲那儿去，他母亲正在找他去赞同她买下的狄安娜铜像。

一个小眼睛、塌鼻子的女店员走到麦西身边，意味深长地丢了一个眼色。

"你在他身上有没有得手？"她亲昵地问道。

"那位先生要求拜访。"麦西一面把卡特的名片塞进罩衫胸口，一面大模大样地说。

"要求拜访！"小眼睛吃吃笑着学了一遍，"他有没有提到在沃尔多夫饭店用晚餐，然后乘他的自备汽车兜风？"

"哦，别说啦！"麦西不耐烦地说，"没想到你气派这么大。自从消防队里开救火车的那个人带你下了一次中国馆子后，你的眼界就高了。没有，他可没有提起沃尔多夫饭店，不过他名片上的地址却在五马路，假如他请我吃晚饭，饭店里的侍者准保是没有辫子的。"

卡特和他的母亲乘了小汽车离开大公司时，他咬住嘴唇，心头隐隐作痛。他知道他有生二十九年来，爱情第一次落到他身上。而爱情的对象竟然这样随便地同他在街头约会，尽管这是他达到愿望的第一步，但他仍担心得难受。

卡特不了解女店员。他不知道女店员的家若不是一个勉强可以住人的小房间,便是一个挤满了亲戚朋友的住所。街角是她的座谈室,公园是她的客厅,马路是她的园径,可是一般说来,她待在里面却是一个不可侵犯的女主人,正如深闺里的贵妇人一样。

他们初次见面后过了两星期,一天黄昏,卡特和麦西手挽手逛进一个光线暗淡的小公园。他们找到一张树阴下的长椅,坐了下来。

他第一次用胳臂温柔地搂住她。她那火红头发的脑袋舒适地靠在他的肩膀上。

"嘻!"麦西快活地叹口气说,"你以前怎么没想到啊?"

"麦西,"卡特认真地说,"你一定知道我爱你。我诚恳地请求你跟我结婚。现在你已经很了解我了,不会再怀疑我了。我要你,我非有你不可。我毫不顾虑我们两人身份的差别。"

"什么差别呀?"麦西好奇地问道。

"嗯,根本没有差别,"卡特赶快说,"只是一般笨人的想法罢了。我有能力供给你奢华的生活。我的社会地位不容置疑,我的财产也很富裕。"

"他们都是这样说的,"麦西说,"他们都用这话来骗人。我猜想你多半是在食品店或者赛马场里干活的。我可不像我外表那么不懂事。"

"你要什么证据,我都可以给你,"卡特温和地说,"我要你,麦西,我第一次见到你的时候就爱上你啦。"

"他们说起来都是这样的,"麦西好笑地说,"如果我碰到一个见了我三次面,仍旧盯住我的人,我想我大概会爱上他的。"

"请你别说这种话,"卡特央求道,"听我说,亲爱的。我初次看到你的眼睛,就知道你是我要的惟一的女人。"

"哦,你真会花言巧语!"麦西笑着说,"你对多少女人说过那样的话?"

但是卡特仍旧坚持。他终于触及了深藏在那个姑娘可爱的胸脯里的脆弱而不安的小灵魂。他的话打动了她的心,这颗心的轻松正是它最安全的甲胄。她抬起眼睛,含情脉脉地瞅着他。她冷冷的面颊上泛出了红色。她那蝴蝶的翅膀颤动着收敛起来,仿佛就要停息在爱情之花上了。生活的一缕微光和手套柜台以外的希望在她眼前显现出来。卡特感到了这个变化,赶紧抓住机会。

"跟我结婚吧,麦西,"他悄悄在她耳边说,"我们离开这个丑恶的城市,到美丽的地方去。让我们忘掉工作和俗事,让我们的生活成为一个漫长的假期。我知道该把你带到哪儿去——我常去那儿的。想想看,一个四季如夏的海滨,浪花永远拍打着可爱的沙滩,人们像小孩一般自由欢快。我们乘船到那里去,你爱待多久就待多久。那些遥远的城市之一有巍峨壮丽的宫殿钟楼,里面满是美丽的图画和雕像。那个城市的街道全是水路,人们都乘着——"

"我知道,"麦西猛地坐直了说,"平底船。"

"对。"卡特笑着说。

"我原是这么想的。"麦西说。

"以后,"卡特接下去说,"我们漫游世界,随我们的高兴到处观光。游历了欧洲以后,我们到印度去看看那边古老的城市,骑着大象参观印度婆罗门的奇妙的庙宇,日本的园林,波斯的骆驼队和车赛,以及外国各种各样的奇景。你想你会喜欢吗,麦西?"

麦西站了起来。

"我想我们还是回去吧,"她淡淡地说,"时间不早啦。"

卡特顺从了她的意思。他已经了解她的变幻莫测的心情,不同意是没有用的。但是他有一种得意的胜利感。尽管不牢靠,他还是把那个任性的人的灵魂抓住了片刻,他内心的希望更增强了。她居然一度收敛了翅膀,用她冷冷的手握住他的手。

第二天,在大公司里,麦西的好朋友露露在柜台角那儿等着。

"你和你的阔朋友怎么样啦?"她问道。

"他吗?"麦西拍拍鬓角的发卷说,"已经吹啦。喂,露露,你知道那家伙要我干什么?"

"要你去演戏吗?"露露气也不敢喘地问道。

"没的事,他做那种人都不够格。他要我跟他结婚,去康奈岛上蜜月旅行呢!"

多尔蒂的启发

大吉姆·多尔蒂是玩家。他是那种人。曼哈顿的玩家不同于别的人种。他们是北方的加勒比人——健壮、狡猾、傲慢、结帮拉派、忠于他们种族的法规、看不起遵循社会习俗的友邻部族。当然,我指的是玩家中间有头衔的贵族。还有一类人带有作为限定形容词使用的名词,而那名词是低廉的贱金属制造的吹奏乐器所特有的。但是,康沃尔的锡矿从来没有生产过命名"大吉姆"多尔蒂的材料。

玩家的聚集处是某些旅馆以及酒吧餐馆的休息室和外面的角落。他们大多是男人,身材大小不一,但是面颊和下巴总是刮得很干净,黑里泛青,冷天都穿带黑丝绒领子的深色大衣。

有关玩家的家庭生活知之甚少。据说爱神和婚姻之神有时也插一手,使红心皇后退居二线。大胆的理论家曾经断言——不是随便说说的——玩家有时娶老婆,甚至繁衍后代。有时他玩政治,于是,在带有政治色彩的杂烩野餐会上便出现了玩家太太和戴着油光纸折的帽子、拿着铁皮饭盒的小玩家。

然而,大多数玩家的心态是东方式的。他们认为女眷不应该抛头露面。女眷多半在格栅后面的地方或者摆着花盆的防火梯上等他们。她们踩在德黑兰的地毯上,听夜莺的啭鸣,弹弹洋琴,吃吃糖果。玩家走出家门以后,就是完整的个体。与曼哈顿其他种族的男人不同的是,他们闲暇的时候并不陪伴飘拂的花边和高跟鞋傍晚散步的愉快的笃笃声。他们同本种族的人聚在街角上,用加勒比隐语对过路的妇女评头论足。

"大吉姆"多尔蒂有妻子,但他上衣翻领上没有佩带妻子的小圆像章。他的家在西区一条有铁护栏的街道的褐石房屋里,那些街道像是新近挖掘出来的庞贝古城的保龄球道。

每夜到了很晚的时候,主要的玩家圈子里没有更多的消遣时,多尔蒂先生便回他的这个家。那时候,夜莺不再歌唱,住在一夫一妻制的后宫里的人进入了梦乡。

"大吉姆"总是在正午十二点起身吃早饭,过一会儿,他又去同他那帮人会合。

他总是隐隐约约地意识到有位多尔蒂太太。他不否认他家饭桌对面那个文静、整洁、惬意的小妇人是他的妻子。事实上,他记得很清楚,他们结婚将近四年了。她常常把无线电广播里介绍的小窍门、金丝雀的情况和对街公寓窗口里那个浅色头发的女人的事情讲给他听。

"大吉姆"多尔蒂有时候也听听她的谈话。他知道每晚七点钟他回家时,她总是准备好了可口的晚餐。她偶尔去看看日场戏,她有一架留声机和六七十张唱片。有一次,她的阿莫斯舅舅从纽约州北部突然来访,她陪舅舅去参观了伊甸博物馆。对于任何一个女人来说,这些都是很好的消遣。

一天下午,多尔蒂先生吃了早餐,戴上帽子,走到房门口。他的手碰到门把时,听到他妻子的声音。

"吉姆,"她坚定地说,"希望今晚你带我去外面吃晚饭。你三年没有和我一起出过门了。"

"大吉姆"大吃一惊。以前她从未提过类似的要求。她的建议带有全新的意味。但他是个勇敢的玩家。

"好吧,"他说,"我七点到家,你准备好。不要有那种'再等两分钟',结果磨蹭一两个小时的情形,狄莉。"

"我会准备好的。"他的妻子平静地说。

七点钟,她和"大吉姆"一起,走下庞贝保龄球道的石阶。她穿着一套颜色像曙暮天空的、料子薄如蝉翼的半正式宴会服,短上衣的肩膀上垂下许多美妙而没用的丝带装饰。美丽的鸟全在美丽的羽毛,这句谚语指摘的只是那些不愿意拿出积蓄来照顾鸵鸟毛行业的男人。

"大吉姆"感到困惑。他身边是一个他所不熟悉的人。他想到这只极乐鸟平日在笼中的颜色暗淡的羽毛,眼前的变化完全出乎他意料。不知怎的,她让他忆起四年前同他结婚的狄莉亚·卡伦。他笨拙地悄悄走在她右边。

"晚饭后我送你回家,狄莉,"多尔蒂先生说,"然后我再回塞尔策酒吧同弟兄们待一会儿。今晚你可以美美地大吃一顿。昨天我在蟒蛇酒吧赢了一笔钱,你爱吃什么就点什么。"

多尔蒂先生这次同不熟悉的妻子外出,本来不想张扬。溺爱妻子是加勒比人戒律中不赞同的弱点。他在赛马场、弹子房或者拳击场的朋友们即便有妻子,他们也从不公开抱怨这个事实。百老汇路一带的横街上有好几家吃客饭的餐馆,他本来打算带她去那种地方,免得过于招摇。

半路上,多尔蒂先生改变了想法。他时不时朝他那风头很健的同伴偷看一眼,深信她完全上得了台面。他决定和妻子大模大样地走过塞尔策酒吧门口,每天这个时候,他那帮人中间总有几个聚在那里观看傍晚上街溜达的男男女女。是啊,他要带她去那家最最高级的胡格利餐馆,他暗忖道。

部族里那帮脸刮得很光洁的先生果然守候在塞尔策酒吧。多尔蒂先生和他的面目一新的狄莉亚经过时,他们都惊呆了,过了半响才回过神来,纷纷脱帽致意——他们难得这样彬彬有礼,正因为

"大吉姆"难得给他们看到这样惊人的景象。"大吉姆"不动声色的脸上微微闪出得意的神色,正如在夜总会的牌桌上拿到一副黑桃同花顺。

胡格利餐馆里灯光通明,人气很旺。桌布和餐巾、玻璃器皿和鲜花都无可指摘。用餐的客人相当多,个个衣冠整齐,谈笑风生。

一个礼数周全的侍者带领"大吉姆"多尔蒂和他的妻子到了一张桌子前。

"菜单上的东西你爱点什么就点什么,狄莉,""大吉姆"说,"今晚你敞开吃。我忽然觉得我们也许家常便饭吃得太多了。"

"大吉姆"的妻子点了菜。他钦佩地看着她。她提到了调味用的块菌①;他以前从不知道她居然了解块菌是什么东西。她在酒类中间挑选了一种恰当而令人满意的牌子。他颇为赏识地瞅着她。

她洋溢着女人从社交活动中得到的由衷兴奋,兴致勃勃地同他谈各种各样的话题。她由于长期室内生活而显得苍白的面颊泛起了红晕。"大吉姆"环顾四周,发现餐馆里的女人谁都不如她那样妩媚。他想到她三年来足不出户,却从不抱怨,不禁有点脸红,因为作为玩家,公平是他的信条之一。

当多尔蒂选区的领袖和他的朋友之一,帕特里克·科里根议员看见他们,朝他们的桌子走来时,情况发展到了极致。帕特里克议员在行动和言词方面都是喜欢向妇女献殷勤的人。就布拉尼石②而言,他以前的行动一定已经证实了这一点。假如布拉尼石觉得有必要控告他违反承诺的话,肯定能获得巨额赔偿。

---

① 块菌是子囊菌类,味鲜美。
② 布拉尼石,爱尔兰布拉尼城堡墙上离顶部20英尺处一块三角形的石头,刻有"科马克·麦卡锡 fortis me fieri fecit,公元1446"字样,据传爬上去吻到那块石头的人就会伶牙俐齿,无往不利。

"吉米，老朋友！"他拍拍多尔蒂的后背说，然后像中午的太阳似的盯着狄莉亚。

"这是科里根议员先生——这是多尔蒂太太。""大吉姆"介绍说。

帕特里克滔滔不绝地寒暄起来，对狄莉亚大肆赞扬。侍者不得不去搬一把椅子过来，他便和他们同桌坐下，酒杯重新斟满。

"你这个自私自利的老家伙！"他朝"大吉姆"晃着手指说，"一直金屋藏娇，不让我们见见多尔蒂太太。"

"大吉姆"多尔蒂言语不多，不声不响地坐在旁边，看着三年来每晚同他一起吃饭的妻子像童话里的花朵那样绽开。她妩媚、机智、风趣，善于应对经验老到的帕特里克的进攻，使他大为惊异，心悦诚服。她缓缓舒展封闭已久的花瓣，她周围成了一座鲜花盛开的花园。他们试图把"大吉姆"拉进他们的谈话，但他找不到词儿。

这时候，几个政界的人和玩家来到餐馆大厅。他们看到"大吉姆"和区议员，便走过来，被介绍给多尔蒂太太。不出几分钟，她仿佛在举行一个名流集会。六个男人围着她，向她大献殷勤，六个人都发现她很有魅力。"大吉姆"干坐着，心下想道："三年啊，三年！"

晚餐结束了。帕特里克议员伸手去替多尔蒂太太拿上衣，但那不是言词而是行动问题了，多尔蒂的大手抢先两秒钟拿到了上衣。

在门口告别时，帕特里克议员重重地拍了多尔蒂的后背。

"吉米，老弟，"他悄悄说，可是声音大得谁都听得见，"太太品位很高。你这家伙艳福不浅。"

"大吉姆"同他妻子步行回家。街上的灯光和橱窗布置以及胡格利餐馆里男人对她的赞美都使她高兴。他们经过塞尔策酒吧时,听到里面人声喧腾。哥儿们开始一巡一巡地喝酒,谈论他们当天的业绩。

狄莉亚在他们家门口站停了。这次外出的愉快使她脸上微微放光。她不能指望吉姆晚上在家里陪她,但是今晚的辉煌将会照亮今后很长时间的孤寂。

"谢谢你带我出去,吉姆,"她感激不尽地说,"你现在当然要回塞尔策酒吧去了。"

"塞尔策见鬼去吧,""大吉姆"着重说,"该死的帕特里克·科里根!难道他以为我没有眼力吗?"

他们两人关上了房门。

"美中不足"

那是蜜月中最美满的时候。公寓里铺着鲜红的新地毯,门上挂着流苏帘子,饭厅护壁板端的架子上排着六个有锡镴盖的啤酒壶。美妙的气氛依然存在。他们两人谁也没有见过河畔的黄樱草①;可是,那时候即使看到的话,他们的印象也只是——嗯,只是诗人指望常人对于樱草之外的任何事物的印象。

新娘坐在摇椅里,一双脚仿佛搁在整个世界上。她身上裹着玫瑰色的美梦和一件同样颜色的晨衣。她心里琢磨,格陵兰、塔斯马尼亚和俾路支斯坦②的人们怎样互相传告她和小麦克加来的婚事。其实那也没有什么关系。从伦敦到南方十字星座,没有哪一个重量级拳击选手能和她的新郎周旋四个小时——不,四个回合。三星期来,他成了她的人,世界上任何一个体重一百四十二磅的拳击选手都难用拳头动他分毫,她用一个小指头却可以随意摆布他。

当爱情属于我们自己的时候,"爱情"这个词就是克己和牺牲的别名;当它属于对面邻居的时候,就意味着傲慢和自负。

新娘叉起那双穿着牛津式皮鞋的脚,沉思地瞅着天花板上的胶面爱神像。

---

① 参看英国诗人华兹华斯(1770—1850)的《彼得·贝尔》篇;樱草是欢乐的象征。
② 格陵兰在北美洲东北,塔斯马尼亚在南太平洋,俾路支斯坦在阿拉伯海北面。

"宝贝，"她说，神情像是克利奥帕特拉要求安东尼①把罗马用纸包好，送到家中那样，"我想吃个桃子。"

小麦克加来站起来，穿戴好上衣和帽子。他神色严肃，脸刮得很光净，既多情又活泼。

"好吧，"他淡淡地说，似乎只是签订同英国拳击冠军比赛的合同，"我出去替你弄一个来——呃？"

"别去得太久，"新娘说，"我的淘气孩子不在身边，我会觉得冷清的。买一个又好又熟的。"

小麦克简直像是要出远门去国外似的，经过一连串的吻别后，到了街上。

他不无理由地犹豫了一会儿，因为现在还是初春季节，在那些寒意袭人的街上和铺子里，恐怕不很可能找到她所企望的盛夏季节的鲜果。

他在街角上意大利人摆的水果摊那儿停下来，鄙夷地朝那些用纸包着的桔子、上蜡抛光的苹果和苍白的、渴望阳光的香蕉扫了一眼。

"有桃子吗？"小麦克用情人之王但丁的语言问道。

"啊，没有，"小贩叹口气说，"一个月之内都不会上市。太早啦。有很好的桔子，要桔子吗？"

小麦克不以为然地继续前去寻找他的目的物。他走进他的朋友和拳击迷杰斯特斯·奥卡拉汉的兼营保龄球场的通宵营业的酒吧餐馆。奥卡拉汉正好在里面，照应服务不周全的地方。

"我立刻就要，"小麦克对他说，"我老婆不知怎的想吃桃子。卡尔，你有的话马上拿出来。一个也好，多的话我也要。"

---

① 安东尼（公元前83？—前30），罗马后三雄之一，征服埃及后，为埃及女皇克利奥帕特拉的美色迷惑。

"这里完全归你支配,"奥卡拉汉说,"可就是没有桃子。还不到时候。我想百老汇路的赌场里恐怕都找不到。太糟啦。赶上娘儿们想吃某种水果的时候,一点通融都没有。现在已经太晚了,大的水果铺子都关了。如果你认为太太喜欢吃一些桔子,我刚进了一箱好货,她也许——"

"多谢啦,卡尔。开头说的就是桃子。我去别的地方试试。"

小麦克走到西区一条街的时候,已将近午夜。开着的店家很少,那几家听到桃子都摇头。

在她那城堡似的公寓里,新娘满有把握地在等她的波斯水果①。难道一个重量级的拳击冠军竟找不到一只桃子?——难道他竟不能胜利地跨过季节、气候和历书,替他的亲人弄一个早桃?

小麦克瞥见一个橱窗,里面灯火辉煌,漂亮地陈列着自然界最迷人的色彩。灯光突然熄灭了。小麦克拼命跑去,正赶上那个水果店老板在锁门。

"有桃子吗?"他非常慎重地问道。

"哎,没有,先生。三四个星期里面不会有。我想不出你在什么地方可以找到。纽约也许有几个温室培植的桃子,不过很难说出确切的地方。比较豪华的旅馆——那些花钱不当一回事的场所也许会有。我店里有一些极好的桔子,今天刚运来的。"

小麦克在街角上待了一会儿,然后快步向一条幽暗的小街走去,那面有一幢房子,台阶两边点着一对绿灯。

"局长在不在?"他问警察局的值勤警官。

那当儿,局长恰好从后面匆匆跑来。他穿着便服,显得很忙碌。

---

① 西方人误以为桃子的起源地是波斯,桃的拉丁学名 persicum 意为"波斯苹果",其实中国早就有桃了,编成于春秋时代(公元前 770—前 476)的《诗经》有"桃之夭夭,灼灼其华"句。

"喂,小麦克,"他对拳击家说,"你不是出去度蜜月了吗?"

"昨天刚回来。如今我是安分守己的公民啦。我想在市政方面插一手。今晚去踩丹佛·狄克的场子怎么样,局长?"

"那是过去的事了,"局长捻着胡子说,"丹佛两个月前就洗手不干啦。"

"不错,"小麦克说,"拉弗蒂把他撵出了第四十三街,现在他在你的辖区里搞,场面比以前更大。我最恨赌博。我可以带你去搞掉他。"

"在我的辖区里?"局长咆哮道,"你能肯定吗,小麦克?你带我去,我真要谢谢你啦。你有路子吗?怎么进去呢?"

"砸门进去,"小麦克说,"他们还没有在门上包铁皮。你要带十个人。他们不会放我进去的。丹佛一直想整我,他以为上次查抄是我告的密,其实不是我。你赶快吧。我还得回家呢。那地方离这里只有三个街口。"

不出十分钟,局长带了十二个人,跟着他们的向导,掩进了一座幽暗的、看上去很正派的房子的门厅,白天这里经营种种别的事务。

"三楼后进,"小麦克悄声说,"我来带路。"

两个拿斧子的人面对着他指点的那扇门。

"看样子很静,"局长疑惑地说,"你肯定你的情报确切可靠吗?"

"劈开它!"小麦克说,"搞错的话,由我负责。"

斧子劈开了那扇还没有防护的门。耀眼的光线从砸碎的门板里泻出来。门倒下了,查抄的人握着手枪跳了进去。

那间大屋子按照丹佛·狄克喜欢的西部情调布置得非常豪华俗丽,各种各样的热闹的赌博正在进行。屋子里的五十来个人一窝蜂地向警察冲来,企图逃跑。便衣警察不得不抡起棍子。逃脱的赌客有一半以上。

那晚,丹佛·狄克本人也在场。他带头夺路,打算冲开那些为数较少的查抄人。可是,当他看到小麦克的时候,他就考虑到个人恩怨了。可以列为重量级的狄克兴冲冲地扑到体重较轻的敌人身上,他们两个抱着滚下了一道楼梯。到楼梯口才松手爬了起来,这时候,小麦克才有机会施展他的本行技术。当那个即将损失两万元钱财、体重二百磅、好勇斗狠的先生死命抱住他的时候,他是英雄无用武之地的。

解决了对手之后,小麦克急忙跑上楼,从赌场穿过一道拱门,进了一个小房间。

这里有一张长桌,摆放着最精致的瓷器银具和赌客们喜爱的大量昂贵豪华的食品。那位以都市为名的先生①喜欢阔绰奢侈,在这里又有了具体表现。

一双十号大的漆皮鞋从垂到地板的桌布底下露出了几寸。小麦克抓住鞋子,拖出一个打白领带、穿侍者制服的黑人。

"起来!"小麦克命令道,"这个免费餐室是不是由你掌管?"

"是的,先生,是我管的。他们是不是又逮住我们了,老板?"

"好像是这样的。听我说,这家赌场里有没有桃子?如果没有,我只好认输啦。"

"今晚开场的时候,先生,准备了三打;可是我想全给那些先生吃光啦。假如您先生想吃一只桔子,我可以替您去拿。"

"赶快,"小麦克沉下脸吩咐说,"赶快把你这里有的桃子拿出来,不然要对你不起。今晚谁再跟我提桃子,我就打掉他的脑袋。"

查抄了丹佛·狄克的豪华奢侈的餐室之后,只找到一只孤零零

---

① 即丹佛·狄克,丹佛是美国西部科罗拉多州的首府。

的、逃过赌客们贪吃的牙床的桃子。它落进了小麦克的口袋,那个不知疲倦的粮秣征收员立刻带着他的收获走了。警察们正在人行道上把被捕的人装上巡逻车,小麦克看也不看,大踏步飞快回家。

他一路上心情愉快。骑士为他们的情人经历了危险、建立了功勋,回凯米洛特①时的心情一定也是这样的。小麦克的情人命令了他,他服从了。不错,她盼望的虽然只是一只桃子,可是深更半夜在那个春雪严封的寒冷的城市里苦苦寻找一只桃子,也不是容易的事情。她要一只桃子,她是他的新婚妻子,而现在他把手插在口袋里,握着那只逐渐暖和起来的桃子,惟恐它落掉。

半路上,小麦克拐进一家通宵营业的药房,对值班的药剂师说:

"喂,朋友,请你看看我这根肋骨有没有断。我稍稍打了一架,从一两级楼梯上摔了下来。"

药剂师检查了一下。

"没有断,"他诊断说,"但是有一道挫伤,好像你从熨斗大楼上连摔下来两次。"

"没关系,"小麦克说,"请把你的衣刷借给我用用。"

新娘在粉红灯罩下的玫瑰色光线中等着。奇迹还没有全部消失。只要悄悄说出对某些小东西的愿望——一朵花、一个石榴、一只——哦,是啊,一只桃子——她就可以派她的男人夜里出去,到无法抗拒的世界上去,而他也会按照她的盼咐办事。

现在他站到她椅子旁边,把桃子放进她手里。

"淘气的孩子!"她宠爱地说,"我说的是桃子吗?我想一只桔子或许更合我的心意。"

新娘是有福的。

---

① 凯米洛特,六世纪英国亚瑟王宫殿所在地。

春天的先兆

早在乡巴佬迟钝的心里感到春天来临之前,城里人就知道翠绿女神已经登基了。城里人坐在四堵石墙中间,吃着早餐的鸡蛋和烤面包,翻开晨报,看到新闻远远地跑在季节前面。

如果说春天的信使曾为我们敏锐的感觉所证实,那么现在是由美联社代劳了。

哈肯萨克知更鸟的第一声啭鸣,本宁顿枫树叶枝的萌动,锡拉丘兹的大街两旁杨柳的新绿,蓝鸟最初的啁啾,蓝角的天鹅绝唱,圣路易斯的一年一度的旋风,新泽西州庞普顿估计桃子歉收的牢骚,比尔奇沃特车站附近的池塘里又出现了那头每年必来的、瘸了一条腿的野鹅,众议员金克斯在议院挫败了药品托拉斯哄抬奎宁价格的卑劣企图,遭到雷击的第一株高白杨树和在树下躲雨、被震昏的野餐者,阿勒根尼河的解冻,派驻朗德角的记者在苔藓地上发现了一朵紫罗兰——这些报道都是新绿季节的先兆,通过电讯传到了智慧的城市,但是农民除了田野上一片死寂的冬天景色之外,什么也没有见到①。

然而这些只是表面现象罢了。真正的先兆在人们心里,当斯

---

① 本段中的哈肯萨克、本宁顿等都是美国地名。奎宁是治疗疟疾的特效药,而疟疾在美国有"春天的热病"之称,因此作者联想到哄抬奎宁价格。

特雷方要找他的克洛伊,迈克要找他的麦琪①时,春天才算真的来到,报上关于佩蒂格鲁法官的牧场上打死一条五英尺长的响尾蛇的新闻才得到证实。

在第一朵紫罗兰开放之前,彼得斯先生、拉格斯代尔先生和基德先生坐在联合广场的一条长椅上,正在阴谋策划。彼得斯先生是那三个二流子里的达太安②。在公园里任何一条椅子的绿色背景里,他是最邋遢、最懒惰、最可悲的褐色污点。但是,此时此刻,他却是三人中间最重要的。

因为彼得斯太太有一块钱,一张完整的一元钞票,合法的货币,全国通用,可以用来支付各项捐税和公用事业费用。怎么把那一块钱弄到手,就是那三个发霉的剑客正在探讨的题目。

"你怎么知道是一块钱呢?"拉格斯代尔问道,钱数之大使他产生了怀疑。

"送煤工看到她手里的钱,"彼得斯先生说,"她昨天出去帮人家洗了些衣服。你们知道她早饭给我吃什么——一个面包和一杯咖啡,她自己身边却有一块钱!"

"岂有此理。"拉格斯代尔说。

"咱们跑上去,把她打翻,用毛巾堵住她的嘴,把那块钱抢来,怎么样?"基德恶狠狠地建议说,"你总不见得怕一个女人吧?"

"她会大声嚷嚷,害得我们脱不了身,"拉格斯代尔表示异议说,"我不主张在人多嘴杂的地方揍一个女人。"

"诸位先生,"彼得斯先生透过他黄褐色的胡子茬严厉地说,"请记住,你们谈论的是我的妻子。男人不能对一位太太动粗——除非是——"

---

① 斯特雷方和克洛伊,参看第三卷《陀螺》中的《牧场上的波皮普夫人》的注解,迈克和麦琪是美国普通男女的名字。
② 达太安是法国作家大仲马小说《三个火枪手》里的主角。

"麦圭尔,"拉格斯代尔直截了当地说,"已经挂出了卖啤酒的招牌。只要有一块钱,我们就可以——"

"别说啦!"彼得斯先生舐舐嘴唇说,"咱们总得想点法子把那张钞票弄到手,哥儿们。难道一个男子汉的老婆不由他做主?这件事由我来办好啦。我回家去把它弄来。你们在这儿等着。"

"你只要踢她们的肋骨,她们马上就屈服,告诉你钱藏在什么地方,我亲眼见过。"基德说。

"男子汉是不踢妇女的,"彼得斯道貌岸然地说,"稍稍掐住喉咙——只要在气管上来那么一下——马上就见效——并且不露痕迹。你们等着。我准把那块钱弄来,哥儿们。"

彼得斯夫妇住在二马路和河滨之间的一座经济公寓里。他们住的是一间后房,光线那样暗,以致房东收房租时都有点不好意思。彼得斯太太到处找些擦地板、洗衣服的杂活。彼得斯先生五年来没有挣过一文钱,保持着从未打破的纪录。但是作为习惯的动物,他们一直相依为命,分担着彼此的憎恨和怜悯。习惯势力毕竟维持着地球的内聚力,没有让它散成碎片,尽管有人提出一些愚蠢的地心吸力的学说。

体重二百磅的彼得斯太太坐在家里两把破椅子中比较结实的一把上,呆呆地从惟一的那扇窗口望着对面的砖墙。她的眼睛又红又湿润。屋子里的家具早该让收破烂的人运走了,但是白送都没有人要。

门打开后,彼得斯先生进来了。他那双小猎狗似的眼睛流露出一种愿望。妻子的判断确定了愿望来自身体的哪一部分,但是把馋渴错当成了饥饿。

"在天黑之前,你休想再找吃的啦,"她说罢又朝窗外望去,"你趁早带着那张猎狗脸到外面去吧。"

彼得斯先生打量了他们两人之间的距离。假如趁她不备,也许有可能扑到她身上,打翻她,施展他在那两个等待着的伙伴面前夸下海口的揞脖子战术。不错,那只是夸口而已,到目前为止,他始终不敢对她使用粗暴的手段,但是一想到可口爽人的黑啤酒,他便六神不安,几乎要推翻自己那套关于绅士该怎么对待女士的理论了。作为喜欢多用计谋、少动筋骨的懒汉,他先采用了外交手段,打出了一张王牌——装出胜券在握的样子。

"你有一块钱。"他用满不在乎而意味深长的口气说,正如钱财已经唾手可得,点燃一支雪茄时所说的话一样。

"是啊。"彼得斯太太从胸口掏出那张钞票,逗惹似的弄得哗哗直响。

"有人请我到一家——一家茶叶店去干活,"彼得斯先生说,"明天就上工。但是我必须买一双——"

"你撒谎,"彼得斯太太收好钞票说,"没有哪一家茶叶店、旧货铺、废品回收站会要你的。我洗工作服,工装裤,两手的皮都磨破了,好不容易才挣到那一块钱。难道你以为从肥皂泡沫里挣来的钱可以让你去买灌进你肚子的啤酒泡沫吗?去你的!别打那块钱的主意啦。"

显而易见,即使塔列朗①的装腔作势也换不到那块钱了。但是外交手段是巧妙的。彼得斯先生足智多谋的气质拉住了他的半统靴的皮带把他抬到一个新的立足点上。他眼睛里装出百般无奈的伤心神情。

"克拉拉,"他假惺惺地说,"继续挣扎也没用。你一直对我很不理解。老天知道我使尽气力,拼命挣扎,想在不幸的波涛中冒出头来,可是——"

---

① 塔列朗(1754—1838),法国政治家,以纵横捭阖、善使手腕著称,曾任外交部长,代表法国参加1815年维也纳会议。

"别说啦,什么希望的彩虹啦,克服困难走向幸福之岛啦,"彼得斯太太叹了一口气说,"我已经听烦了。壁架上那个空咖啡罐后面有一小瓶石炭酸,去喝个痛快吧。"

彼得斯先生考虑了一会儿。下一步该怎么走呢?老办法已经行不通了。那两个发霉的剑客正在破败的邸宅里苦苦等他——所谓邸宅,就是公园里一张铁腿摇晃的长椅。他的荣誉难以保全了。他答应单枪匹马攻打城堡,带回宝藏来供他们欢饮,给他们慰藉。挡在他和令人垂涎的那块钱之间的只是他的妻子,她以前是个百依百顺的小女人——啊哈!——干吗不再试试呢?以前只要用几句甜言蜜语,就可以像人们所说的那样,把她玩弄于股掌之上。干吗不再试试呢?他有好多年没有试过了。悲惨的穷困和相互的憎恨早就使那些东西消失殆尽。但是拉格斯代尔和基德在等他把那块钱带回去呢!

彼得斯先生朝妻子偷偷地瞥了一眼。她那身没有模样的肥肉溢出了椅子。她神情恍惚而奇特地望着窗外。眼睛红红的,说明她刚哭过。

"不知道什么原因。"彼得斯先生暗忖道。

敞开的窗户外面只见到砖墙和单调光秃的后院。假如吹进来的风不带一丝和煦的意思的话,城里仍是一片仲冬景色,对围攻的春天摆出一副凛然不可侵犯的面孔。但是春天的来到并没有隆隆炮声伴随。她是坑道兵,是地雷手,不容你不投降。

"我得试试。"彼得斯先生扮了一个苦脸,自言自语地说。

他走到妻子身边,伸手搂住她的肩膀。

"克拉拉,亲爱的,"他的声调连一只小海豹都骗不过,"咱们干吗要拌嘴呢?难道你不是我的小亲亲吗?"

彼得斯先生,爱神圣洁的总账上已经有了你不光彩的记录。你的罪名是企图蒙骗、伪造并使用爱神的最圣洁的称呼。

然而,春天的奇迹出现了。春天的先兆从黑墙之间的小胡同里溜进了后屋。看来仿佛可笑,可是——哎,那本来就是一个捕鼠夹,你们,太太和先生,还有我们大家都给夹住了。

又红又胖的彼得斯太太,像尼俄柏或者尼亚加拉①那样涕泗滂沱,伸出双臂一把抱住她的丈夫,软瘫在他身上。彼得斯先生原可以设法把那张钞票从它的存放处掏出来,但是他的胳臂被箍得紧紧的,动弹不得。

"你爱我吗,詹姆斯?"彼得斯太太问道。

"爱极啦,"彼得斯先生说,"不过——"

"你不舒服啦!"彼得斯太太嚷道,"你脸色怎么这样苍白,样子这样乏力?"

"我觉得虚弱,"彼得斯先生说,"我——"

"哎,等一会儿,我知道是什么道理。等一会儿,詹姆斯。我马上就来。"

临去之前,彼得斯先生的妻子又搂了他一下,劲道之大使他想起了可怕的土耳其人。她随即匆匆跑出房间,下了楼。

彼得斯先生把两手的大拇指勾住背带。

"行啦,"他向天花板吐露说,"我把她骗上手啦。没想到我老婆心肠居然这么软。嘿,先生,我岂不是下西区的克劳德·梅尔诺特②?我现在十拿九稳,准能把那块钱弄到手。不知道她出去干什么。大概是去告诉二楼的马尔登太太,说我们又和好如初了。我得记住。没用的东西!基德还说要揍她呢!"

---

① 尼俄柏,希腊神话中人物,尼俄柏育有七子七女,嘲笑只有一子一女的拉东娜,拉东娜的子女把尼俄柏的子女全部杀死,尼俄柏悲恸而绝,化为一块终年滴水的岩石。尼亚加拉是美国东北部的大瀑布。
② 克劳德·梅尔诺特,英国作家利顿所著《利昂夫人》中的人物,他是园丁的儿子,伪装成科莫亲王,赢得了女主角的欢心。

彼得斯太太拿着一瓶菝葜水①回来了。

"幸好我有那一块钱,"她说,"你身子全垮啦,宝贝。"

他一动不动地坐着,被他的有血有肉的春天女神镇住了。

春天来了。

拉格斯代尔先生和基德先生口干唇焦,坐立不安地待在联合广场的长椅上,等着达太安和他的那块钱。

"我一开始就该掐她的脖子。"彼得斯先生暗忖道。

---

① 菝葜是一种藤本植物,根茎入药,有祛风湿、解毒等作用,有些汽水中含有此成分。

汽车等待的时候

黄昏刚降临,穿灰色衣服的姑娘又来到那个安静的小公园的安静的角落里。她坐在长椅上看书,白天还有半小时的余辉,可以看清书本上的字。

再说一遍,她的衣服是灰色的,并且朴素得足以掩盖式样和剪裁的完美。一张大网眼的面纱罩住了她的头巾帽和散发着安详恬静的美的眼睛。昨天同一个时候,她也来到这里,前天也是这样;有个人了解这个情况。

了解这个情况的年轻人逡巡走近,把希望寄托在幸运之神身上。他的虔诚得到了回报,因为她翻书页的时候,书从她手里滑下来,在椅子上一磕,落到足足有一码远的地方。

年轻人迫不及待地扑到书上,带着公园里和公共场所司空见惯的神情把它还给它的主人,那种神情既殷勤又充满希望,还掺杂一些对附近那个值勤警察的忌惮。他用悦耳的声调冒险说了一句没头没脑的关于天气的话——那种造成世间多少不幸的开场白——静静地站了一会儿,等待着他的运气。

姑娘从容不迫地打量了他一下,瞅着他那整洁而平凡的衣服和他那没有什么特殊表情的容貌。

"你高兴的话不妨坐下,"她不慌不忙地说,声调低沉爽朗,"说真的,我倒希望你坐下来。光线太坏了,看书不合适。我宁愿聊聊天。"

"你可知道,"他把公园里的主席们宣布开会时的老一套搬出来说,"我很久没有看到像你这样了不起的姑娘啦。昨天我就注意到了你。你可知道,有人被你那双美丽的眼睛迷住了,小姐儿?"

"不论你是谁,"姑娘冷冰冰地说,"你必须记住我是个上等女人。我可以原谅你刚才说的话,因为这类误会在你的圈子里,毫无疑问,是并不稀罕的。我请你坐下来,如果这一请却招来了你的'小姐儿',那就算我没请过。"

"我衷心请你原谅。"年轻人央求说。他的得意神色马上让位于悔罪和卑屈。"是我不对,你明白——我是说,公园里有些姑娘,你明白——那是说,当然啦,你不明白,不过——"

"别谈这种事啦,对不起。我当然明白。现在谈谈在这条小路上来来往往,推推搡搡的人吧。他们去向何方?他们为什么这样匆忙?他们幸福吗?"

年轻人立刻抛开他刚才的调情的神情。现在他只有干等的份儿,他捉摸不透自己应该扮演什么角色。

"看看他们确实很有意思,"他顺着她的话说,"这是生活的美妙的戏剧。有的去吃晚饭,有的——呃——到别的地方去。真猜不透他们的身世是怎么样的。"

"我不去猜,"姑娘说,"我没有那样好奇。我坐在这儿,是因为只有在这儿我才能接近人类伟大的、共同的、搏动的心脏。我在生活中的地位使我永远感不到这种搏动。你猜得出我为什么跟你聊天吗——贵姓?"

"帕肯斯塔格。"年轻人回答说。接着,他急切而期待地盼望她自报姓氏。

"我不能告诉你,"姑娘举起一只纤细的手指,微微一笑说,"一说出来,你就知道我的身份了。不让自己的姓名在报刊上出现简直不可能。连照片也是这样。这张面纱和我女仆的帽子掩盖了我的真面目。你应该注意到,我的司机总是在他以为我不留神的时候朝我看。老实说,有五六个显赫的名门望族,我由于出生的关系就属于其中之一。我之所以要跟你说话,斯塔肯帕特先生——"

"帕肯斯塔格。"年轻人谦虚地更正说。

"——帕肯斯塔格先生,是因为我想跟一个普普通通的人谈话,即使一次也好,跟一个没有被可鄙的财富和虚伪的社会地位所玷污的人谈话。哦!你不会知道我是多么厌倦——金钱、金钱、金钱!我还厌倦那些在我周围装模作样的男人,他们活像是一个模子里刻出来的傀儡。欢乐、珠宝、旅行、交际、各式各样的奢华都叫我腻味透顶。"

"我始终有一个想法,"年轻人吞吞吐吐地试探说,"金钱准是一样很好的东西。"

"金钱只要够你过充裕的生活就行啦。可是当你有了几百万、几百万的时候——"她做了一个表示无奈的手势,结束了这句话。"叫人生厌的是那种单调,"她接下去说,"乘车兜风、午宴、看戏、舞会、晚宴,以及这一切像镀金似的蒙在外面的过剩的财富。有时候,我的香槟酒杯里冰块的叮当声几乎要使我发疯。"

帕肯斯塔格先生坦率地显出很感兴趣的样子。

"我有这么一种脾气,"他说,"就是喜欢看书报上写的,或者听人家讲关于富有的时髦人物的生活方式。我想我有点儿虚荣。不过我喜欢了解得彻底一些。我一向有一个概念,认为香槟酒是连瓶冰镇,而不是把冰块放在酒杯里的。"

姑娘发出一连串银铃般的、觉得有趣的笑声。

"你应当知道,"她带着原谅的口吻说,"我们这种饱食终日无所事事的人就靠标新立异来找消遣。目前流行的花样是把冰块放在香槟酒里。这个办法是一位鞑靼王子在沃尔多夫大饭店吃饭时发明的。过不了多久,就会让位给别的怪念头。正如本星期麦迪逊大街的一次宴会上,每位客人的盘子旁边放了一只绿色羊皮手套,以便吃橄榄的时候戴用。"

"我明白啦,"年轻人谦虚地承认说,"小圈子里的这些特殊的花样,普通人是不熟悉的。"

"有时候,"姑娘略微欠身,接受了他的认错,"我是这样想的,假如我有一天爱上一个人的话,那个人一定是地位很低的。一个劳动的人,而不是不干活的懒汉。不过,毫无疑问,对于阶级和财富的考虑可能压倒我原来的意图。目前就有两个人在追求我。一个是某个日耳曼公国的大公爵。我猜想他现在有,或者以前有过一个妻子,被他的放纵和残忍逼得发了疯。另一个是英国侯爵,他是那样的冷酷和惟利是图,相比之下,我宁愿选择那个魔鬼似的公爵了。我怎么会把这些都告诉你的啊,派肯斯塔格先生?"

"是帕肯斯塔格,"年轻人倒抽了一口气说,"说真的,你想象不出你这般推心置腹使我感到有多么荣幸。"

姑娘无动于衷地看看他,那种漠然的眼色正适合他们之间地位悬殊的情况。

"你是干哪一行的,帕肯斯塔格先生?"她问道。

"很低微,但是我希望在社会上混出一个模样来。你刚才说,你可能爱上一个地位卑贱的人,这话可当真?"

"自然当真。不过我刚才说的是'有可能'。还有大公爵和侯爵在呢,你明白。是啊,假如一个男人合我的心意,职业低微也不是太大的障碍。"

"我是,"帕肯斯塔格宣布说,"在饭馆里干活的。"

姑娘稍稍一震。

"不是侍者吧?"姑娘略微带着央求的口气说,"劳动是高尚的,不过——服侍别人,你明白——仆从和——"

"我不是侍者。我是出纳员,就在——"他们面前正对着公园的街上有一块耀眼的"饭店"灯光招牌——"你看到那家饭馆吗,我就在里面当出纳员。"

姑娘看看左腕一只镶在式样华丽的手镯上的小表,急忙站起来。她把书塞进一个吊在腰际的闪闪发亮的手提袋里,可是书比手提袋大多了。

"你怎么不上班呢?"她问道。

"我值夜班,"年轻人说,"再过一小时我才上班。我可不可以跟你再会面?"

"很难说。也许——不过我可能不再发这种奇想了。现在我得赶快走啦。还有一个宴会,之后上剧院——再之后,哦!总是老一套。你来的时候也许注意到公园前面的拐角上有一辆汽车。一辆白色车身的。"

"红轮子的那辆吗?"年轻人皱着眉头沉思地说。

"是的。我总是乘那辆车子。皮埃尔在那里等我。他以为我在广场对面的百货公司里买东西。想想看,这种生活该有多么狭隘,甚至对自己的司机都要隐瞒。再见。"

"现在天黑啦,"帕肯斯塔格先生说,"公园里都是一些粗鲁的人。我可不可以陪你——"

"假如你尊重我的愿望,"姑娘坚决地说,"我希望你等我离开之后,在椅子上坐十分钟再走。我并不是说你有什么企图,不过你也许知道汽车上一般都有主人姓氏的字母装饰。再见吧。"

她在薄暮中迅疾而端庄地走开了。年轻人看着她那优美的身形走到公园边上的人行道,然后在人行道上朝汽车停着的拐角走去。接着,他不怀好意、毫不犹豫地借着公园里树木的掩护,沿着与她平行的路线,一直牢牢地盯着她。

她走到拐角处,扭过头来朝汽车瞥了一眼,然后经过汽车旁边,继续向对街走去。年轻人躲在一辆停着的马车背后,密切注意她的行动。她走上公园对面马路的人行道,进了那家有耀眼的灯光招牌的饭馆。那家饭馆全是由白漆和玻璃装修的,一览无遗,人们可以没遮没拦地在那里吃价钱便宜的饭菜。姑娘走进饭馆后部一个比较隐蔽的地方,再出来时,帽子和面纱已经取下来了。

　　出纳员的柜台在前面。凳子上一个红头发的姑娘爬了下来,露骨地瞅瞅挂钟。穿灰色衣服的姑娘登上了她的座位。

　　年轻人两手往口袋里一插,在人行道上慢慢往回走。在拐角上,他脚下碰到一本小小的、纸面的书,把它踢到了草皮边上。那张花花绿绿的封面使他认出就是那姑娘刚才看的书。他漫不经心地捡起来,看到书名是《新天方夜谭》,作者是斯蒂文森①。他仍旧把它扔在草地上,迟疑地逗留了片刻。然后,他跨进那辆等着的汽车,舒服地往座垫上一靠,简单地对司机说:

　　"俱乐部,昂里。"

---

① 斯蒂文森(1850—1894),英国作家,《新天方夜谭》是一部带有异国情调的惊险浪漫故事集,其中刻意追求新奇和刺激,脱离了现实。

看热闹的喜剧

不管隐喻家们怎么说,你总有希望避开致人死命的见血封喉树的毒气;如果你运气特别好的话,可能把蛇怪①的眼睛打得青肿;你甚至可能避开刻尔柏洛斯和阿耳戈斯②的注意,但是,任何一个人,无论死活,都逃不过看热闹者的眼睛。

纽约是个橡皮城市③。有许多人只顾走自己的路,孜孜为利,从不东张西望,然而,有一批人的生理构造非常特别,像火星上的居民似的,浑身只有眼睛和供以行动的肢体。

这些热衷于看热闹的人,只要发现一件不寻常的事,便争先恐后、气喘吁吁地一下子挤作一团。如果一个工人打开了阴沟盖,一辆街车撞倒了一个北泰利镇④来的人,一个小孩从杂货铺回家,半路上打破一个鸡蛋,一两幢房子陷进了地下铁道,一位太太的手袋里掉出一枚镍币,警察局从易卜生学会的阅览室里查抄出了电话和赛马表,参议员台彪⑤或者楚克·康纳斯出来呼吸呼吸新鲜空气——如果出了这些事情或者意外,你准会看到那批看热闹的人

---

① 蛇怪,传说是一瞪眼就会致人死命的蛇。
② 刻尔柏洛斯,希腊神话中冥府的守门狗,蛇尾三首,长年不眠;阿耳戈斯,希腊神话中的百眼巨人。
③ 本篇中"看热闹者"原文是 rubberer。美国俚语 rubber-neck(橡皮脖子),指喜欢伸长脖子、东张西望的人,所以下文有"纽约是个橡皮城市"之说。
④ 北泰利镇,纽约北面的村镇。
⑤ 台彪(1834—1928),美国律师,善于演讲,1899—1911 年兼任参议员。

城 市 的 声 音

发狂似的、不可阻挡地向现场奔去。

事情的重要与否,倒没有多大关系。他们注视的对象不管是歌剧女演员,还是涂刷肝气丸药广告的男人,他们都是兴致勃勃、全神贯注。他们会在一个畸形足的人身边密密层层地围起来,正如在一辆发生故障的汽车旁边围起来一样。他们有看热闹的狂热。他们是贪看无厌的人,靠同胞们的不幸自娱自乐。他们像暴眼睛的鲈鱼瞅着灾祸的鱼饵一般,睁着眼睛冷看着、注视着、瞪视着、斜视着、凝视着。

照说,爱神一定以为这些贪看的吸血蝙蝠太冷漠了,绝不是他热箭底下的猎物,可是即使在原生动物中间,我们可曾找到一个不为爱情所动的例外?是啊,美丽的浪漫史降临到这样的两个人身上,当他们挤在一个被啤酒车撞倒的、趴在地下的人旁边时,他们的心里产生了爱情。

威廉·普莱第一个赶到了出事地点。他在这种场合可算是老手了。他眉宇之间带着喜不自胜的神情,俯视着那个横遭不幸的人,像是欣赏最美妙的音乐似的听着他的呻吟。赶上蜂拥而来的旁观者密密层层地围成一个圆圈的时候,威廉看到对面的人群里起了一阵剧烈的骚动。在一个挤进来看热闹的人的撞击之下,人们像保龄球的球柱一般,纷纷倒开,仿佛被旋风刮过似的。维奥莱·西摩借重了肘拐、阳伞、帽针和指甲,在看热闹的人群中硬挤到了第一排。她冲到当中时,平时在黑人区五点三十分一班快车里都能抢到座位的壮健的男人们,都像小孩那样跟跟跄跄倒退。两位看过洛克斯堡公爵的婚礼,往往阻塞了第二十三街交通的胖太太,碰到维奥莱也只好认输,罩衫撕破,退居二线了。威廉·普莱一见就爱上了她。

救护车把那失去知觉的爱神的中介人弄走了。人群散去之后,威廉和维奥莱还迟迟不走。他们是地道的看热闹者。那些随着救护车离开出事地点的人,他们的脖子还没有真正进化为橡皮。只有事后细细琢磨——冷眼观察现场,牢牢盯住对面的房屋,带着比抽鸦片的人的销魂感觉更细腻的幻想在那里久久徘徊——才能体会到那件事的微妙美好的滋味。威廉和维奥莱都是事故的行家,他们懂得怎么从每一件事故中汲取充分的享受。

没多久,他们便互相看着。维奥莱的脖子上有一块半元银币大小的褐色痣。威廉的眼光落到了那上面。威廉·普莱的两条腿罗圈得有点过分。维奥莱便目不转睛地盯着它们。他们就这样面对面站了一会儿,你看着我,我看着你。礼节不允许他们开口交谈,但是橡皮城市里允许人们坚定不移地盯着公园里的树和同胞们的生理缺陷。

他们终于叹着气分开了。爱神充当了啤酒车的驾驶人,碾断一条腿的轮子把两颗钟情的心连了起来。

男女主人公再次见面的时候,是在百老汇路附近一道篱笆前面。那天很令人失望。街上没有打架,孩子没有滚到车轮底下,瘸腿和穿着便服的胖子没有露面,谁也没有踩到香蕉皮或因为心脏病突发而倒下来的倾向。甚至那个从印第安纳州科科莫来的、自称是前任市长罗①的表亲的、从马车窗口撒镍币的家伙也没有出现。没有什么可看的,威廉·普莱有无聊的预感。

突然,他发现一块广告牌前聚集了一大群争先恐后、乱推乱挤的人。他赶忙冲上去,撞倒了一位老太太和拿着一瓶牛奶的小孩,然后像恶魔附身似的挤进围观的人群。维奥莱·西摩早已在里面了,她挤丢了一条袖管、两颗金牙,胸衣的钢丝骨戳了出来,扭伤了一个手腕,但是很愉快。她正在看可以看的东西。一个人在篱笆

---

① 罗(1850—1916),美国商人,1882—1886 年任布鲁克林市长,1901—1903 年任纽约市市长。

上漆着:"请吃小方饼干——包你长胖。"

维奥莱看到威廉·普莱时面孔一红。威廉戳了一个穿黑绸外套的女人的肋骨,踢了一个孩子的胫骨,打了一个老先生的左耳,总算挤近维奥莱身边。他们站了一个小时,看那个人漆字。这时候,威廉再也不能遏制自己的爱情了。他碰碰她的胳臂。

"跟我来,"他说,"我知道一个擦皮鞋的小伙子没有喉结。"

她羞答答地抬眼看看他,无可置疑的爱情改变了她的容貌。

"你是不是特地留给我看的?"她问道,受到爱怜的女子初次感到的欣喜使她微微颤抖。

他俩一起赶到擦皮鞋的摊子那儿。他们又花了一小时观看那个畸形的小伙子。

一个擦玻璃的工人从五层楼摔到他们身边的人行道上。救护车当啷当啷地驶来时,威廉快活地捏捏她的手。"至少断掉四根肋骨,并且是粉碎性骨折,"他飞快地悄声说,"你遇到我不会后悔吧,是吗,最亲爱的?"

"我吗?"维奥莱说着也捏了他一下,"当然不后悔。我整天跟你一起看热闹都行。"

这件浪漫史的高潮是几天以后来到的。读者也许会记得,爱丽莎·简,一个黑种女人,接到法院传票时是怎么闹得满城风雨的吧。这批看热闹的人在当地扎了营。威廉·普莱等在爱丽莎·简住所对面的马路上,亲自在两只啤酒桶上搭了一块木板。他和维奥莱在那里坐了三天三夜。之后,有一个侦探来开门,送达传票。他弄来了一架电影放映机,引开群众,才完成了任务。

如此意气相投的两个人不可能久久分开的。那天晚上,巡夜的警察把他们赶跑时,他们便订下了海誓山盟。爱情的种子播种得很好,并且茁壮有力地长成了——就说是橡皮树吧。

威廉·普莱和维奥莱·西摩的婚礼预定在六月十日举行。区中心的大教堂堆满了鲜花。世界各地为数众多的看热闹者碰到婚礼时最起劲了。他们是教堂座位上的悲观主义者。他们喜欢挖苦新郎,嘲弄新娘。他们跑来取笑你的婚礼,万一你跨上死亡的白马,从婚礼之塔逃跑,他们照样会来参加你的葬礼,并且坐在同一个教堂座位上,为你的命运哀悼。橡皮是有伸缩性的。

教堂里灯光明亮。一条斜纹绸的地毯从马路一直铺到人行道前面。女傧相们互相拍着斜束在胸前的饰带,议论着新娘的雀斑。马车夫们在鞭子上扎了白缎带,抱怨喝酒间歇的时间是那么长。牧师盘算着可能到手的费用,合计着是不是够他替自己买一套新的黑呢子衣服,替他的妻子买一幅劳拉·简·里贝①的照片。是啊,爱神在空中飞翔。

教堂外面,哦,弟兄们啊,看热闹的大众像浪涛似的汹涌起伏。他们分成两堆,以当中的斜纹绸地毯和手持木棍的警察为界。他们像牲口那样拥挤着,互相推打、倾轧、践踏、前俯后仰,只为了看那个披白纱的姑娘怎么取得在一个男人睡着时搜他口袋的权利。

预定举行婚礼的时辰到了又过了,新娘新郎却没有来。不耐烦的感觉让位于惊惶,惊惶引起搜寻,可是寻不到新娘新郎。于是两个高大的警察插手干涉了,从狂暴的看客们中间拖出一个挤扁踩烂的不成人形的家伙,在他的坎肩口袋里找出一枚结婚戒指,又拖出一个硬往地毯边上挤的衣服撕破、浑身是伤、吵吵闹闹、歇斯底里的女人。

威廉·普莱和维奥莱·西摩,作为习惯的动物,参加了旁观者的热火朝天的游戏,他们抵拒不了那个压倒一切的诱惑,想看看他们自己作为新娘和新郎怎么走进摆满玫瑰的教堂。

橡皮也有磨损的时候。

---

① 劳拉·简·里贝(1862—1924),美国通俗小说作家。

一 千 元

"一千元,"托尔曼律师郑重其事地重复了一遍,"钱在这儿。"

年轻的吉廉摆弄着那叠薄薄的、每张面额为五十元的新钞票,觉得十分有趣地笑了一声。

"这笔数目确实让人为难,"他和蔼地向律师解释说,"如果是一万元的话,可以买许多焰火,风光一番。如果是五十元的话,可以省却不少麻烦。"

"我刚才宣读你伯父的遗嘱,你都听到了,"托尔曼律师声调平淡地说,"不知道你有没有注意细节。我必须提请你注意其中一点。你花完了这一千元后,必须向我们说明花费的方式。遗嘱是这样规定的,我相信你一定能执行已故的吉廉先生的遗愿。"

"你放心好啦,"年轻人有礼貌地说,"尽管那可能增加开支。也许我得请一个秘书,我在账目方面不很在行。"

吉廉到他的俱乐部,找到一个他称之为老布赖森的人。

老布赖森四十岁,性情孤僻。他坐在一个角落里看书,见到吉廉进来,叹了一口气,放下书,摘掉眼镜。

"老布赖森,醒醒,"吉廉说,"我有一件好笑的事要讲给你听。"

"我希望你去讲给弹子房里的人听,"老布赖森说,"你知道我最不爱听你讲的事情。"

"这件事不比寻常,"吉廉一面卷烟,一面说,"我乐意讲给你听。这件事既伤心又好笑,同卡嗒卡嗒的弹子碰撞声不协调。我刚从先伯父的法律事务所来。他遗赠给我整整一千元。你说一千元钱能办什么事?"

"我认为,"老布赖森像闻到醋瓶的蜜蜂那样一点不感兴趣,"塞普蒂默斯·吉廉生前的财产有五十万元左右。"

"确实如此,"吉廉快活地说,"笑话就出在这里。他把他的全部财产遗留给一个微生物。也就是说,他指定,把部分财产给一个发现一种细菌的人,其余的用来建一所医院,再把那种细菌消灭掉。另外还有几笔小小不言的遗赠。男女管家各得一枚印章戒指和十元钱。他的侄子得一千元。"

"你以前的钱一直很富裕。"老布赖森说。

"花不完,"吉廉说,"就津贴来说,伯父相当慷慨。"

"有没有别的继承人?"老布赖森问道。

"没有。"吉廉皱着眉看看烟卷,不安地用脚踢踢皮沙发,"有一个海登小姐,受伯父监护,住在他家。一个文静的姑娘,喜爱音乐,她的父亲生前是伯父的朋友,不过做他的朋友并不走运。我忘了告诉你,海登小姐也包括在印章戒指和十元钱的玩笑里面。我倒希望我也这样。那一来,我用十元钱买两瓶酒,把戒指给侍者当作小费,这件事就彻底解决了。老布赖森,不要自命清高,别说不中听的话——告诉我一千元可以派什么用处。"

老布赖森擦擦眼镜,微微一笑。吉廉知道,老布赖森微笑时说的话比平时更损人。

"一千元钱,"他说,"说多也多,说少也少。一个人用它可以建立一个幸福家庭,嘲笑洛克菲勒。另一个人可以让他害病的妻子到南方去住,救她一命。一千元钱用来买牛奶的话,可以供一百个婴儿喝六、七、八三个月,救五十个婴儿的命。在一家豪华赌场里玩牌九,够你消遣半个小时。它可以给一个有上进心的年轻人提供受教育的机会。我听说昨天有人在拍卖行里出一千元买到一幅科罗①的真迹。你用这笔钱可以搬到新罕布什尔镇过两年体面的生活。你可以把麦迪逊广场花园租一个晚上,向听众发表演说,谈谈假定继承人这一行业的不可靠性,如果有人愿意听的话。"

"老布赖森,你平时少讲一些大道理,"吉廉几乎不生气地说,"人们或许会喜欢你。我问你的是一千元可以办什么事。"

"你吗?"布赖森轻轻一笑说,"哎,鲍勃·吉廉,你只有一件合乎逻辑的事可做。你可以用那笔钱买一件钻石首饰送给洛塔·劳丽埃小姐,自己到爱达荷州去办个牧场。我建议办牧羊场,因为我特别不喜欢羊。"

"多谢啦,"吉廉站起来说,"我找你找对了,老布赖森。你出了一个好主意。我要把这笔钱一次花掉,因为我要报账,我不喜欢列明细表。"

吉廉打电话要了马车,对车夫说:

"去科伦班剧院边门。"

洛塔·劳丽埃小姐正往脸上扑粉,准备日场演出,她的服装师通报说吉廉先生来访。

"让他进来,"劳丽埃小姐说,"有什么事,鲍勃?我两分钟后就要上场。"

"右耳那里再扑些粉,"吉廉挑剔地说,"这就好多了。我用不了两分钟。你喜不喜欢项链之类的首饰?我买得起一件三位数的玩意儿。"

"哦,照你说的办。"劳丽埃小姐满心欢喜地说。

"我的右手手套,亚当斯。嗨,鲍勃,你看到德拉·斯坦西那晚戴的项链吗?蒂法尼首饰店里卖二千二百元。当然啦——亚当

---

① 科罗(1796—1875),法国画家。他画的风景雾气和阳光有动态效果。

斯,把我的腰带往左拉一拉。"

"劳丽埃小姐合唱上场!"外面在招呼演员了。

吉廉走到马车等他的地方。

"如果你有了一千元,你打算怎么办?"他问马车夫。

"开一家酒馆,"马车夫立刻回答,"我知道一个地点,可以大把大把地赚钱。街角上一幢四层楼的砖砌房子。我已经策划好了。二楼——小吃杂烩;三楼——理发修指甲;四楼——赌场。如果你打算投资——"

"哦,不,"吉廉说,"我只是好奇问问罢了。我按钟点包你的车子。你只顾往前走,我让你停的时候再停。"

马车在百老汇路上行驶了八个街口之后,吉廉用手杖捅捅车顶的小窗,下了车。一个盲人坐在人行道上的小凳子上卖铅笔。吉廉站到他面前。

"对不起,"他说,"你可不可以告诉我,假如有了一千元钱,你打算做什么?"

"你是从刚过去的马车里下来的吧,是吗?"盲人问道。

"是的。"吉廉说。

"我想你境况大概不坏,"铅笔小贩说,"白天也乘马车。你高兴的话,不妨看看这个。"

他从上衣口袋里掏出一个小本子,递了过来。吉廉打开一看,发现那是一本银行存折。盲人的存款余额有一千七百八十五元。

吉廉把存折还给他,回到马车上。

"我忘了一件事,"他说,"你把我送到百老汇路上的托尔曼-夏普法律事务所。"

托尔曼律师从金丝边眼镜里投出敌意和询问的眼光。

"请原谅,"吉廉快活地说,"我可不可以问一个问题?我希望不是太冒昧。我伯父的遗嘱里除了戒指和十元钱以外有没有给海登小姐别的东西?"

"什么都没有。"托尔曼先生说。

"非常感谢,先生。"吉廉说着又出去上了马车。他把已故的伯父的地址告诉了车夫。

海登小姐在书房里写信。她身材娇小,穿着黑色的丧服。但是你会发现她看到吉廉时眼睛里的喜悦。吉廉带着对一切世事满不在乎的神情走了进去。

"我刚从老托尔曼那儿过来,"他解释说,"他们在查阅文件,发现了"——吉廉在记忆中寻找一个法律术语——"遗嘱的一个修正或者补遗或者什么。老头儿似乎经过重新考虑,松了手,遗赠给你一千元。我正好要乘车路过这里,托尔曼请我把钱带给你。钱在这儿。你最好点一点数,看看对不对。"吉廉把钱放在她手边的桌子上。

海登小姐脸色白了。"哦!"她脱口说,接着又是一声"哦!"

吉廉侧过身子,望着窗外。

"当然,我想,"他低声说,"你知道我爱你。"

"真对不起。"海登小姐拿起她的钱说。

"难道不行吗?"吉廉几乎是轻松地说。

"真对不起。"她又说了一遍。

"我可以写张便条吗?"吉廉笑着问道。他在书房的大桌子旁边坐下。她给了他纸笔,回到她自己的书桌旁边。

吉廉写了那一千元的用途:

"为了世上最好最可爱的女人的永恒幸福,上天应付的一千元整,已由败家子罗伯特·吉廉付讫。"

他把便条放进信封,欠身致意,自顾自走了。

他的马车又停到托尔曼-夏普事务所门前。

"我已经花了那一千元钱,"他对戴金丝边眼镜的托尔曼说,

"现在按照我的承诺来报账。这几天已经有点夏天的意思了,托尔曼先生,你说呢?"他把一个信封扔到律师的桌子上。"那里面有个备忘录,说明那些钱是怎么消失的。"

托尔曼没有碰信封,先走到门口,把他的合伙人夏普叫来。他们两人在一个大保险柜里找了一会儿,拿出一个用火漆封口的大信封。他们打开信封,一起摇头晃脑地查看里面的文件。托尔曼开始发言。

"吉廉先生,"他一本正经地说,"你伯父的遗嘱有个附录。你伯父私下托付我们,等你向我们详细说明你如何处理遗赠的一千元以后才能启封。你已经履行了条件,我的合伙人和我看了附录。我不打算用法律术语让你多伤脑筋,只是告诉你附录的精神实质。

"假如你处理那一千元的方式表明你具备任何值得奖赏的条件,你将获得极大的利益。夏普先生和我被指定为裁判,我向你保证,我们将十分公正——而且光明磊落地履行我们的责任。吉廉先生,我们对你并没有成见。不过我们还是回到遗嘱附录的条文上来吧。假如你处理那笔款子的方式是审慎、明智或者无私的,我们就有权把由我们保管的、专为此用的价值五万元的证券交付给你。但是,我们的委托人、已故的吉廉先生明确规定,如果你像过去那样——我引用已故的吉廉先生的原话——同声名狼藉的朋友以应该受到谴责的方式花掉了那笔钱,那五万元就立刻交付给已故的吉廉先生所监护的米里亚姆·海登小姐。夏普先生和我将检查那一千元的用途,我想你已经做了文字记录。我希望你能信任我们的决定。"

托尔曼先生伸手去取信封。吉廉抢在他前面拿了起来。他不慌不忙地把账目连同信封撕成长条,放进自己的口袋。

"没关系,"他面带笑容地说,"你们没有必要在这件事上费心了。我想你们不一定看得明白赌注的细目。我在赛马场输掉了那一千元钱。再见了,两位。"

　　吉廉离开后,托尔曼和夏普对瞅着伤心地摇摇头,因为他们听到吉廉在门厅里等电梯时开心地吹着口哨。

城市的挫败

罗伯特·沃姆斯利经过艰苦奋斗，进入了这个城市。他终于站稳了脚跟，获得了财富和声誉。从另一方面说，他被城市吞没了。城市给了他所要求的东西，然后在他身上打下烙印，把他修修剪剪，重新塑造成它认可的模式。它为他打开了社交界的大门，把他同一群精选的反刍动物一起关在修剪平整的草坪上。他在衣着、习惯、举止、地方主义、常规和狭隘方面，都取得了使曼哈顿绅士显得既伟大又渺小的那种可爱的傲慢、恼人的完美、精明的天真和过分的平衡。

纽约州北部的一个小县骄傲地指出，这位大城市的成功的律师是他们那片土地的产物。六年前，当沃姆斯利老头的雀斑脸的"鲍勃"离开只有一匹马和一日三餐的农场，前往那个热闹非凡的、随时供应快餐的大城市时，小县取下被浆果汁水染红的牙齿咬着的麦秆，发出带有田园风味的取笑。六年后，罗伯特·沃姆斯利的名字无人不晓，谋杀案审判、交通事故或者沙龙舞会没有他出场就不够完整。裁缝在街上守候他，偷学他笔挺的裤子的剪裁新式样。俱乐部里的移民暴发户和古老家族的成员都乐于拍拍他的后背，同他套近乎。

但是，罗伯特·沃姆斯利成功的顶峰是在和艾丽西亚·范·德·普尔结婚之后才达到的。我之所以说顶峰，是因为那个古老家族的女儿就像顶峰那般高寒，洁白，难以企及。绵亘在她周围的仿佛是社交界的阿尔卑斯山脉,千百个登山者努力攀登过那些寒冷的隘口,只到达她的膝下。她在自己的氛围中巍然耸立,宁静、高洁、骄傲,她不蹚喷水池,不饲养猴子和参加宠物展览的狗。她是范·德·普尔家族的成员。喷水池只供她观赏,猴子是别人的祖先,至于狗呢,据她理解,是为了导引盲人和陪伴那些抽烟斗的讨厌的人物而创造的。

这就是罗伯特·沃姆斯利攀登的顶峰。如果他像那位跛腿鬈发的优秀诗人①一样,领悟到登上山顶的人只发现大多数山峰都在云雾和冰雪围绕之中,他就会把冻疮隐藏在勇敢和微笑的外表下面。他知道自己是个幸运儿,即使他学那个斯巴达小伙子把制冰淇淋器放在马甲里的心口。

经过短暂的国外旅行之后,这对新婚夫妇回到纽约,在上层社会平静的水塘里激起了漪涟(那个水塘是如此平静、清凉,没有阳光)。他们的红砖砌的邸宅坐落在一个仿佛是逝去辉煌的墓地的老广场边,他们在那带有往昔荣光的老宅里招待亲友。罗伯特·沃姆斯利为他的妻子自豪,虽然他一手同宾客们相握时,另一手却紧紧握着登山杖和温度计。

一天,艾丽西亚看到罗伯特的母亲写给他的一封信。那封信没有什么大学问,谈的都是庄稼、母爱和农场的情况。它详细记录了猪和小红牛崽的健康状况,同时询问了罗伯特的健康。它直接来自家乡,散发着泥土气息,充满了蜜蜂的传记、萝卜的故事、新下鸡蛋的赞歌、遭到冷落的父母的惦记和苹果干价格的下跌。

"你以前为什么不把你母亲的信给我看?"艾丽西亚问道。她的声调里有某些东西老是让你联想到长柄的观剧望远镜、蒂法尼首饰店的账单、在道森到四十里铺小径上滑行的雪橇、祖母的枝形

---

① 指英国诗人拜伦(1788—1824)。

烛架悬挂下来的棱晶的叮咚声、修道院屋顶上的积雪、警官拒绝保释的语调。"你的母亲,"艾丽西亚接着说,"请我们去农场小住。我从没有见过农场是什么样的。我们去那里待一两个星期。"

"我们去,"罗伯特带着陪审大法官在某个问题上取得一致意见的气派说,"我没有给你看这封信,是因为我认为你不一定愿意去。你的决定使我觉得十分高兴。"

"我亲自给她去信,"艾丽西亚略感兴趣地说,"我吩咐费利斯立刻替我收拾箱子。七个箱子大概够了。我想你母亲不常请客吧。她常在家里举行招待会吗?"

罗伯特站起来,以乡下律师的身份对七个衣箱中的六个提出了异议。他试图界定、描述、阐明、介绍和形容农场的模样。他觉得自己的话听来十分陌生。他没有想到自己竟然如此彻头彻尾地都市化了。

一星期后,他们在离城五小时路程的一个乡村车站下了车。一个驾着骡子拉的四轮货车的笑嘻嘻的小伙子拉开嗓门招呼罗伯特。

"哈啰,沃姆斯利先生。你终于找到了回家的路,是吗?对不起,我没能用汽车来接你们,因为老爸今天要用它犁那十英亩的苜蓿地。我没有穿晚礼服来见你们,想必你能原谅——你知道,还不到六点钟呢。"

"我看到你真高兴,汤姆,"罗伯特抓住弟弟的手说,"是呀,我找到了回家的路。你有权说'终于'。我两年多没有回家了。不过以后会来得勤一些,孩子。"

艾丽西亚从火车站出来,她穿着白色的薄棉布衣服,撑着白色的花边阳伞,活像是个北欧雪人,在暑热中又像是南极的雾气那样使人眼目清凉。穿着蓝色工装裤的汤姆一下子看傻了眼,赶车回家时,除了对骡子吆喝外再也没有别的言语。

在回家的路上,低垂的太阳在麦田洒下一派金光。城市已经离得很远了。道路在树林、洼地和山岗之间蜿蜒曲折,像是粗心大意的夏姑娘遗忘的长袍上的丝带。风声像是跟在太阳神马车后面的小马驹的嘶叫。

不一会儿,树丛中露出灰色的农场主宅,他们看到两旁栽着核桃树的长长的小径从大路一直通向主宅,他们闻到野玫瑰的芳香和小河床上柳树的阴凉潮湿的气息。土地的声响纷至沓来一起向罗伯特·沃姆斯利的心灵歌唱。幽暗树林通道里传来空洞的回响,晒干的草丛里发出昆虫的唧唧声,小河津渡的漪涟上有禽鸟的啭鸣,牧场上飘来畜牧神潘的清晰的排箫音符,徐缓的牛铃声形成朴质的伴奏——每一种声音仿佛都在说:"你终于找到了回家的路,是吗?"

土地古老的声音对他说话。树叶、花蕾和花朵以他无忧无虑的青年时期的老词汇同他交谈——无生命的事物、熟悉的石头和栏杆、农场大门、垄沟、屋顶和道路的拐弯处仿佛都有滔滔不绝的话要说。家乡的土地向他微笑,他感觉到了它的气息,他的心一下子回到了他旧时的所爱。城市离得很远了。

罗伯特·沃姆斯利被这种乡村的返祖情结迷住了。他发现与之相关的一件怪事是坐在他身边的艾丽西亚突然好像变成了一个陌生人。她不属于这个回归状态。她以前从没有像现在这么遥远、这么没有倾向性和超脱——这么不可捉摸和不真实。然而,她在摇晃的马车上坐在他身边,同他的情绪和她的环境十分协调,正如顶峰同一个农民的菜圃十分协调一样,他对她的爱慕也超过了以往任何时候。

当天晚上,寒暄和晚饭结束后,全家人,包括那条名叫巴夫的黄狗,聚在屋前的游廊上。艾丽西亚穿着一件浅灰色的茶会服坐在荫处,默默不语,但并不显得高傲。罗伯特的母亲快活地告诉她桔子糖浆的做法和自己的腰痛毛病。汤姆坐在台阶的最高一级，两个妹妹，米利耶和帕姆，坐在最低一级捉萤火虫。妈妈坐柳条摇椅。爸爸坐那张缺了一个扶手的大扶手椅。巴夫趴在游廊中央，碍所有人的事。黄昏的小精灵偷偷地溜出来，在罗伯特心中勾起生动的回忆。乡村的疯狂侵入他的心灵。城市离得很远。

爸爸出于礼貌，没有抽烟斗，穿着笨重的长靴坐得很不舒服。罗伯特嚷了起来："不，你何必呢！"他取了烟斗回来，给老爷子点上，又帮他去脱长靴。脱第二只靴子时，突然一滑，华盛顿广场的罗伯特·沃姆斯利先生仰天一跤，倒在游廊上，吓得巴夫汪汪乱叫。汤姆挖苦地哈哈大笑。

罗伯特脱掉上衣和坎肩，把它们扔到一丛丁香花上。

"过来，你这个陆地水手，"他朝汤姆嚷道，"我要让你背上沾满草籽。你刚才不是叫我'花花公子'吗？你过来试试'花花公子'的厉害。"

汤姆了解邀请的意思，高兴地接受了。他们像摔跤场上的选手那样在草坪上使出了"握臂抱身摔"。三个回合中间，汤姆两次被那杰出的律师摔倒在地。两人头发零乱，气喘吁吁地回到游廊上，都吹嘘自己的本领。米利耶对城里来的哥哥说了一句不中听的话。罗伯特随即捉了一个丑陋的蝈蝈儿，拿在手里吓唬她。她尖叫着向小径跑去，哥哥紧追不舍。他们跑了好长一段路才回来，她向胜利的"花花公子"连连赔不是。乡村的狂热牢牢地控制了他。

"我能把你们这些慢手慢脚的草籽统统累垮，"他洋洋得意地说，"把你们的斗犬、长工、短工都叫来我也不怕。"

他在草地上翻筋斗，又引起汤姆欣羡的挖苦。接着，他大喊一声，颠颠地跑到主宅后面，把黑种老家人艾克大叔连同他的班卓琴拉来，他在游廊上撒了一些沙子，跳起"面包盘上的小鸡"和别的土风舞,足足折腾了半小时。他干了许多难以想象的喧闹撒野的事。他唱歌,讲笑话,害得大家(除了艾丽西亚以外)都笑得前仰后合,他模仿庄稼汉的滑稽样子,过去的生活在他血液中苏醒了,使他简直像疯了似的。

他闹得太过分了,以至有一次他母亲轻声责备他。艾丽西亚挪动了一下,仿佛要说话,但没有开口。在此期间,她一直端坐着,在暮色中像是一个谁都捉摸不透的纤细的白色精灵。

过了一会儿,她起身告退,说是有点累,想上楼去自己的房间。她经过罗伯特身边。罗伯特站在门口,头发蓬松,面孔通红,衣服乱得不可原谅,似乎成了滑稽戏里的人物——俱乐部会员和精英圈子里的人物、无懈可击的罗伯特·沃姆斯利已经没有了踪影。他用一些器皿在变戏法,全家都带着崇拜的神情看着他,为他的魅力所倾倒。

艾丽西亚经过他身边时,罗伯特突然一惊。他忘了她在场。她看也不看他,自己上楼去了。

此后,嬉闹平息下来。大家又聊了一个小时,罗伯特也上了楼。

他进房间时,艾丽西亚站在窗前。她仍穿着刚才在游廊上的衣服。紧挨着窗外的是一株巨大的、鲜花盛开的苹果树。

罗伯特叹了一口气,向窗前走去。他做好了面对命运的准备。他泄露了俗人的本色,预见到了那个安静的、穿白衣服的人的判决。他知道一个严格的范·德·普尔家族的成员将会做出什么评价。他是一个在河谷胡闹的村夫,肯定会招来那个纯洁、寒冷、白雪未融的顶峰的鄙视。他自己的行为揭露了他的真面目。城市赋予他的修养、稳重和形式像不称身的罩衣一样,经乡村的风一吹,荡然无存。他默默地等候即将到来的谴责。

"罗伯特,"那个判断他的冷冷的声音说,"我原以为和我结婚的是一位绅士。"

是啊,终于来了。然而,即使在这一关头,罗伯特·沃姆斯利仍旧热切地望着苹果树的一根枝柯,他以前就是从窗口出去爬树的。他相信他现在也办得到。他不知道那株树究竟开了多少花——有一千万朵吗?那人又说话了:

"我原以为和我结婚的是一位绅士,"那声音接着说,"但是——"

"但是我发现和我结婚的人"——那是艾丽西亚在说话吗?——"比绅士更好——是个真正的人——鲍勃,亲爱的,吻我一下好吗?"

城市离得很远很远。

命运的震荡

公园,甚至那些把公园当作私人公寓的流浪汉中间,有一个贵族阶层。瓦兰斯与其说是了解这一点,不如说是感觉到了,但是当他从他的世界里出来,踏进混乱中的时候,不由自主地直接来到麦迪逊广场。

在绽出新绿的树木间,年轻的五月像老派的女学生似的羞涩而拘谨地呼吸着。瓦兰斯扣好上衣的纽扣,点燃剩下的最后一支香烟,坐在长椅上。他为他最后一千元钱里的最后一百元惋惜了三分钟,他最后一次开汽车兜风时,同那个骑自行车的警察发生了一些争执,结果被罚了一百元。现在他摸遍了所有的口袋,一枚小钱都没有找到。当天早晨,他退掉了公寓。他的家具抵了一些欠账。他的衣服,除了身上穿的以外,都给了男仆顶替拖欠的工资。他坐在公园长椅上,整个城市没有供他睡觉的床,让他吃的烤龙虾,没有车钱,也没有插在纽孔里的康乃馨,除非他编个借口向朋友借钱。因此,他选择了公园。

这一切都因为他的伯父取消了他的继承权,把原先很宽裕的津贴削减到零。起因则是侄子在一个姑娘的问题上不肯按照伯父的旨意行事——姑娘不会在这篇故事里出现,因此喜欢刨根究底的读者大可不必再看下去。还有一个侄子,属于家族的另一个支系,一度有希望做继承人,但后来失宠,很久以前就不知下落。现在经过拉网式的查寻,找到了他,准备恢复他的权利。于是,瓦兰斯像卢西弗①似的从天国坠落到坑中极深之处,同小公园里衣衫褴褛的幽灵为伴。

他仰靠在硬长椅上,笑着朝最低的树枝吐出香烟雾气。他和生活之间的全部纽带突然切断后,感到一种自由、激动、几乎是快乐的兴奋。他的感觉恰似一个割断了降落伞的绳索、让气球随风飘游的气球驾驶员。

快十点了。滞留在长椅上的人已经不多。以公园为家的人,虽然能顽强地抵抗秋季的凉意,却迟迟不愿向料峭春寒的先头部队发起攻击。

喷泉附近座位上有一个人站起身,走过来坐在瓦兰斯旁边。他的年纪很难判断,身上带着廉价寄宿所的霉味,刮胡子刀和梳子同他睽违已久,酒精饮料却是常客,在他肚子里装瓶封口。他向瓦兰斯借个火,那是坐公园长椅的人搭讪的方式,他开口说话了。

"你不常来这儿,"他对瓦兰斯说,"量身订做的衣服我一眼就看得出来。你只是穿过公园时坐一会儿罢了。你不在意我同你聊几句吧。我必须同别人谈谈话。我害怕——我害怕。我刚才已经同那面的两三个闲人说了。他们以为我有神经病。哎——我告诉你吧——我今天下肚的只有两块小烤饼和一个苹果。明天我将继承到三百万元的财产;你看到那家周围停着许多汽车的餐馆吧,对我说来,明天档次就太低了。你不会相信的,是吗?"

"昨天我的午饭就在那里吃的,"瓦兰斯哈哈一笑说,"根本算不了什么事。但是今晚我连五分钱一杯的咖啡都买不起。"

"你不像是我们这类人。唔,我想这种事情并不稀罕。我本人也曾风光过——那是几年前了。你是怎么出局的?"

---

① 魔王撒旦原名卢西弗,由于傲慢,被逐出天国,参看《旧约·以赛亚书》第14章。

"我——哦,我失业了。"瓦兰斯说。

"这个城市是百分之百的地狱,"那人接着说,"今天你吃中国运来的山珍海味,明天你在中国吃饭——在卖杂烩的中国小饭馆。我有过不走运的时候。五年来,我不比叫花子好多少。我从小养尊处优,什么事都不用干。哎——我不妨告诉你——我必须找个人说说话,你知道,我害怕——我害怕。我叫伊德。住在河滨大道的百万富翁之一,老波尔丁,是我的伯父,你不会相信吧。嗯,确实是我的伯父。我在他家里住过,我要多少钱就有多少。嗯,你身上有没有买两杯酒的钱——呃——你姓什么——"

"道森,"瓦兰斯说,"对不起,我财政极度困难。"

"我在界街的一个地下煤库里住了一个星期,"伊德接着说,"和我一起的还有一个名叫'眨巴眼'摩里斯的骗子。我没有别的地方可去。我今天出来时看到一个口袋里揣着文件的家伙在打听我。不知道他是不是便衣警察,因此我等到天黑之后才回去。那家伙给我留了一封信。哎——道森,信是商业区的大律师米德给我的。我在安街见过他的招牌。波尔丁要我充当挥霍无度的侄子——要我回去再做他的继承人,去花他的钱。明天上午十点钟,律师事务所找我谈话,让我恢复以前的状况——三百万财产的继承人,道森,每年一万元零花钱。可是——我害怕——我害怕。"

流浪汉跳起来,颤抖的两手高举过头顶。他歇了一会儿,歇斯底里地呻唤。

瓦兰斯拉住他的胳臂,让他坐下。

"安静点!"他带着厌恶的口气命令说,"别人还以为你不是将得到一笔财富,而是要倾家荡产了呢。你怕什么?"

伊德畏畏缩缩地坐在长椅上,浑身发抖。他抓住瓦兰斯的袖管,即使在远处百老汇路灯光的微弱辉映下,前不久刚被取消继承人资格的瓦兰斯,也能看到他由于某种奇特的恐惧而额头冒出的汗珠。

"我怕明天早上之前发生什么意外。我说不清是什么——反正是不让我拿到那笔钱。我怕一株树倒下来把我压死——我怕一辆马车把我撞倒,或者房顶掉下一块石头砸在我头上,或者是什么别的事。以前我从不害怕。我在这个公园里坐过一百个晚上,不知道第二天早饭有没有着落,可是安静得像一尊石雕。现在情况不同了。道森,我爱钱——当钱在我手里哗哗地流出去,人们向我鞠躬如也,我周围都是音乐、鲜花和衣着漂亮的人时,我快活得像是神仙。然而我知道这一切都没有我的份时,我并不在意。我衣衫褴褛,饿着肚子,坐在这里听喷泉声,看路上马车来来往往的时候,甚至感到幸福。可是现在这一切又成为我伸手可得的东西了——我可不能再等十二个小时,道森——我受不了。有五十件意外可能落到我头上——我可能失明——我可能心脏病发作——世界末日可能来到——"

伊德又尖叫一声跳起来。坐在别的椅子上的人受到惊动,开始注意他们。瓦兰斯抓住他的胳臂。

"起来走走,"他安慰说,"尽量平静下来。没有紧张或者兴奋的必要。你不会出事的。今夜同别的夜晚没有什么不同。"

"你说得对,"伊德说,"你留下来陪陪我,道森——那才够朋友。陪我遛遛弯儿。以前我也曾受到过不少严重打击,可是从没有像现在这样魂不守舍。你能不能弄些充饥的东西,老兄?我怕我的神经已经崩溃,没有勇气开口乞讨了。"

瓦兰斯带他的伙伴到了几乎阒无一人的五马路,然后向西沿着第三十几街朝百老汇路走去。"在这里等几分钟。"他让伊德等在一个幽暗的角落里,自己进了一家熟悉的旅馆,像以前那样自信地走到酒吧前面。

"外面有个穷汉,杰米,"他对侍者说,"说是在挨饿,看上去确实是这样。你了解那种人,给了他们钱,他们会全花去买酒。你弄一两份三明治给他,我看着他吃下去,免得白白浪费。"

"当然,瓦兰斯先生,"酒吧侍者说,"他们不全是作假的。我也不喜欢看别人挨饿。"

他用餐巾纸包了一大包酒吧卖酒时免费供应的食品。瓦兰斯拿了出来,找到他的伙伴。伊德狼吞虎咽吃起来。"我一年没有吃到这么好的免费食品了,"他说,"你也来一点吗?"

"谢谢,我不饿。"瓦兰斯说。

"我们回广场去,"伊德说,"警察不会在那里找我们的麻烦。我把剩下的一些火腿和别的东西包好,我们明天可以当早饭。我不吃了,我怕吃多了不舒服。万一我今晚害胃肠痉挛或者别的病死掉,就再也碰不到那些钱了!还要等十一个小时才能去见那位律师。你不会抛下我吧,道森?我只怕今晚出事。反正你也没有别的地方可去,是吗?"

"没有,"瓦兰斯说,"今晚没有可去的地方。我和你一样,也在长椅上过夜。"

"你倒沉得住气,"伊德说,"听你说话好像没事似的。我以为一天里失去了工作、变成流浪汉的人一定会悲伤得扯头发。"

"我想我已经说过,"瓦兰斯笑着说,"我以为预计第二天能得到一笔财富的人会觉得相当轻松平静。"

"不管怎么说,"伊德带有哲理地说,"人们对待事物的态度各各不同,确实很有意思。这张椅子归你,道森,挨着我旁边。这里的光线不刺眼。喂,道森,我回家后让老头替你写封信,介绍一个工作。今晚你帮了我大忙。假如没有遇上你,我恐怕熬不过这一晚。"

"谢谢,"瓦兰斯说,"晚上你是躺下来,还是坐着睡?"

一连几个小时,瓦兰斯几乎不眨眼地透过树枝望着天上的星星,听着南面柏油马路上的清脆的马蹄声。这会儿他的思想活跃,但感觉迟钝。他仿佛没有了七情六欲,没有后悔,没有恐惧,没有痛苦,也没有不安。即使想到那姑娘的时候,那姑娘也似乎是他眺望的遥远星球上的生物。他想到他伙伴荒唐的行为,觉得滑稽,不禁轻轻笑了起来。再过一会儿,每天送牛奶的马车大队就会卡嗒卡嗒地进入城市。瓦兰斯在很不舒服的长椅上睡着了。

第二天上午十点钟,两人来到安街的米德律师事务所。

随着约定时间的来近,伊德情绪越来越不稳定,瓦兰斯不忍心抛下他,让他独自去面对他所害怕的危险。

他们进办公室时,米德律师有点惊奇地看着他们。他和瓦兰斯是老朋友了。招呼后,他转向脸色煞白、手脚打颤、面临最后关头的伊德。

"伊德先生,昨晚我派人送了第二封信去你的住处,"他说,"今天早晨我得知你不在那里,没有签收。那封信是通知你,波尔丁先生重新考虑了恢复你的继承权的想法。他决定不这么做,希望你了解,你和他的关系没有任何改变。"

伊德的颤抖突然停止了。他脸上又有了血色,背也挺直了。他的头抬高了半英寸,眼睛闪出光芒。他一手把破旧的帽子往后一推,另一手有力地向律师伸去。他舒了一口长气,讥刺地笑起来。

"告诉老波尔丁,让他见鬼去吧。"他大声清晰地说,随即转过身,坚定地走出了办公室。

米德律师面带笑容,转向瓦兰斯。

"我很高兴你也来了,"他亲切地说,"你的伯父要你立刻回去。他当初做出的决定过于仓促,觉得不妥,希望通知你一切照旧——"

"嗨,亚当斯!"米德律师话还没有说完,突然招呼他的雇员说,"赶快拿杯水来——瓦兰斯先生昏过去了。"

地 狱 之 火

我有幸同几位编辑先生打过交道。不久前,他们常常主动找我联系。这里面有点区别。

他们告诉我,大量投稿都附有作者声明(作为促销手段),说他们写的是真人真事。这类投稿的归宿全凭是否附有退稿邮票而定。有的给退掉了,其余的给扔到一个角落,角落里有一双胶鞋、一尊侧翻的有翼胜利女神的小塑像①、一堆刊有主编在翻阅最近一期的《小杂志》的照片,封面朝上——一眼就能辨出。人们以为编辑办公室里备有废纸篓,那只是传说而已。

如此说来,小说的真实性似乎名誉扫地了。但有朝一日,真实、科学和自然会适应艺术的。事物的发展会合乎逻辑,坏人会遭到恶报,而不会被选进董事会。不过目前的小说非但必须脱离真实,而且必须发给它生活费,派它管理新闻公报。

这段引子的目的是提醒读者,要注意真人真事的交叉路口。作为真人真事,叙述手法应该简单明了,尽可能用连词来替代形容词,如果出现任何修饰的痕迹,都要归功于排字工人。涉及大城市文学生活的故事,会引起印第安纳州戈斯波特方圆二十英里内的每一位作家的兴趣,只要那位作家书桌上的小说底稿的开头是这

---

① 1863年希腊萨莫色雷斯岛发掘的一尊大理石像,原件有两翼,裙裾迎风飘拂,神采飞扬,头部残缺,现保存在法国卢浮宫。

样的:"宣布他被提名后,县政府的老房子里还回荡着欢呼声时,哈伍德从他的支持者握手祝贺中挣脱出来,匆匆去克雷斯韦尔法官家找艾达。"

佩蒂特从阿拉巴马州出来写小说。南方的一些报纸发表过他的八个短篇小说,每篇都附有编者按,说明作者的父亲是"佩廷吉尔·佩蒂特少校,本县的前地方检察官和守望山战役①的英雄"。

佩蒂特是个粗人,没有什么可以炫耀的文化背景,并且是我的好朋友。他的父亲在一个名叫霍齐亚的小镇开百货店。佩蒂特在附近的松树林和莎草地长大。他的旅行包里带着两部小说的底稿,小说讲的是一三二九年蒙特雷波子爵加斯东·拉布来在皮卡迪的历险。那算不了什么。我们都干过。有一天,当我们写了一篇有关一个报童和他的瘸腿狗的随笔,获得极大成功时,编辑把另一篇也刊登出来,结果坏了事,我们不得不提着一个大手提包推销专利煤气炉。每个一元二十五分,人人都应该买。

我带佩蒂特去看了一座红砖房屋,日后,当我们不住在那里的时候,一篇题为《老纽约的文学人物故居》的文章将会提到它。他在那里租了一个房间,开支向百货店报账。我带他观光纽约市容,他没有说百老汇路比霍齐亚的李将军路窄多了。这仿佛是个好迹象,于是我做了最后的一个试验。

"你不妨写一篇描述性的文章,"我建议说,"谈谈你站在布鲁克林桥上看到纽约的印象。新的观点,新的视角——"

"别说傻话,"佩蒂特说,"我们先去喝点啤酒。总的说来,我相当喜欢这个城市。"

---

① 守望山,美国佐治亚和田纳西两州交界的山名,南北战争中查塔努加一役(1863年11月25日)的战场,南方邦联军队被迫撤退。

我们发现并且十分欣赏惟一真正的波希米亚区①。我们每天每夜都去那些演出壮丽的生活史诗的、用大理石、玻璃和瓷砖装潢的场所。即使瓦哈拉②也不及它辉煌响亮。我们进餐的古典式大理石桌子,灯光明亮、有雪白皱纸装饰的大橱窗,杯盏碗盘碰撞声组成的雄伟的瓦格纳式交响乐,刀叉挥舞的闪亮断奏,系白围裙的女侍者在铺着白布的、停尸所般的宴会桌前刺耳的宣叙调,收款机一再出现的编谎主题③——这是艺术和声响的庞大的、胜利的融合,是对英雄的、标志性生活的震耳欲聋、振奋精神的赞歌。我们不明白,我们的艺术家同行为什么要在他们称之为波希米亚餐馆的凄凉的小桌前吃饭;我们又想到如果他们发现了我们的好地方,纷纷前来,使它们出了名的话,我们就惨了。

佩蒂特写了不少小说,都遭到编辑退稿。他写爱情,那是我一直避免涉猎的题材,因为我认为这种著名的通俗感情不适于公诸同好,而应该由精神病学家和花店老板私下处理。但是编辑先生告诉他说,他们欢迎爱情小说,因为妇女爱看。

当然啦,编辑的观点是错的。妇女们不看杂志上的爱情小说。她们看扑克牌游戏和黄瓜美容液的配方。看爱情小说的是一些肥胖的雪茄烟旅行推销员和十来岁的小姑娘。我不是批评编辑的判断。他们大多数是好人,但是人都是个别的人,都有自己的观点和口味。我认识一家杂志的两个副主编,几乎各方面都惊人地相似。

---

① 指新闻记者、艺术家、演员、歌唱家等放荡不羁、生活习惯与主流社会不同的人常去的场所。波希米亚人原指吉普赛人,因吉普赛人最初在西欧出现时被误认为来自波希米亚(现在的捷克一带)。
② 瓦哈拉,北欧神话中主神奥丁宴请阵亡英灵的神殿,有540扇大门,英灵们早晨离开,晚上再回来赴宴。奥丁用尼伯龙根的藏宝酬谢建殿的巨人,德国作曲家瓦格纳创作的歌剧《尼伯龙根的指环》以此为题材。
③ 此处原文 lied-motif 可作"撒谎动机"解,德语有 Leitmotiv 一词,意为音乐作品的主导动机,作者稍作改动,讽刺收款机有意无意屡屡出错。

但是一个喜爱福楼拜①,另一个却喜爱杜松子酒。

佩蒂特把退稿拿给我看,我们一起琢磨不采用的理由。我认为那些小说都相当好,文笔也不错,并且都在最后一页结尾。

小说结构严谨,情节井然有序,合乎逻辑。但是我认为里面缺少一种活的东西——正如排得整齐漂亮的蚌壳,里面鲜美多汁的活肉却给掏空了。我暗示说,如果作者更熟悉他的题材就好了。

"上星期你卖掉了一篇小说,"佩蒂特说,"写的是亚利桑那一个矿镇里的枪战,主人公拔出四五口径的柯尔特左轮手枪,打死了刚进门的七个匪徒。既然是六响手枪,怎么能——"

"哦,"我说,"那不一样。亚利桑那离纽约很远。我高兴的话,可以写一个人被套索勒死或者被皮裤套住,没有谁会注意到的。但是你面对的是另一个命题。人们称之为爱情的东西,不论在纽约或是威斯康星州的西波干都很平常。这里或许多了一点商业化的运作——人们读拜伦的诗,不过也找布拉德斯特里特②,既然两位诗人的姓都是 B 字母开头,人们有时间的话也找布里格姆——无论在什么地方,爱情都是老一套的内心骚乱。你可以用一幅左手扶住鞍头上马的牛仔的外行画面来糊弄编辑,但是爱情小说骗不了他。因此,你自己必须坠入情网才能写出货真价实的东西。"

佩蒂特照办了。我不知道他是听从了我的劝告呢,还是意外事故。

他在文艺界的聚会上认识了一个姑娘——一个头发金黄、头脑清晰、思想开放、冒失的姑娘,一副瞧不起人的样子,但你拿她没有脾气。她是纽约人。

---

① 福楼拜(1821—1880),法国作家,著有《包法利夫人》《情感教育》等。
② 拜伦(1788—1824),英国浪漫主义诗人;布拉德斯特里特(1613—1672),美国女诗人,作品多半为清教徒思想的宗教诗。

闲话少叙,佩蒂特一下子就垮了。他笔下那些难以使人信服的痛苦、情人的疑惧、妒忌和惊恐都落到了他自己身上。夏洛克要债务人胸口的一磅肉抵债,算得上什么!丘比特要了佩蒂特二十五磅肉。究竟谁放的高利贷更凶?

一天晚上,佩蒂特得意洋洋地来到我的房间。他苍白憔悴,但是得意洋洋。他的女朋友给了他一朵淡黄色的长寿花。

"老霍斯,"他嘴角带着前所未有的微笑说,"我相信今晚我能写出那篇小说——你知道,那篇能成功的小说。我有感觉。我说不好会不会被采用,但是我有感觉。"

我把他推出房门。"马上回你自己的房间里去写吧,"我吩咐他说,"不然你就写不成了。我对你说过,首先要有亲身体会。今晚动笔写,写完后从门底下塞进来——不要等到明天。"

夜里两点钟,我在看我的老朋友蒙田①的散文时,听到房门底下有纸张的窸窣声。我捡起佩蒂特的小说。

我阅读时,仿佛听到了鹅发出的嘶嘶声、鸽子的咕哝、驴子的鸣叫和麻雀不负责任的喊喊喳喳。"痛苦的萨福②!"我暗自说,"难道这就是激发天才,使之注重实际、挣钱糊口的圣火吗?"

那篇小说全是感情用事的胡说八道,自怨自艾的呜咽,滔滔不绝的利己主义。佩蒂特原先学到的技巧都不见了。唉声叹气的怀春的女仆多看了那些油滑的词句也会变得玩世不恭。

佩蒂特早晨来我的房间。我毫不容情地把我的评价告诉了他。他像白痴似的笑了。

"好吧,老霍斯,"他快活地说,"你可以用它点火抽雪茄。那

---

① 蒙田(1533—1592),文艺复兴时期法国思想家、散文作家。
② 萨福,古希腊女诗人,因得不到她所爱的青年法昂的回报,十分痛苦,在家乡勒斯波斯岛(Lesbos)教授妇女诗歌和音乐。英语中女性同性恋者(lesbian)一词典出于此。

有什么关系?今天我要带她去克莱尔蒙特吃午饭。"

这样过了一个月。佩蒂特像一块洗碗抹布似的垂头丧气地来看我。他提到坟墓、南美洲和服毒自杀,我花了一个下午劝慰他。我带他去外面,让他用大剂量的威士忌进行治疗。前面说过,这篇小说讲的是真人真事——读者如果照此行事,小心喝上瘾。我用威士忌和欧玛尔①喂了他两个星期,每天还把晚报上介绍妇女美容诀窍的一栏念给他听。我推荐这种疗法。

佩蒂特治好后,重新写小说。他又像以前那样文思敏捷,写的东西差一点算得上佳作。这时候,第三幕开场了。

一个学应用设计的新罕布什尔姑娘深深地爱上了他。那姑娘娇小身材、黑眼睛、言语不多,属于热情型,但外表冷漠,正如新英格兰有时迷惑我们一样。佩蒂特对她有些好感,经常带她去外面玩。她崇拜他,有时也让他心烦。

有一次出现了危机,她爬上窗口要跳楼,为了救她,他不得不说了一些不是真心实意的求爱的话。她对他的死去活来的爱情,连我也觉得震惊。同她的爱情相比,家庭、朋友、传统、信仰都轻如鸿毛了。确实惊心动魄。

一天晚上,佩蒂特打着哈欠来我房间。像上一次那样,他说他觉得能写出一篇伟大的小说,像上次那样,我让他回自己的房间,看他打开了墨水瓶盖。半夜一点钟,稿纸从我的房门底下塞了进来。

我看了那篇小说,尽管时候很晚,我欢呼一声跳了起来。老佩蒂特成功了。一个女人的鲜红流血的心给写成了文字,在纸上跳动。你看不到一点矫揉做作,艺术,绝妙的艺术,同活生生的自然

---

① 欧玛尔·海亚姆(1048—1123),波斯天文学家、诗人,著有四行诗《鲁拜集》,否定来世和宗教信条,宣扬享乐和自由。

结合在一起，构成一篇爱情故事，像发炎化脓的扁桃体似的掐住你的喉咙，使你透不过气来。我冲进佩蒂特的房间，拍他的背，把他说成是我们仰慕的、不朽的天才作家之一。佩蒂特打着哈欠，求我让他睡觉。

第二天早晨，我拉他去见编辑。那位大人物看了小说，站起来，同佩蒂特握手。那意味着勋章、桂冠和经济保证。

老佩蒂特缓缓笑了。现在我心里开始称呼他为佩蒂特阁下。这个名称不怎么样，但是听起来比印成文字的好得多。

"我懂了，"老佩蒂特拿起他的小说底稿，把它撕成一长条一长条的，"我懂得这一行的诀窍了。写作不能用墨水，不能用你自己的心血，而要用别人心里的血。你得先做个卑鄙小人，才能成为艺术家。好吧，我要回老阿拉巴马少校的百货店去了。你有火吗，老霍斯？"

我陪佩蒂特去车站，但还不死心。

"莎士比亚的十四行诗呢？"我做一次最后挣扎，突然说，"他怎么样？"

"卑鄙小人，"佩蒂特说，"别人给了你，你却把它卖掉——我指的是爱情，你明白。我宁肯回去帮我爸爸卖犁头。"

"可是，"我声辩说，"世上最有名的评论家正对你另眼相看——"

"再会了，老霍斯。"佩蒂特说。

"好吧，"我接着说，"如果少校的百货店里需要一个相当好的推销员和记账员的话，请通知我，好吗？"

复仇女神和糖果小贩

"我们明天早上八点钟乘'凯尔特人'号出发。"奥诺丽亚从她网织袖管摘掉一个线头说。

"我听说了,"年轻的艾夫斯手里拿着的帽子一滑,赶紧按住说,"我正是来祝你旅途愉快。"

"你当然是听人说的,"奥诺丽亚冷淡而甜蜜地说,"因为我们没有当面通知你的机会。"

艾夫斯恳求似的瞅着她,但不抱什么希望。

外面街上传来高亢的颇有韵味的叫卖声:"糖——果!新做得的——好糖果!"

"我们老买他的那个糖果小贩来了,"奥诺丽亚探出窗外叫住小贩,"我要买一些附有格言的糖果。百老汇路的商店里买不到像他这样好的。"

糖果小贩把手推车停在麦迪逊路老房子的门口。他今天打扮得过节似的,不像街头小贩。他打了一条大红的新领带,领带上马蹄铁形的别针闪闪发亮,几乎和真东西一般大小。他黧黑的瘦脸上堆着傻笑。条纹衬衫的袖管长过他晒黑的手腕,用狗头形袖扣扣着。

"我想他大概是要结婚了,"奥诺丽亚怜悯似的说,"以前没有见他这副打扮。并且几个月来他第一次这样高声叫卖。我敢肯定。"

艾夫斯把一枚钱币扔到人行道上。糖果小贩知道他的顾客要买什么。他装了一纸袋糖果，走上老式的门廊，递了进来。

"我记得——"艾夫斯说。

"等一会儿。"奥诺丽亚打断了他的话。

她从写字桌抽屉里取出一个小文件夹，再从文件夹里找出一张四分之一寸宽、两寸长的薄纸。

"这就是，"奥诺丽亚淡淡地说，"我们打开的第一块糖的包装纸。"

"那是一年前的事了。"艾夫斯伸手接过包装纸，惋惜似的说，

> 只要头上的天空依然湛蓝
> 亲爱的，我将始终对你忠诚。

他念出那张薄纸上的字句。

"早在两星期前我们就想离开了，"奥诺丽亚饶舌似的说，"今年夏天真热。城里的人几乎走光了。没有什么消遣的地点。听说有几个屋顶花园情调不坏。有一两处的唱歌——以及跳舞——很上座。"

艾夫斯没有畏缩。既然上了拳击场，对手碰碰你的肋骨不会使你惊异。

"那次我追上糖果小贩，"艾夫斯前言不搭后语地说，"在百老汇路拐角那儿给了他五元钱。"

他伸手去拿奥诺丽亚膝上的纸袋，取出一块包好的方块糖，慢慢打开。

"萨拉·齐林沃斯的爸爸，"奥诺丽亚说，"给了她一辆汽车。"

"看看那上面的字句。"艾夫斯把包糖纸递过去说。

> 生活教我们——学会生活，
> 爱情教我们——学会宽恕。

奥诺丽亚脸上泛起红晕。

"奥诺丽亚!"艾夫斯从椅子上站起来说。

"克林顿小姐,"奥诺丽亚纠正他说,像是从泛着泡沫的浪花里跃出来的维纳斯①似的,"我告诉过你别再用那个名字称呼我。"

"奥诺丽亚,"艾夫斯重复了一遍,"你必须听我说。我知道我不配得到你的宽恕,但是我必须得到。有时候人们会昏了头,做出他们本意不能负责的事情。为了你,我抛弃了一切,挣脱了捆住我的锁链,背弃了把我从你身边勾引过去的塞壬。特地从街头小贩那里买来的包糖纸,上面的字句代表了我的恳求。我爱的只有你。让你的爱情宽恕我吧,我向你发誓,'只要头上的天空依然湛蓝,'我对你的爱永远忠贞。"

....

西区六马路和七马路之间,一条小巷子把街区一分为二。小巷通到街区中央的一个院子就消失了。这里是戏剧区,居民是五六个民族的泡沫。气氛是波希米亚式的,语言多种多样,环境不很安定。

糖果小贩住在巷子后面的院子里。七点钟,他把车子推进狭窄的入口,停在不规则的石板地上,自己坐在推车把手上乘乘凉。巷子里的过堂风很凉爽。

他停放手推车的老地方楼上有一扇窗。阿黛勒小姐,空中屋顶花园的当红演员,坐在傍晚有凉风的窗口。她通常解开浓密的红褐色头发,让微风在侍女西多尼巧妙的帮助下将头发吹拂晾干。她的肩膀是摄影师们关注的卖点,披着一条淡紫色的纱巾。她肘弯以下的胳臂赤裸着——当时没有雕刻家在场激赏——但是巷子

---

① 维纳斯,罗马神话中爱与美的女神,掌管人类的爱情、婚姻和生育,以至一切动植物的生长繁殖。她生于海中。在希腊神话中称为阿佛洛狄忒。

墙壁的无动于衷的砖头也不得不赞叹。她这样坐着时,另一个侍女费利斯帮她洗那双在空中屋顶花园轻盈地跳舞、使观众如醉如痴的小巧的脚。

小姐逐渐注意到停在她窗下擦汗乘凉的糖果小贩。她由侍女们伺候着,暂时无法施展她的专业特长——诱惑男人,把他们绑在她的战车上。小姐不喜欢浪费时间。楼下是糖果小贩——虽然不是适合她箭矢的猎物——但也是同她势不两立的男人。

她视而不见地冷眼看过他十来次,一天下午,突然冰雪消融,她朝他一笑,甜蜜的程度使他手推车上的糖果也相形见绌。

"卖糖果的,"她亲热地说,正在帮她梳理浓密的红褐色头发的西多尼赶紧随着她突然低头的动作,"你认为我长得美吗?"

糖果小贩刺耳地笑了,他抬起瘦削下巴朝上看看,用一块红蓝两色的手帕擦前额。

"你可以做杂志的封面女郎,"他勉强说,"美不美,只对感兴趣的人而言,与我无关。如果你希望得到花环,不妨在九点到十二点之间上别处去找。我关心的是天要下雨了。"

要迷住一个糖果小贩确实像在大雪封山的时候打兔子那么难,但是猎人的血在奔流。小姐从西多尼手里抓过一大把头发,让它飘垂到窗外。

"卖糖果的,你情人有没有像我这样长、这样软的头发?胳臂有没有像我这样丰腴?"她像出现奇迹后的加拉苔亚①,把手臂搁在窗栏上。

糖果小贩咯咯笑了,把滑下来的黄油硬糖堆堆高。

"少对我来这一套,"他粗俗地说,"讨好也没有用。一把头发

---

① 古希腊传说,精于雕塑的塞浦路斯国王皮格马里昂憎恨女人,但爱上了他自己雕刻的加拉苔亚象牙像,苦苦祈祷,维纳斯使雕像有了生命,同他结婚。

和刚按摩过的手臂骗不了我。哦,你涂脂抹粉在舞台灯光下,随着乐队演奏的《老苹果树下》曲子跳舞,可能不坏。但是别戴上帽子下楼来,和我一起跑到街角的教堂去结婚。我一向反对染发剂和化妆盒。嗨,咱们不开玩笑了,你认为会下雨吗?"

"卖糖果的,"小姐翘起嘴角,露出酒窝,轻声轻气地说,"你认为我漂亮吗?"

糖果小贩咧嘴笑笑。

"你是不是节省开支,自己打广告促销?"他说,"我抽烟,可是从没有在五分钱一支的雪茄烟盒上见过你的画像。总之,只有一个新牌子的女人才能让我动心。女人从鬓梳到鞋带我都了解。对不起,我要的是一天的好买卖,七点钟回家后的葱头煎牛排,烟斗和晚报,我不用莉莲·拉塞尔①费心朝我丢媚眼。"

小姐嘟起了嘴巴。

"卖糖果的,"她深沉地轻声说,"但是你会说我美的。男人都这么说,你也不例外。"

糖果小贩笑了,取下烟斗。

"好吧,"他说,"我要回家了。晚报上有一篇我正在看的连载小说。男人们潜入海底寻宝,海盗在礁石后面窥视他们。地上、水里和空中都没有女人。再见了。"他推着车子回到他居住的带霉味的院子。

那个不了解妇女的人难以置信的是,小姐每天坐在窗口,撒下网,准备捕捉低档次的猎物。一天,她徒劳无功地攻打糖果小贩顽强的哲学,竟让一位有身份的先生在她的客厅里等了半小时之久。糖果小贩粗鲁的笑声伤透了她的虚荣心。每天,侍女替她梳理头

---

① 莉莲·拉塞尔(1861—1922),美国女高音歌剧演员,舞台演出35年,长盛不衰,有"美国美女"之称,前后结过四次婚。

发时,他坐在推车把手上,在小巷子里乘凉;她美丽的箭矢在他迟钝的胸前反弹回来,一点不起作用。不值当的怄气使她的眼睛更加明亮。她的自尊心受到了损伤,但她在他面前更加容光焕发,比他档次高的爱慕者见了都会飘飘然,直上利己中心的天国。糖果小贩瞅她时的刻薄眼光含着嘲笑,迫使她不得不用她箭囊里最锐利的箭矢。

一天下午,她在窗口探出上身,不像平时那样逗惹他、折磨他。

"卖糖果的,"她说,"站起来,瞧我的眼睛。"

他站了起来,发出锯木头似的笑声,瞧着她的眼睛。他拿下烟斗,摆弄了一会儿,用颤抖的手放进口袋。

"行啦,"小姐款款一笑说,"我现在要到按摩师那儿去啦。再见。"

第二天傍晚七点钟,糖果小贩来了,把手推车停在窗下。那是糖果小贩吗?他换了一套崭新的格子花呢衣服。领带红得像火,闪闪发亮的马蹄铁形别针几乎同真物一般大小。他的鞋子擦得很亮,黧黑的脸仿佛白了一些——手也洗得很干净。窗口没人,他伸长脖子往上看,像是一条等上面扔下骨头的狗。

小姐来了,西多尼捧着她的头发跟在后面。她看看糖果小贩,缓缓一笑,随即露出厌倦的神情。她知道猎物已经落网,因此她立刻对捕猎感到厌倦。她开始对西多尼说话。

"今天天气不坏,"糖果小贩瓮声瓮气地说,"一个月来,我第一次觉得这么舒服。我去了老麦迪逊广场,像平时那样叫卖。你认为明天会下雨吗?"

小姐两条丰腴的胳臂搁在窗栏的软垫上,托住带酒窝的下巴。

"卖糖果的,"她轻声说,"难道你不爱我吗?"

糖果小贩站起来,背靠着砖墙。

"小姐,"他哽咽地说,"我攒了八百块钱。我什么时候说过你不美来着?把这笔钱全拿去,替你的狗买一个项圈吧。"

小姐房间里响起了一百个银铃似的声音。笑声响彻小巷,再反射到院子里。小姐觉得开心。作为知趣的回声,西多尼忠心耿耿地添加了阴沉的女低音。两个女人的笑声似乎刺透了糖果小贩。他笨拙地摸着马蹄铁形的领带别针。小姐笑得上气不接下气,终于把她泛红的美丽的脸转向窗口。

"卖糖果的,"她说,"走吧。我笑的时候西多尼扯痛了我的头发。你在这里我忍不住笑。"

"有一封给小姐的便笺。"费利斯进了房间,走到窗前通报说。

"太不公道啦。"糖果小贩推着车子走了。

他走了三码远,又停下来。小姐窗口传出一声声尖叫。他赶快跑回来。他听到身体倒地和两个脚跟上下顿地板的声音。

"怎么回事?"他嚷道。

西多尼阴沉的脸出现在窗口。

"小姐得到一个坏消息,经受不住了,"她说,"她真心爱的人走了——也许你听说过他的名字——艾夫斯先生。他明天要搭远洋轮船走了。唉,你们这些男人!"

使圆成方

我甘冒使读者腻烦的风险,在叙说这个冤冤相报的故事之前,先讲几句有关几何学的题外话。

自然界的事物是循圆周运动的;人为的事物则沿直线行进。自然的事物是圆形的;人为的事物则有棱有角。在雪地迷路的人,总是不由自主地转着圆圈[①];城里人的脚被矩形的街道和房间地板限制得本性泯灭,总是带着人笔直地行走。

孩子的圆眼睛象征天真;女人卖弄风情时眯缝成一条线的眼睛说明矫揉造作。抿紧的嘴巴一定代表狡黠;谁没有在真挚地嘟起来接吻的嘴巴上看到自然界最动人的抒情诗?

美是完美无缺的自然;圆形是它的主要属性。请看一轮满月,迷人的金球,瑰丽庙宇的圆屋顶,越桔馅饼,结婚戒指,马戏表演场地,召唤侍者的铃,以及敬酒时的"一巡"。

另一方面,直线表示自然界的事物受到了歪曲。试想,如果维纳斯塑像的腰部换成直撅撅的罩衫,那还成什么样子!

当我们沿着直线行走,顺着直角拐弯的时候,我们的天性就开始起变化。自然事物比人为的事物随和,往往委曲求全,力图适应人为事物的比较严峻的规律。结果是相当奇怪的——例如:菊花展览会上的获奖展品,甲醇威士忌,投共和党选票的密苏里州,奶

---

① 这种现象的解释是人两腿跨的步子有细微的大小区别,时候一长形成弧线。

酪焗花椰菜和纽约人。

在大城市里,本性丧失得最快。原因在几何学,而不在道德方面。大城市的街道和建筑的直线,法律和社会风俗的拘泥古板,人行道的循规蹈矩,城市生活方式——甚至包括娱乐和运动——的严格、冷酷、沉默、毫不通融的规则——这一切都对自然界的弧线表示冷漠的鄙夷。

因此,我们可以说,大城市证明了使圆成方的命题。我们还可以补充说,这个数学味十足的引子揭示了肯塔基州两个家族的世仇的前因后果,他们的世仇被带进城市,在城市习俗的影响下适应了它的角度。

这个世仇是坎伯兰山岭的福维尔和哈克尼斯两个家族之间形成的。怨仇的第一个牺牲品是比尔·哈克尼斯的猎狗。哈克尼斯家遭到了悲惨的损失,立刻杀掉福维尔族的头儿作为补偿。福维尔的亲属急于报复。他们给打松鼠的枪上了油,使比尔·哈克尼斯追随他的猎狗到了另一个去处,那里打猎不费吹灰之力,猎物自会落到你手里。

四十年来,这两个家族冤冤相报,没完没了。哈克尼斯家的人一个个地被枪杀,丧命的情况各各不同:有的在耕田,有的晚上在自家窗前灯下,有的从野外集会归来,有的在睡熟的时候,有的在决斗的当口,还有清醒的和喝醉的,落单的和同家属一起的,有所准备和出乎意外的。福维尔家族的成员在当地风俗规定和许可的条件下,一枝一枝地也被砍掉,遇害的方式大同小异。

两个家族的枝柯经过这样修剪后,不久都只剩下一个成员。那时候,卡尔·哈克尼斯也许领悟到,继续纠缠下去难免要替他们的世仇添上过于显著的个人色彩,便突然离开了坎伯兰山岭,避开了福维尔家族最末一个后裔,山姆,的复仇。坎伯兰山岭终于如释重负。

一年后,山姆·福维尔听说那个尚未伏命的冤家住在纽约市。山姆把后院的大铁锅翻过来,刮下一点煤灰,拌了猪油,用这种混合物擦亮了靴子。他穿上那套买来时是灰胡桃色,现在染成黑色的衣服,换了一件白衬衫和白硬领,在毡提包里塞了几件结实的亚麻布内衣。他摘下挂在钩子上的打松鼠枪,可是叹了一口气又把它放回原处。尽管这种习惯在坎伯兰山岭是多么合情合理,纽约也许不会同意他在百老汇路的摩天大楼中间打松鼠。他从梳妆台抽屉里找出一把老式而可靠的科尔特左轮手枪,在城市里干冒险和复仇的勾当,手枪似乎是最好的武器了。山姆把它同一把套在皮鞘里的猎刀一起放在毡提包里。福维尔家最后一个子孙骑上骡子,向低地的火车站进发。行前,他在鞍上回头,严峻地看看杉树林中一小簇白松木板,那就是福维尔家墓地的标志。

山姆·福维尔到纽约时天色已晚。他的行动和生活仍旧遵循着自然界自由的圆周运动,看不到大城市的隐藏在黑暗里的可怕、无情、好动、凶恶的手段,准备向他圆形的心脏和头颅包围过来,按照千万个受害者的改变过的形状把他改造一番。一辆马车把他从人流的漩涡中拣出来,正如山姆自己常常从一堆随风摆布的秋叶中拣出一颗硬果一样,然后飞快地把他送到一家与他的靴子和毡提包相称的旅馆。

第二天早晨,福维尔家硕果仅存的后代向那个掩护哈克尼斯家最后一个子弟的城市发起了突袭。他用一条窄皮带系好那把科尔特手枪,藏在上衣里面;把猎刀挂在肩胛骨中间,刀柄离上衣领子只有半英寸。他只掌握两个情况:卡尔·哈克尼斯在这个城市里驾驶运货马车,而他自己,山姆·福维尔,要来杀他。山姆踏上人行道时,眼珠红了,心头升起一股世袭的仇恨。

市中心几条马路上的喧嚣把他吸引了过去。他几乎准备见到卡尔在街上迎面走来,只穿着衬衫,手里拿着酒壶和马鞭,正如他可能在法兰克福或者劳雷尔①遇上卡尔一般。但是一小时过去了,卡尔没有出现。也许他埋伏在一扇门或者窗子后面,准备朝山姆开枪。山姆机警地注意着有门窗的地方。

中午时分,城市像猫戏弄耗子似的玩得腻味了,突然用它的直线向他挤过来。

山姆·福维尔站在城市里两条笔直的大动脉互相交叉的地点。他向四周看看,发现地球被抛出了轨道,被酒精水平仪和皮尺逼成一个有边有角的平面。生活中的一切都沿着轨道和凹槽运行,都按照一定的制度和程序,都有一定的界限。生命之根是立方根,生存的尺度是平方积。人们形成直排,熙来攘往,可怕的喧嚷和轰响把他吓懵了。

山姆靠在一幢石头建筑的尖角上。在他身边经过的人何止千万,可是没有一个转过脸来向他看看。他突然起了一种没来由的恐惧,仿佛觉得自己死了,成了一个鬼魂,人们因此才对他视而不见。接着,城市以孤寂之感袭击了他。

一个胖子从人流中滑出来,站着等汽车,离他只有几步远。山姆挨到他身边,在嘈杂声中对他嚷着说:

"兰金斯家喂的猪比我们家的肥多啦,不过他们那边的猪草也比我们这边的好——"

胖子神气活现的模样有所收敛,他走开去买炒栗子,以便掩饰自己的惊惶。

山姆觉得需要喝点山涧露水②。对街的人们在弹簧门里进进出出。隐约可以看到门里一个金光锃亮的酒吧和酒吧上面的装饰。这个复仇者穿过街道,打算进去。人为的事物又在这里挤掉

---

① 法兰克福和劳雷尔分别是印第安纳州中部和密西西比州东南部的城市。
② 指酒类饮料。

了熟悉的圆形。山姆找不到门的把手——他伸出手去，只摸到一块长方形的铜牌和抛光的橡木，连大头针那样小的捏手的东西都找不到。

他手足无措，羞红着脸，伤心地从这扇没用的门前走开，坐到石阶上。一根警棍戳戳他的肋骨。

"另找个地方去遛遛吧，"警察说，"你在这里闲荡得太久啦。"

在下一个拐角上，一声锐利的口哨直刺山姆的耳朵。他赶快转过身，只见一个满面怒容的家伙，在热气腾腾的堆着花生的机器后面朝他恶狠狠地瞪眼。他穿过街。一辆庞大的、不用骡子拉的车子，发着牛吼似的声音和冒烟的煤油灯似的气味，刷地擦过他的膝盖。一个马车夫用车毂撞了他一下，还训他说，这种情况下用不上礼貌语言。一个电车司机使劲踩铃，让他闪开，并且生平第一次同马车夫取得合作。一个穿着走样的绸坎肩的太太用胳膊肘撞他背脊，一个报童不慌不忙地朝他扔香蕉皮，"我不愿意这样干——可是看到我的人得让路！"

卡尔·哈克尼斯干完了一天的工作，存放好运货马车，从一幢房屋后面拐出来。那幢房屋的形成锐角的边缘是建筑师忽发奇想，按照安全剃刀的式样设计的。他在三码开外的地方，在一群匆匆忙忙的行人中间发现了那个仍旧存活的、不共戴天的、世世代代的仇人。

他猛地站住，犹豫了片刻，因为他身边没有武器，情况又发生得那样突然。山姆·福维尔锐利的山地居民的眼睛也在人群中发现了他。

来往的人流中突然跳动一下，起了一个旋涡，山姆的声音响了起来。

"好啊，卡尔！我见到你真高兴！"

在百老汇路、五马路和第二十三街的交叉口，坎伯兰山岭的世仇握手言欢了。

玫瑰、谋略和浪漫史

雷夫纳尔——有旅行家、画家和诗人之称的雷夫纳尔,把手里的杂志扔到地上。坐在窗前的萨米·布朗跳了起来,布朗是股票经纪人事务所的职员。

"怎么回事,雷夫,"他问道,"评论家在压低你的股票吗?"

"浪漫史死了。"雷夫纳尔轻松地说。雷夫纳尔说话轻松时,一般是谈严肃的话题。他捡起杂志,胡乱翻翻。

"即使像你这样的俗人,萨米,"雷夫纳尔严肃地说(他用严肃的口气才能谈轻松的话题),"也应该明白。这本杂志以前刊登爱伦·坡、洛厄尔、惠特曼、布雷特·哈特、杜莫里埃和拉尼尔①的作品——而现在,你一看就该明白了。这一期杂志端到你面前的文学大餐是一篇关于战舰的司炉和煤仓的文章,一篇如何做肝肠的介绍,一篇华尔街标准优先国际发酵粉交易的连载,一首有关总统②没有打中熊的'诗',一篇描写在东区做了一星期工装裤的一个女间谍的短篇小说,还有一篇散发着'汽车库'和某种牌子的汽车气味的'虚构小说'。当然啦,标题上有'丘比特'和'专业司

---

① 爱伦·坡、洛厄尔、惠特曼、布雷特·哈特、杜莫里埃和拉尼尔均为19世纪末著名的英美诗人、作家。
② 指美国第二十六任总统西奥多·罗斯福(1858—1919),他喜爱打猎,有一次不忍开枪打幼熊,玩具商制作了一种长毛棕熊,称之为 Teddy Bear(Teddy 是西奥多的爱称),形象憨厚可爱,成了美国儿童的传统玩具。

机'字样——一篇谈论海军战略的文章,附有西班牙无敌舰队和新的斯塔腾岛轮渡的图片;还有一篇有关某个政界头目的报道,他把五马路的一个美女打得鼻青眼肿,拒绝投票支持一条不公正的法令,从而赢得了美女的爱情(报道没有说明投票地点是在街道清洁部还是在国会),还有编者吹嘘杂志发行量的十九页之长的按语。整本杂志,萨米,等于是浪漫史的讣告。"

在打开的窗子前,萨米·布朗舒适地坐在一张皮面扶手椅上。他的衣服料子是鲜亮的棕色,有明显的格子花纹,同坎肩口袋露出头来的四支雪茄的颜色十分搭配。他脚上是淡黄色的皮鞋,灰色的袜子,里面的衬衫是天蓝色,雪白的硬领又高又挺,这时恰好有一只黑蝴蝶展开翅膀落在上面。萨米全身最不抢眼的是一张血色很好的圆脸,他的眼睛里没有消逝的浪漫史的痕迹。

雷夫纳尔公寓的窗外是一个有许多老树和灌木的古老的花园。公寓房子俯视花园的一侧;一堵砖砌的高墙把它同外面的街道隔开;雷夫纳尔窗口对面是掩映在夏季浓密叶丛中的老而又老的邸宅。那座建筑仿佛是被围困的城堡。城市鼓噪呐喊,拍打它的双重大门,在墙头挥舞白色的支票,提出劝降的条件。灰色的尘埃落在树上;围攻越来越激烈,但是城堡没有放下吊桥。骑士时代的语言不起作用。住在里面的一位老先生爱他的家,不愿意出售。那就是被围困的城堡的浪漫史。

萨米·布朗每星期要到雷夫纳尔的公寓来三四次。他是诗人俱乐部成员,因为布朗家出过一些小有名气的人,虽然萨米自己在生意界混久了,成了俗人。他对逝去的浪漫史并不挥泪惋惜。拨动他心弦的是股票行情自动收录机的歌唱,在赛马和棒球比赛赌博方面,他算得上行家里手。他喜欢坐在雷夫纳尔窗前的皮面扶手椅上。雷夫纳尔并不特别在意。萨米仿佛喜欢听他谈话,这个经纪人事务所的职员是现代性和当今贪鄙的实用性的最佳体现,雷夫纳尔抨击看不惯的现象时,喜欢拿他当替罪羊。

"我告诉你,你的问题出在什么地方,"萨米带着生意场上学来的精明说,"那家杂志没有刊用你的某些得意诗作。因此你对它耿耿于怀。"

"在华尔街或者妇女俱乐部竞选主席的活动中,那可能是个很好的猜测,"雷夫纳尔平静地说,"可是你瞧,这一期的杂志恰好刊登了我的一首诗——如果你允许我把它称作诗的话。"

"念给我听听。"萨米望着他刚向窗外喷出的一口烟雾说。

雷夫纳尔像阿喀琉斯一样,也有弱点①。谁都不例外。谁都有一个薄弱环节。某人为了使我们刀剑不入,把我们浸入某条河里时,总得握住我们身上的某个部位。他高声朗诵了杂志上的诗:

四朵玫瑰

我把一朵玫瑰缠在你的头发里——
　　(白玫瑰,象征着价值);
你把一朵缀在自己胸前——
　　(红玫瑰,爱情的胎记)。
你从枝上摘下另一朵——
　　(黄玫瑰,表示同意);
你给我的那朵带着尖刺——
　　痛苦的回忆。

"精彩极了。"萨米羡慕地说。

"还有五句呢,"雷夫纳尔带着嘲笑的口气说,"念完一句自然

---

① 阿喀琉斯是希腊神话中的英雄。出生时被母亲海洋女神忒提斯握住脚踵倒浸在冥河水中,除没有浸水的踵部以外,任何武器不能伤害他的身体,但在特洛伊战争中被敌人用箭射中脚踵而死。成语"阿喀琉斯的脚踵"指致命弱点或薄弱环节。

要停顿一下。当然啦——"

"哎,其余的也念念,老兄,"萨米抱歉地说,"我不是存心打断你的。你知道,我对诗歌不太在行。我总觉得诗歌每一行的结尾好像应该有些终端设备才好。其余的也念来听听。"

雷夫纳尔叹了口气,搁下杂志。"好吧,"萨米高兴地说,"下次再听。我现在要走了。五点钟有个约会。"

他朝郁郁葱葱的花园看了最后一眼就走了,嘴里吹着跑调的屋顶花园演过的一出滑稽喜剧里的曲子。

第二天下午,雷夫纳尔在修润一首十四行诗的不够满意的句子,他往窗口一靠,窗口下面是那个不为金钱所动的男爵的被围困的花园。他突然站起来,嘴里漏出两个韵脚和几个音节。

透过树木可以清楚地看到老邸宅的一扇窗。挂着白帷帘的窗里倚着他全部浪漫史和诗歌的梦中天使。雷夫纳尔第一次见到她,她像露珠那么清新,像铁线莲那么绰约多姿,像诗人歌颂的花朵那么明丽,使喧嚣市声包围的地方变得像是公主的后花园。她逗留片刻,然后进去看不见了,在辚辚的马车声和电车的咆哮声中,她那小鸟啭鸣般的歌声只有几个音符传到他如醉如痴的耳边。

这一景象以惊心动魄的力量使诗人为之一振,似乎是对他貌视浪漫史的挑战,是对他背叛青春和美丽的不朽精神的惩罚。这种力量的脱胎换骨的作用,打乱了雷夫纳尔整个世界的原子,把它们重新加以排列。经过她住处的运货马车的隆隆声,仿佛是烘托爱情主旋律的低音提琴。报童的叫喊仿佛是鸟鸣;花园是卡普勒特家族①的庭院;看门人是妖魔;他自己则是骑士,随时准备使用佩剑、长矛或者琵琶。

浪漫史在城市中迷失后,又在砖石的森林里露脸了,于是不得

---

① 卡普勒特是莎士比亚剧本《罗密欧与朱丽叶》中朱丽叶所属的家族。

不动员全市再寻找她。

下午四点钟,雷夫纳尔望望花园对面。他希望所在的窗口摆了四个小花瓶,每一瓶都插着一枝盛开的大玫瑰——有红有白。他眺望时,她正俯着身子,她的可爱使玫瑰相形见绌,她若有所思的眼光朝他的窗口投来。接着,她仿佛注意到他有礼貌而炽热的目光,悄然离开,只留下窗栏上芳香的象征。

是啊,象征!——他如果不理解的话,就太差劲了。她读过了他的"四朵玫瑰",他的诗打动了她的心;这就是富于浪漫情调的回答。她肯定知道诗人雷夫纳尔住在她花园对面。她肯定在杂志上见过他的照片。这个微妙的、含有柔情蜜意的、谦逊而讨人喜欢的信息不可能遭到忽略。

雷夫纳尔注意到玫瑰旁边还有一个小花盆。他毫不顾忌地取出观剧望远镜,在窗帘的掩护下观看花盆。一盆豆蔻天竺葵!

他出自真正诗人的本能,从书架上找出一本无用信息的书,翻到"花的语言"部分。

"天竺葵,豆蔻——表示我期待会面。"可不是吗!浪漫史做事一向彻底。假如她来到你身边,会带来礼物和她的针线活;假如你同意的话,她会坐在你的壁炉旁边。

雷夫纳尔笑了。恋爱的男人自以为赢得了爱情时总是会笑的。恋爱的女人胜利后就不再笑了。他结束了战斗;她则刚刚开始。她把四朵玫瑰放在窗栏上给他看,这个想法多么美妙!她肯定有善解人意的、富于诗情的心灵。现在该考虑怎么安排会面了。

口哨和关门的声音表明萨米·布朗来了。

雷夫纳尔又笑了。广泛的复兴光芒甚至照到了萨米·布朗身上。萨米穿着超前卫的衣服,别着马蹄铁形的领带别针,胖乎乎的脸,说着陈腐的俚语,对雷夫纳尔怀着一种说不明白的仰慕——这个经纪人事务所的职员同诗人昏暗的公寓里光彩照人的、未曾露面的新客人形成极好的陪衬。

萨米坐在窗口他的老座位上,望望窗外花园里灰蒙蒙的绿叶。接着,他看看表,又匆匆站起来。

"喔唷唷!"他嚷道,"四点二十分了!我不能在这儿待下去了,老兄;四点三十分我还有个约会。"

"你既然有约会,"雷夫纳尔挖苦说,"何必又来呢?我认为你们生意人分分秒秒都算计好的。"

萨米在门口犹豫了一下,脸色更红了。

"事情是这样的,雷夫,"他像保证金额度已经用光的客户似的讪讪地说,"我来这儿后才知道有约会。我告诉你吧,老兄——对面老宅里有个了不起的姑娘,害得我神魂颠倒。我直话直说吧——我们订婚了。老爷子不同意——但不管用。他管得她很紧。我从你的窗口可以望到伊迪丝的窗口。她外出购物时给我一个暗示,我就去和她见面。今天的暗示是四点三十分。也许我早应该向你解释,不过我知道你不会在意的——再见了。"

"你怎么得到你所说的暗示呢?"雷夫纳尔不太自然地笑着说。

"玫瑰,"萨米简单地说,"今天是四朵。表示四点钟等在百老汇路和第二十三街的拐角上。"

"那么天竺葵呢?"雷夫纳尔抓住浪漫史女神飘拂的裙裾坚持问道。

"表示半个钟头,"萨米在门道里大声说,"明天见。"

可怖之夜的城市

"最近天气回热的一段时期，"8606号快运货车车夫、我的朋友卡尼说，"有许多机会可以通过网眼背心观察人们的本性。

"公园督察、警察局长和森林委员会一起开会，同意让人们睡在公园里，直到气象局使温度回落到好熬的时候。于是，他们做出决议，请农业部、康斯托克先生①和新泽西州南奥林奇改善乡村环境消灭蚊子协会批准。

"公告特准向百姓开放本来就属于他们的公园后，中央公园周围的社区便开始向公园大举迁移。日落后十分钟，你会以为人们在排练爱尔兰马铃薯灾荒和基什尼奥夫②大屠杀的场景。四面八方的家庭、帮派、吃蛤会、家族、俱乐部和部落纷纷前来，享受在草地上睡觉的凉爽。没有煤油炉的人带来许多毛毯，免遭露宿的寒冷和不适。他们在树下生火，在马道上挤在一起，在土质不硬的草地上掘洞，光是中央公园一处，约莫就有五千人成功地抗击了夜晚的冷空气。

"你知道，我住在那些名叫比尔希巴分宅公寓的设备齐全的房子里，就在纽约中央铁路高架部分对面。

"分宅公寓接到通知，说是根据城市俱乐部和墨菲货运、草皮

---

① 康斯托克（1844—1915），美国改革家，纽约消除恶习协会发言人，他的名字常用作拘泥狭隘的清教徒的同义词。
② 基什尼奥夫，摩尔达维亚首府，16世纪曾被土耳其征服。

更新覆盖公司咨询委员会的指示,大家必须到公园里去睡时,仿佛发生了一两场火灾,到处都在撤离。

"住户们开始打点羽毛垫褥、橡胶靴、辫子大蒜、热水袋、便携式小划子和煤铲,把它们带到公园里去图个舒适。人行道上像是日俄战争时尾山行军路上的俄罗斯营地。从顶层的丹尼·盖根家到一层的戈登斯坦努普斯基小姐家,上上下下一片哭喊。

"'凭什么要把我撵出舒适的公寓,'丹尼火冒三丈,穿着蓝色线袜跑下来对看门人说,'要我像兔子一样躺在肮脏的草里?真是没事找事,自寻烦恼——'

"'嘘!'里根警察站在人行道上敲着警棍说,'不是没事找事。是警察局长的命令。所有的人都得出来,到公园里去。'

"我们在比尔希巴公寓里都有一个平安幸福的家。奥多德家、斯坦诺维茨家、加拉汉家、科恩家、斯皮齐纳利家、麦克马努斯家、斯匹格尔梅耶家、琼斯家——我们尽管民族不同,却像一个大家庭似的生活在一起。遇有闷热的晚上,我们让孩子们站成一行,从前门排到街角上的凯利酒馆,接力传递啤酒罐,省去了自己跑去的麻烦。我们身上的衣服都不比雕像身上的多,坐在通风的地方,每人手里捧着一个冰凉的啤酒罐,光着脚,罗森斯坦家的姑娘们在六楼的防火梯上唱歌,帕齐·鲁尔克在八楼吹长笛,太太们互相用绰号招呼,时不时有阵阵小风从迪皮尤先生①的中央铁路那里吹来——我对你说,比尔希巴公寓是避暑胜地,相比之下,卡茨基尔②简直成了地洞。当一个人的肚子里装满了啤酒,光着脚,待在通风的地方,老伴在炭炉上煎猪排,孩子们穿着棉布罩衫在人行道上围着摇手风琴的人跳舞,一星期的房租已经付清——在闷热的

---

① 迪皮尤(1834—1928),美国律师,曾任国务卿和范德比尔特铁路公司顾问。
② 卡茨基尔,纽约州东部的山脉。

夜晚,还有什么更高的要求呢?可是警察局现在做出决定,把人们赶出舒适的家,到公园里去睡觉——简直像是俄罗斯沙皇的敕令——这件事等到下次大选的时候,会再提起的。

"反正里根警察把我们统统赶往公园,从最近的入口进去。树底下很黑,孩子们吵着要回家。

"'你们在这片树林子里过夜,'里根警察说,'如果拒不服从,将以侮辱公园督察和气象局长的罪名处以罚金和监禁。从这里到埃及石碑的三十英亩地段由我负责,我劝各位不要自找麻烦。让你们睡在草地上是上头的命令。你们早上可以离开,晚上必须回来。我接到的命令没有提到保释的问题,不过需要的话,我可以去打听打听,公园门口会有保证人的。'

"除了汽车道沿线之外没有灯光,我们一百七十九名比尔希巴公寓的住户在月黑风高的树林里准备凑合着过夜了。带毯子和引火柴的人最好过。他们生了火,用毯子裹好脑袋,骂骂咧咧地躺在草地上。没有任何可看的、可喝的、可做的东西。在暗地里,我们无从分清敌我,除非摸摸别人的鼻子。我随身带的有去冬穿的大衣、牙刷、奎宁片和从公寓床上揭下来的红色羽毛被子。夜里有人三次滚到我的被子上,用膝盖顶住我的喉结。我三次摸他的脸,确定了他的身份,我三次起来,把入侵者踹下山岗,滚到下面的碎石路上。后来,有个带着凯利的威士忌气味的人拱到我身边,我摸摸他的鼻子,觉得长得是地方,便说:'是你吗,帕齐?'他说,'是我,卡尼。你认为这要维持多久?'

"'我不是天气预报员,'我说,'不过明年秋季如果他们公布一份有强烈反民主党倾向的候选人名单,让我们去投票站排队的话,我们就有希望回家在床上睡一两次觉了。'

"'能在楼梯上吹我的长笛,'帕齐·鲁尔克说,'满头大汗地待在我自己的房间里,听高架火车欢快的噪音,闻葱头炒肝的香味,看报上最新的谋杀案的消息,我就心满意足了,'他说,'把我们轰到草地上来毫无道理,何况还有长腿的东西爬到我们裤子上来,有假借蚊子的名义来啄我们的新泽西沙锥鸟。卡尼,公寓里一切照常,我们在这里算什么名堂?'

"'这是市政府免费招待的一年一度的夜晚草坪大聚会,'我说,'发起人是警察局、富婆赫蒂·格林和药业托拉斯。天热的时候在主要的公园里举行一星期。目的是照顾那些不配到北海滩去参加烤鱼聚会的人。'

"'我在地上睡不踏实,'帕齐说,'我害枯草热、风湿病,蚂蚁净往我耳朵里钻。'

"长夜漫漫,公寓的前住户们在暗地里唉声叹气,磕磕绊绊,设法得到一些休息和消遣。孩子们冻得直叫,看门人替他们弄了一些热茶,把标示酒店和赌场的牌子劈开来添火。住户们摸黑试图以家庭为单位躺在草地上,但是如果你能睡在同一个楼层或者宗教信仰相同的人旁边,就算是运气了。时不时有一个墨菲家的人不小心滚到罗森斯坦家的草地上,或者有一个科恩家的人爬到奥格拉迪家的灌木丛下,然后就是摸鼻子,辨明身份,有人滚下山岗,待在车道上。女眷们有扯头发打架的,小孩哭叫时,他身边最近的人就凭感觉打他的屁股,不问小孩是谁家的,父母是谁。比尔希巴公寓的住户白天很看重社会地位,黑暗中就顾不上了。拉弗蒂太太平时连意大利移民踩过的柏油马路都避之不及,早晨醒来却发现自己的脚搁在安东尼奥·斯皮齐纳利的怀里。爱尔兰裔的麦克·奥多德平时看到小贩就把他们轰下楼,白天却发现犹太人伊萨克斯坦的大胡子绕在他的脖子上,不得不把大伙都弄醒,帮他解开。但是,也有些人不顾露宿的不方便,反而搞熟了。第二天早晨,公寓里宣布有五对男女立下了山盟海誓,准备不久结婚。

"午夜时分,我爬起来,拧干头发里的露水,走到车道边坐下。

我看到公园一侧街道和房屋里的灯光；我想那些能坐在窗口抽抽烟斗，自由自在地乘凉的人是多么幸福。

"那当儿，一辆汽车停在我面前，车里下来一个衣着讲究的人。

"'朋友，'他说，'你能告诉我，这些人为什么躺在公园的草地上吗？我觉得这是违反市政条例的。'

"'这是命令，'我说，'警察局通过的、刈草协会批准的命令，凡是后车轴上有牌照号码的人都必须待在公园里，等待下一步通知。幸好今年命令下来的时候天气很好，除了湖畔和车道两边外，伤亡人数不比往常高出多少。'

"'山岗边上是些什么人？'那人问道。

"'他们吗？'我说，'都是比尔希巴公寓的住户——那地方对谁说来都是好住处，特别是在闷热的夜晚。但愿快点天亮！'

"'他们晚上来这里，'那人说，'呼吸纯净的空气和花草树木的芳香。是啊，'他说，'每天晚上来这里避开砖石住房的燠热。'

"'还有木料，'我说，'大理石、灰泥和钢铁。'

"'这件事必须立刻处理。'那人收起小本子说。

"'你是公园督察吗？'我问道。

"'我是比尔希巴公寓的业主，'他说。'上帝保佑那些给住户带来额外利益的花草树木。从明天起，房租一律提高百分之十五。晚安。'他说。"

灵魂的复活节

女神是不太可能死掉的。埃斯特雷①,古老的撒克逊春天女神,听说人们以为与她同名的伊斯特尔只在教堂礼拜结束后,存在于第五街人行道上的某些地段,一定会用袖子掩嘴暗笑。

哎呀!复活节是属于全世界的。契尔库特山口②的雷鸟脱掉冬季白色的羽毛,换成褐色的;巴塔哥尼亚的花花公子在他的假发上抹了油,带着大头棒出来,又找了一个情人,把她拖回他的满地骷髅的公寓。至于克里斯蒂街呢——

"老虎"麦夸克先生起身时有一种莫名其妙的烦躁感。他熟练地用脚把睡在地板上的三个弟弟像滚圆木似的推到一边。他站在窗子旁边一英尺见方的镜子前刮胡子。如果你认为刮胡子是小事一桩,没有必要大书特书,我可以原谅;因为你不了解麦夸克先生要把从面颊到下巴的胡子刮干净是多么艰巨的任务。

麦夸克老爸早就去上班了。麦夸克家的长子在家赋闲。他是大理石切割工,而大理石切割工正在罢工。

"你有什么不舒服吗?"麦夸克老妈好奇地看着他问道,"今天

---

① 埃斯特雷(Eastre)是盎格鲁-撒克逊语中条顿民族每年春分祭祀黎明女神(Eostre)的节日,Eostre 与拉丁语 aurora(曙光)和梵文 ushas(黎明)同源。英语伊斯特尔(Easter,复活节)有万象更新,生命繁衍的含义。西方复活节市上出售的蛋状和兔子状糖果和玩具象征生命力和繁殖。

② 契尔库特山口在美国阿拉斯加和加拿大育空之间。

早晨你好像觉得不大对头,是吗?"

"他在想安妮·玛丽亚·多伊尔。"十岁的小弟弟蒂姆冒冒失失地插嘴说。

"老虎"伸出拳击冠军的手,把小麦夸克从椅子上扫了下来。

"我很好,"他说,"只不过有点说不清楚的感觉。我觉得好像会有地震,或者音乐,或者有点寒热,或者也许是有野餐会。我不知道是什么感觉。我想朝警察脸上狠狠地打几拳,或者想把康奈岛游乐场玩个遍,从大门口的爆玉米花开始,直到乘象轿。"

"那是你骨头里春天的征兆,"麦夸克太太说,"那是活力在萌动。以前当蚯蚓开始从沾有清晨露水的泥土里钻出来时,我也有两条腿停不住、头脑冷静不下来的情况。去药剂师那儿买一点梅笠草和龙胆皮熬茶喝,对你会有好处的。"

"得啦!"麦夸克先生说,"根本没有春天的迹象。多诺万家后院的披屋顶上还有积雪。昨天六马路有了敞篷马车,看门人停止进煤。种种迹象表明,冬天还要持续六个星期。"

早饭后,麦夸克先生在不平整的镜子前面耗了十五分钟,制服他不听话的头发,整理绿紫两色的领巾和紫晶别针,别针的形状是块墓碑——说明了他选择的职业。

自从罢工以来,这个罢工者养成了习惯,每天早晨赶往街角上弗莱厄蒂兄弟开的酒馆,坐在人行道上,一面擦皮鞋,一面观看街上风景,直到十二点钟吃午饭的时候。"老虎"麦夸克先生,将近六英尺的健壮的身材,在运动和打架方面都训练有素,光滑、结实、亲切的脸上剃刀刮过的地方显得铁青,衣着经过仔细斟酌,一副精干的神气,他本人也是一个悦目的景观。

但是今天早上,麦夸克先生并没有立即赶到他休闲和观察的地点。空气中有些他说不清、道不明、不寻常的东西,妨碍了他的思绪,搅乱了他的感官,使他既无精打采,急躁易怒,对什么都不满意,又得意洋洋,兴高采烈。他不是诊断专家,不了解四旬斋①正在他的生理系统中分解。

麦夸克太太提到春天。"老虎"抱着怀疑的态度四下寻找。春天的迹象几乎没有。摇手风琴的人在演奏,但他们总是往前赶。公园里的滑冰场歇业之时对他们来说就是挣些小钱的春天。女帽店的橱窗里,复活节的帽子像盛开的花朵,有的朴素,有的花里胡哨。人行道上有一小块一小块的绿色,那是食品杂货店的商品。三楼窗栏上第一个当令的肘垫——粉红底色上带着浅黄色的条纹——搁着一个郁郁寡欢的、穿着晨衣的少妇的手臂。东江吹来的风仍带寒意,但是已有叼着稻草的燕子飞向屋檐。一家颇有预见和信心的旧货商店把冰箱和棒球用品陈列了出来。

"老虎"怀疑的眼光落到一个希望花蕾的征兆上。他面前有一幅盘马张弓的人马座的鲜亮的石印画,表明醉人的酿造饮料已经上市。

麦夸克先生跨进酒馆,要了一杯黑啤酒。他把五分镍币扔到酒吧上,拿起杯子,没有喝,又放了下来,朝门口走去。

"怎么回事,博林布罗克伯爵②?"酒吧侍者挖苦地问道,"你要用金杯玉盏才喝酒吗?"

"嗨,"麦夸克先生霍地转身,朝他挥挥拳头,"你管好自己的事,轮不到你来册封爵位。我改了主意,不想喝了——懂吗?你已经收了酒钱,不是吗?你不要多嘴多舌,自讨没趣。"

麦夸克先生除了情绪不对头外,欲望也变化不定了。

他出了酒店,走了二十来步,靠在理发师卢茨开着的店门口。他和卢茨是好朋友,互相用不中听的粗话来掩饰他们之间的真

---

① 复活节前的四十天。
② 博林布罗克伯爵是莎士比亚剧本《理查二世》和《亨利四世》中的人物,后为英国国王亨利四世。

感情。

"爱尔兰二流子,"卢茨大声招呼说,"你好吗?看来警察或者捕捉野狗队还没有完成任务!"

"喂,德国佬,"麦夸克先生说,"你能不想香肠吗?"

"咄!"德国人走出来,也靠在门口,"我今天的心思根本不在香肠上面。空气里有春天的味道。我从街上的烂泥和河面的冰块闻得出来。过不了多久,岛上就有人捧着啤酒罐在树下野餐了。"

"喂,"麦夸克先生把帽子推到一侧说,"是不是人人都拿春天来糊弄我?根本没有春天的气氛,正像二马路带家具出租的房间里根本看不到马鬃毛的沙发一样。我仍旧穿着冬天的内衣,吃着荞麦饼。"

"你没有诗意,"卢茨说,"不错,天仍旧很冷,城里春天的迹象不多,但是有三种人首先应该感到春天的来临——诗人、恋爱的人和可怜的寡妇。"

麦夸克先生继续走去,仍受到那种莫名其妙的烦恼的困扰。他总觉得缺了些什么,很不舒服,由于莫名其妙而有点生气。

过了两个街口,他迎面遇上一个姓康诺弗的敌人,两人一见面就要打架。

麦夸克先生立即发起进攻,正是这种典型的突然猛烈的攻击为他赢得了"老虎"的绰号。康诺弗先生的防御十分敏捷出色,两人拳来脚往,打得不可开交,直到讲义气的围观者发出警告说:"快跑——警察来啦!"当事人蹿进最近的开着的房门,跑到与之相连的后院,轻而易举就逃脱了。

麦夸克先生到了另一条街上。他站在灯柱旁考虑了一会儿,转身进了一家小书报店。一个在吃软糖的红头发的年轻女人走过来,隔着冰封草原似的柜台冷冷地瞅着他。

"劳驾,女士,"他说,"我想买一本有这么几句词的歌曲集。

让我想想,开头是这样的——

> 春天到来时,我们在山谷里徜徉,
> 亲爱的,悄悄谈着过去的时光——

"我的一个朋友,"麦夸克先生解释说,"摔断了腿,躺在家里出不来,请我帮他找找。他不能出来喝酒时,就特别喜欢诗歌。"

"我们没有,"年轻女人带着不加掩饰的蔑视神情回答说,"但是有一支新歌开头是这样的:

> 我们一起坐在老旧的扶手椅里,
> 在闪烁的炉火光前,一定很安逸。"

那天,"老虎"麦夸克先生到处乱逛,再跟着他也不会有什么结果。最后,他到了安妮·玛丽亚·多伊尔家前敲门。埃斯特雷女神终于把他引到了正确的地方。

"是你吗,杰米·麦夸克?"她开了门,微笑着说(安妮·玛丽亚以前从不接纳"老虎"),"好吧,有事尽管开口!"

"到门厅外面来说话,"麦夸克先生说,"我想问问你对天气的看法——实话实说。"

"你怎么啦,疯了吗?"安妮·玛丽亚说。

"是疯了,""老虎"说,"我今天遇到的人都说有了春天的气息。难道他们是在撒谎?还是我有毛病?"

"哎呀!"安妮·玛丽亚说——"你没有注意到吗?我几乎闻到了紫罗兰的芳香。还有青草。当然,现在还看不到花草——只是一种感觉,你知道。"

"那正是我想说的,"麦夸克先生说,"我有那种感觉。开头我并不清楚。我以为也许是腻烦。上次我在第十四街就有了。不过我那种宿醉腻烦的感觉没有紫罗兰的气息。只有你的名字,安妮·玛丽亚,我要的是你。下星期一我去干活,每周可以挣四块钱。你说说看,好姑娘——我们可以成家吗?"

"杰米,"安妮·玛丽亚叹气说,突然扑进他的大衣里不见了,"难道你看不出来这会儿到处都是春天吗?"

你清楚地记得那天结束时的天气。早晨似乎春意盎然,傍晚突然转冷,下了一英寸的雪——三月下旬居然还下雪。妇女们在五马路上把冬天的裘皮大衣裹得紧紧的。只有在花店橱窗里才可以看到埃斯特雷女神清晨微笑的迹象。

六点钟,卢茨先生准备关门。他听到一声熟悉的招呼:"哈啰,德国佬!"

"老虎"麦夸克穿着单衬衫,帽子推在后脑勺,站在漫天大雪里抽雪茄。

"鬼天气!"卢茨嚷道,"冬天又来了!"

"你胡扯,德国佬,"麦夸克先生和善地说,"从钟表上看,现在是春天。"

傻瓜杀手

在南方,谁干了一件特别蠢的蠢事时,人们会说:"去找杰西·霍姆斯。"

杰西·霍姆斯是傻瓜杀手。当然啦,他是个虚构人物,正如圣诞老人、杰克·弗罗斯特①、大繁荣,以及代表自然界所无法体现的想法的种种具体概念。最聪明的南方人都说不清楚傻瓜杀手这个名称的来源,但是从北到南,从罗阿诺克到格朗德河,不提到这个名称的人家几乎没有,那些人家是幸福的。人们总是带着微笑,有时含着眼泪,召唤他来履行他的本职工作。杰西·霍姆斯是个大忙人。

我清晰地记得,在我光着脚板到处乱跑,常常躲避他要履行的职责时,他在我想象中的模样:他是个可怕的老人,穿着灰色衣服,留着蓬松的灰色长胡子,红红的、凶狠的眼睛。我看见他在路上拄着一根白橡木手杖,鞋子用皮带绑着,在扬起的尘埃中沉重地走来。我甚至可以——

但这是个独立的短篇,不是续篇。

我遗憾地注意到,值得一看的短篇小说很少不包含某种饮料的,从阿利桑纳·迪克的红威士忌到激发莱昂内尔·蒙斯特雷塞

---

① 杰克·弗罗斯特是寒霜的拟人化称呼;圣诞老人是西方传说中住在北极、圣诞节乘着八匹驯鹿拉的雪橇,给儿童分送礼物的圣尼古拉斯。

尔的"调侃对话"的没劲的乌龙茶。既然有了先例,我不妨介绍一种滴注苦艾酒——用银滴注器有规则地注出的乳白色的、清凉的、令人妒忌的、骗人的苦艾酒。

克纳是个傻瓜。此外,他还是画家和我的好朋友。如果说世界上有什么极其可鄙的东西的话,那就是作家眼里的替他的短篇小说绘制插图的画家了。你不妨试试。写一篇有关爱达荷采矿营地的小说。卖了它。花掉稿费,六个月后,问别人借二角五分(或者一角)买一本刊登那篇小说的杂志。你会看到你小说的主人公,牛仔黑比尔的大幅淡墨画像。你在小说里用过"马"字。阿哈!画家有了创意。黑比尔穿着韦斯切斯特县打猎俱乐部的正规裤子。他拿着一支豪华来复枪,戴着单镜片。背景是第四十二街上挖掘煤气管道的一段马路和印度著名的泰姬陵。

够了!我恨克纳,有一天,我们见了面,却成了朋友。他年轻,但是忧郁得可怕,因为他心气很高,面前的生活又是那么丰富多彩。是啊,他忧郁得几乎到了荒唐的程度。那是年轻的关系。当一个人愉快得可悲时,你可以打一百万元的赌说他必定染头发。克纳的头发浓密,精心把它弄得像艺术家那样蓬乱。他抽烟抽得很凶,吃饭时少不了红酒。最重要的是,他是傻瓜。我有知人之明,我羡慕他,当他抨击贝拉斯克斯和廷托雷托①的时候,我耐心听着。有一次他告诉我,他在某个选集里看到我的一篇小说,相当喜欢,并且简单介绍了其中内容。我感到遗憾的是菲兹·詹姆斯·奥布赖恩先生②已经去世,不能亲自听到对他作品的赞美。但是克纳并不经常出洋相,他是个一贯的傻瓜。

---

① 贝拉斯克斯(1599—1660)和廷托雷托(1518—1594)分别是西班牙和意大利著名画家。
② 奥布赖恩(1828—1862),美国新闻记者、作家,他写的神秘怪诞的短篇小说当时十分流行。

这句话我最好解释一下。这里牵涉到一位姑娘。对我来说，姑娘是属于女子学校或者照相簿里的东西，但为了保持同克纳的友谊，我勉强承认了那种动物的存在。他把藏在小金盒挂件里的她的照片给我看——是金黄头发呢还是黑发——我记不清了。她在工厂干活，每周工资八元。为了不让工厂援引这种工资替自己辩护起见，我还得补充说，那姑娘从每周一元半工资开始，干了五年，才达到这个最高额。

克纳的父亲有二百万财产。他愿意支持艺术，但不同意工厂女工。于是克纳放弃了继承权，搬到外面，租了一个房租低廉的画室，早餐吃香肠，午餐晚餐在法罗尼饭馆解决。法罗尼有艺术气质，向画家和诗人赊账，价格做一些巧妙的调整。克纳有时候卖掉一幅画，便买些新挂毯、一枚戒指、一打丝巾，预付法罗尼两块钱。

一天晚上，克纳请我同他和工厂姑娘一起吃饭。只要克纳涂抹的颜料能换钱，他们打算马上结婚。至于前父亲的二百万家产——哼！

她长得很了不起。身材娇小，还算漂亮，在便宜的饭馆里显得落落大方，正像在芝加哥帕尔默大饭店用餐，早已拿了一把银匙留作纪念，安全地藏在衬衫里似的。她有两点特别引起我注意。一是她的腰带扣子恰好在后背中央，另一点是，她没有对我们说，有一个戴红宝石领带别针的、高大的男人从第十四街起一直跟着她，盯到这里。克纳真是傻瓜吗？我琢磨着。接着，我想二百万元可以买多少手镯和蓝色玻璃珠子送给土著人，我想，他确实是傻瓜。艾丽斯——那当然是她的名字——快活地告诉我们，她衬衫上那块棕色的污渍要怪她的房东太太，她在煤气灯上烧熨斗时，房东太太敲门了，她赶紧把熨斗藏在被窝里，等到敌情解除后，她重新熨衬衫时，熨斗上粘了一块口香糖，结果——叫我纳闷的是，口香糖怎么会到被窝里去的，难道她们老是嚼个不停吗？

过了一会儿——别着急,苦艾酒马上就来了——克纳和我已经坐在法罗尼饭馆里吃饭了。乐师弹奏曼陀铃和吉他,屋子里烟雾弥漫,一层层的像飘浮的波浪,犹如画家画的圣诞节广告上的葡萄干布丁的热气,一个穿蓝色绸衣服、长手套用汽油去污的女人开始哼唱卡茨基尔山区的曲调。

"克纳,"我说,"你是傻瓜。"

"当然,"克纳说,"我不会让她继续干活的。我妻子不干这种事。没有必要再等了。她也同意。昨天我卖了那幅哈得孙河畔断崖的水彩画。我们可以在两眼煤气炉上自己做饭。你知道我会做蔬菜炖肉吗?是啊,我想我们下星期就结婚。"

"克纳,"我说,"你是傻瓜。"

"来点苦艾酒吗?"克纳气派地说,"今晚艺术招待你大吃一顿。我想我们要租一套带浴室的公寓。"

"我从没有试过——我指的是苦艾酒。"

侍者端来苦艾酒,把水缓缓倒在滴注器的冰块上面。

"看上去同密西西比河纳齐兹大弯曲下面的河水一模一样。"我着迷似的瞅着混浊的酒水说。

"有每周八元房租的公寓。"克纳说。

"你是傻瓜,"我开始啜饮着苦艾酒说,"你需要的是杰西·霍姆斯的特殊照顾。"

克纳不是南方人,不懂这句话的意思,他按照邋遢的艺术家的设想自得其乐地琢磨公寓,我瞅着泛绿色的苦艾酒。

我无意中看到,天花板下面的墙壁上有一群欢乐的酒神崇拜者开始游行,从右到左穿过房间。我没有把我的发现告诉克纳。他的艺术家气质过于敏感,看不得违反白粉墙壁的自然规律的事情。我啜吸着苦艾酒,感到飘飘然。

一次滴注的苦艾酒并不为多——但是我又和颜悦色地对克

纳说：

"你是傻瓜。"我又用俗话说，"你需要杰西·霍姆斯。"

我四下看看，发现傻瓜杀手（他老是在我的想象中出现）坐在附近的一张桌子那儿，用他红红的、不祥的眼睛毫不留情地盯着我们。他从头到脚都是杰西·霍姆斯的模样：灰色的、蓬松的长胡子、式样古老的灰色衣服、应召从远路赶来而粘满灰尘的鞋子。他死死地盯着克纳。我想起是我把他从南方繁忙的工作中召来的，心里不禁发毛。我打算逃跑，但考虑到许多人除了出任驻西班牙的大使外，似乎无法逃脱他的照顾时居然也逃脱了，便坐在原处，听其自然。我把克纳兄弟叫做傻瓜，就面临了地狱之火煎熬的危险。那不是什么了不起的事；不过我要拉他一把，逃出杰西·霍姆斯的掌心。

傻瓜杀手站起来，走到我们的桌子前。他两手按着桌子，冒火的、报复的眼睛盯着克纳，不理会我。

"你是个不可救药的傻瓜，"他对画家说，"你挨的饿还不够吗？我再给你一个机会。同你的姑娘分手，回到你自己家去。你如果拒绝，后果由自己承担。"

傻瓜杀手恶狠狠的脸离他威胁的对象不到一英尺；但使我惊恐的是，克纳似乎根本没有注意到他的存在。

"我们下星期结婚，"他心不在焉地自言自语，"我的画室有些家具，再买一些旧货，可以凑合对付。"

"你决定了你自己的命运，"傻瓜杀手用低沉但可怕的声音说，"你等于死了。你已经错过了最后的机会。"

"晚上，"克纳温柔地说，"我们坐在月光下弹吉他唱歌，虚荣和金钱都抛到九霄云外。"

"你的脑袋才在九霄云外呢。"傻瓜杀手鄙视地说，我发现克纳仿佛根本没有看到或听到杰西·霍姆斯，我的头皮发麻了。我领悟到,由于某种原因,眼前的事情只有我一个人看到听到,我必须从傻瓜杀手手里救出我的朋友。我脸上大概流露出了惊恐。

"对不起,"克纳和蔼地淡淡一笑说,"我是不是在自言自语?我大概养成习惯了。"

傻瓜杀手转身走出了法罗尼饭馆。

"你在这里等我一下,"我站起来说,"我必须找那个人谈谈。你怎么不回他话?你难道因为傻,就应该像老鼠一样被他踩死?你难道不敢吱声替自己辩护?"

"你醉了,"克纳漠然说,"谁也没有同我说话呀。"

"摧毁你心灵的人,"我说,"刚才站在你面前,把你当作目标。你不瞎不聋,怎么会不知道?"

"我可没有看到这样一个人,"克纳说,"这张桌子上除了你以外没有别人。坐下来吧。你不能再喝苦艾酒了。"

"你在这里等着,"我狂暴地说,"你不爱惜自己的生命,我却要救你。"

我冲出去,跑了半条街才赶上那个穿灰衣服的人。他仍是我在想象中见过千百次的模样——蛮横无理,阴沉可怕。他走路时仍挂着那根白橡木拐杖,若不是街上有洒水车,他脚下肯定尘土飞扬。

我抓住他的袖子,把他拉到一座房屋的暗处。我知道他是个虚幻人物,不愿意让警察看到我对空说话,不然可能把我关进贝尔维尤医院,我的银火柴盒和钻石戒指可能被抄走。

"杰西·霍姆斯,"我故作勇敢地面对他说,"我认识你。你的名字我听了一辈子。我了解你给你的国家带来多少灾难。你杀的不是傻瓜,而是一个民族生存壮大所必需的青年和天才。你自己才是傻瓜,霍姆斯;三代前,社会、荣誉和正统观念的标准陈旧过时,顽固褊狭,那时候你就开始剪除你最杰出、最优秀的同胞。我的朋友克纳是我生平遇到的最聪明的人,当你把残害的目标定在他身上时,你就证明了这一点。"

傻瓜杀手阴沉地盯着我。

"你喝得稀里糊涂,"他莫名其妙地说,"哦,是啊,我想起来了。你和他坐在一起。如果我没有记错的话,我听到你也说他是傻瓜。"

"我确实说过,"我说,"我喜欢这么说。那是出于妒忌。无论你用什么标准衡量,他是世界上最了不起的大傻瓜。那就是你要杀他的原因吗?"

"你能告诉我,你以为我是什么人吗?"老人问道。

我狂笑起来,但随即立刻停住,因为我想到我独自一人对着一堵墙这么快活被人看见是不行的。

"你是傻瓜杀手杰西·霍姆斯,"我一本正经地说,"你要杀我的朋友克纳。我不知道是谁叫你来的,不过你真的杀了他,我要报警逮捕你。那是说,如果我能让警察看见的话。他们眼神不好,普通人都看不清,恐怕要动员全部警力才能捉到一个虚幻的凶手。"

"够啦,"傻瓜杀手不耐烦地说,"我得走了。你最好回家睡觉,醒醒酒。少陪了。"

这时候,我突然替克纳担心,赶紧来软的。我抓着那个灰不溜秋的人的袖管央求说:

"傻瓜杀手好先生,别杀小克纳。你干吗不回南方去杀那些议员和吃人的人,放过我们呢?你干吗不到五马路去杀那些百万富翁呢?他们把钱锁在保险箱里,不让一对年轻的傻瓜结婚,只因为其中一个住的地方不对头。来喝一杯吧,杰西。难道你从不放下手头的工作吗?"

"你认不认识你朋友为之变成傻瓜的那个姑娘?"傻瓜杀手问道。

"我有幸认识,"我说,"所以我才说克纳是傻瓜。他之所以傻,是因为他等了这么久才同她结婚。他之所以傻,是因为他一直希望得到一个荒唐的身价二百万的傻瓜父亲或者诸如此类的人的同意。"

"也许,"傻瓜杀手说,"也许我——也许我应该换换脑筋。你能不能回饭馆去,把你的朋友克纳叫到这里来?"

"那有什么用,杰西,"我打着哈欠说,"他看不见你。他不知道你在饭桌上对他说话。你知道,你只是个虚幻的人物。"

"这次他也许能看见。你去把他找来,好吗?"

"好吧,"我说,"但是我怀疑你是不是完全清醒。你仿佛在摇晃,轮廓都模糊了。在我回来之前,你可不要消失。"

我回到克纳那里对他说:

"外面有个看不见的杀人狂要见你。我相信他要谋害你。来吧。你看不见他,因此没有什么可怕的。"

克纳显得有点焦急。

"唉,"他说,"没想到你喝了一点苦艾酒居然醉成这样。你只是吃香肠的命。我送你回家。"

我把他领到杰西·霍姆斯那儿。

"鲁道夫,"傻瓜杀手说,"我让步了。你把她带回家来吧。同我握握手,孩子。"

"你太好了,爸爸,"克纳同那老人握手言和,"你见到她后不会后悔的。"

"他在饭桌上同你说话时难道你没有看见?"我问克纳。

"我们相互不说话已有一年了。"克纳说。

我走开了。

"你上哪里去?"克纳喊道。

"我去找杰西·霍姆斯。"我端着架子有保留地说。

世外桃源的过客

避暑地的促销商们一直没有发现百老汇路上的一家旅馆。那家旅馆幽静、宽敞、凉爽。客房的装修都用低色调的深色橡木。人造微风和墨绿色的灌木给人带来愉快的感觉,但没有阿迪龙达克山岭的不便。在穿黄铜纽扣制服的向导的带领下,人们可以爬宽阔的楼梯,或者悠悠地乘电梯上去,那种宁谧的乐趣绝不是阿尔卑斯登山者们所能得到的。旅馆厨师为你做的小溪鳟鱼比白山任何饭店做的都好,烩的海鲜会使老岬餐厅妒忌得脸色发绿,烤的缅因州鹿肉会让猎物看守官员软下心肠,高抬贵手。

很少人发现七月的曼哈顿沙漠竟有这片绿洲。七月份,数目锐减的客人们舒舒服服地散坐在幽暗阴凉的餐厅里,隔着没人坐的、铺着雪白桌布的荒原互相瞅瞅,暗自庆幸。

人浮于事的、密切注意的侍者悄悄地四处走动,在你开口之前已经提供了你要求的所有东西。室内永远保持着四月份的温度。天花板用水彩颜料涂成夏季天空似的,轻盈的浮云在上面飘过,却不会像大自然的云彩那样令人遗憾地消失。

在快活的客人听来,百老汇路远处悦耳的喧嚣仿佛是树林里使人心旷神怡的瀑布声。一有陌生的脚步声,客人们都急切地倾听,惟恐他们的这片净土被到处探幽揽胜的寻找乐趣的人发现并侵入。

在炎热的季节,一小批捷足先登的鉴赏家躲在那家客人稀少的旅馆里,尽情享受人工技巧汇集并提供的山区和海滩的良辰美景。

今年七月,一位女士来到旅馆的订房部登记入住,她取出的名片上印的字样是:"埃洛伊兹·达西·博蒙夫人"。

博蒙夫人是忘忧旅馆十分欢迎的客人。她的高贵气质及和蔼可亲的优雅风度使得旅馆里上上下下都成了她的奴隶。她一按铃,侍者争先恐后地上去;若不是产权问题,职员们都愿意立下契约把旅馆及其一切设施都转让给她;别的客人们把她看做女性风韵和美丽的极致,她的来到使旅馆的环境达到了十全十美的程度。

这位绝品客人很少离开旅馆。她的习惯很符合忘忧旅馆的高鉴赏力的主顾们。人们必须摈弃城市,自以为远离尘嚣,才能充分享受愉快的旅馆生活。晚上可以到附近的屋顶花园小憩;闷热的白天总待在阴凉的忘忧旅馆里,正如鳟鱼停留在它喜爱的池塘的清澈的庇护所。

虽然独自住在忘忧旅馆,博蒙夫人却保持着女王似的气派,因为她的孤独只是由于地位引起的。夫人十点钟吃早饭,她那冷清、可爱、悠闲、美妙的模样仿佛是熹微晨光中蕴蕴含光的一朵茉莉。

晚餐时,夫人的辉煌达到了顶峰。她的晚礼服像是峡谷深处的瀑布升腾起来的雾气,曼妙空灵,不是文字所能形容。花边装饰的前襟缀着几朵粉红色的玫瑰。侍者领班见到这身衣服就毕恭毕敬在门口迎接。你见了就会想到巴黎,也许会想到一位神秘的女伯爵,并且肯定会想到凡尔赛、佩剑、费斯克夫人和红与黑。忘忧旅馆有一些空穴来风的传闻,说夫人是世界级的人物,她的纤纤玉手为俄罗斯和某些国家牵线。毫无疑问,作为路路通的世界女公民,她很快就发现,忘忧旅馆的雅致的氛围是炎热仲夏季节全世界最理想的短期休养的地点。

博蒙夫人下榻后的第三天,有个年轻人也来旅馆入住。按通常次序描述,他的衣着朴素大方,五官端正,表情沉着老练,一看就知道是个饱经世故的人。他对登记处的职员说他准备待三四天,打听了去欧洲的轮船航班,然后带着宾至如归的满意住进了那家无与伦比的清静的旅馆。

且不问是否真实,年轻人登记的姓名是哈啰德·法林顿。他老练地汇入了忘忧旅馆宁静生活的流水,没有激起漪涟,没有打扰寻求休息的别的客人。他在忘忧旅馆吃忘忧果,和别的幸运的水手们一起沉浸在至福的宁静之中①。他有了指定的饭桌和侍者时,立刻就担心百老汇路上那些气喘吁吁地寻求休息的人会扑上来毁掉这个隐秘的安息所。

哈啰德·法林顿入住后的第二天,博蒙夫人吃完晚餐出去的时候掉了一块手帕。法林顿先生捡起来还给她,并没有像盼望进身之阶的人那样迫不及待地同她搭讪。

忘忧旅馆的有鉴别力的客人中间也许有一种神秘的同舟共济的精神。也许由于在百老汇路上一家旅馆里发现了最佳避暑地的共同好运而互相吸引。两人说了一些微妙的客套话,试图不太拘谨地相处。正如在真正的避暑地的适宜的环境里一样,他们的相识像神秘的忘忧树似的萌发、开花、结果。他们在走廊尽头的阳台上站了一会儿,轻松地交谈。

"老的避暑地让人厌烦,"博蒙夫人可爱地淡淡一笑说,"到山上或者海边去躲避喧闹和尘土有什么用呢?制造喧闹和尘土的人照样会跟去的。"

"即使在海上,"法林顿忧郁地说,"你周围也是一帮市侩。最豪华的游轮变得同渡轮差不多了。等到避暑客发现忘忧旅馆就在

---

① 荷马史诗《奥德赛》第九章提到海岛上有一种忘忧树,水手们吃了它的果子就浑浑噩噩,乐不思归,忘掉了朋友和家人。

百老汇路,而不是远在千岛湖或者麦基诺岛的时候,我们可要遭殃了。"

"不管怎么说,希望我们的秘密能保持一星期,"夫人叹了一口气,微笑说,"假如他们来到亲爱的忘忧旅馆,真不知道我还能上哪儿去。我知道只有一个度夏的地方像这里一样愉快,那就是乌拉尔山上波林斯基伯爵的城堡。"

"我听说德国的巴登巴登和法国的戛纳今年几乎没有什么人,"法林顿说,"老的避暑地一年不如一年。许多别的人也许和我们一样在探索大多数人忽略的偏僻场所。"

"我让自己再舒舒服服休息三天,"博蒙夫人说,"锡德里克号星期一启航。"

哈啰德·法林顿眼睛里露出遗憾。"我星期一也得走了,"他说,"不过我不去国外。"

博蒙夫人像外国人似的耸耸肩膀。

"这里尽管可爱,但总不能永远躲着。一个多月前,城堡里都已准备就绪,等我回去。那些招待会不得不举行——真烦人!但是我永远不会忘记在忘忧旅馆过的一星期。"

"我也不会忘记,"法林顿低声说,"并且我永远不会原谅锡德里克号。"

三天后的一个星期日晚上,两人坐在阳台上的一张小桌子边。知趣的侍者端来冰块和小杯红葡萄酒。

博蒙夫人穿着她每次晚餐时穿的美丽的晚礼服。她好像有点心事。她那城堡女主人的小手提袋放在手边的桌子上。她吮吸了冰块后,打开手提袋,取出一张一元的钞票。

"法林顿先生,"她带着使忘忧旅馆上上下下都倾倒的笑容说,"我有些事情要告诉你。明天早餐前我就走了,因为我必须回去工作。我是凯西大百货公司针织品柜台的售货员,我的假期明天上午八点钟结束。在下星期六,我领到每周八元的工资之前,这张一元的钞票是我看到的最后的钱了。你是位真正的绅士,你对我很好,我走之前要告诉你实话。

"为了这次休假,我省吃俭用,从工资里攒下钱来。我以前从未过过贵妇人的生活,我想过一星期试试。每天爱什么时候起床,就什么时候起床,不必七点钟挣扎着起来;我要像有钱人那样享受一下,有人侍候,要什么东西一按铃就有人送来。现在我做到了,我有过我盼望了一辈子的最开心的时候。我心满意足地回去干我的工作,住在我的从过道隔出来的小卧室里,再熬一年。我之所以要告诉你,法林顿先生,是因为我——我觉得你似乎喜欢我,而我——我喜欢你。可是,哦,我不得不对你隐瞒到现在,因为这一切对我说来都好像是一个童话。因此我大谈欧洲和我在书报上看到的其他国家的情况,让你认为我是个贵妇人。

"我身上的这套衣服——我惟一的能充阔气的衣服——是在奥多德-莱温斯基公司分期付款买的。

"是量身定做的,价格是七十五元。首期付了十元,以后每周一元,付清为止。我要说的大致就是这些了,法林顿先生,还有,我的姓名是玛米·西维特,不是什么博蒙夫人,我对你的关注表示感谢。这一元钱是明天该付的一期。我想我该回我的房间去了。"

哈啰德·法林顿不动声色地听完了忘忧旅馆最可爱的客人的叙述。她说完后,他从上衣口袋里取出一个支票簿似的小本子。他用铅笔在一张空白页上写了些什么,撕下那一页,交给他的伙伴,然后收起那张一元的钞票。

"明天早晨我也要工作了,"他说,"我不妨现在就开始。那是分期付款一元的收据。我是奥多德-莱温斯基公司的收款员,干了三年了。你我度假的想法一样,真有意思,不是吗?我一直想住住高级旅馆,我节省了工资的百分之二十,满足了愿望。嗨,玛米,星期六晚上一起坐渡轮去康奈游乐场玩——怎么样？"

假埃洛伊兹·达西·博蒙夫人脸上放了光。

"哦，我准去，法林顿先生。百货公司星期六十二点钟关门。即使我们同阔佬们过了一星期，我想康奈岛仍旧是好玩的地方。"

阳台下面，喧嚣的城市在七月的夜晚热得发昏。忘忧旅馆里面幽暗阴凉，殷勤的侍者在落地窗附近轻手轻脚地走动，夫人和她的陪伴稍一示意就上前侍候。

法林顿在电梯门口告别，博蒙夫人最后一次上楼。他们走进那静音的电梯之前，他说："忘了哈啰德·法林顿这个名字好吗？——我叫麦克曼努斯——詹姆斯·麦克曼努斯。有人叫我杰米。"

"晚安，杰米。"夫人说。

餐馆和玫瑰

波希·卡林顿小姐获得了成功。她出生在那个叫做酸果蔓角的小镇,一开头就背上了姓"博格斯"的不利条件①。十八岁的时候,她改用"卡林顿"为姓,在纽约一个滑稽戏班子的合唱队里找到了位置。此后,她一帆风顺,在"歌舞女郎"的正当而愉快的梯阶上步步高升,参加了著名的"小鸟"八重合唱队,演出了成功的喜歌剧《十八扯》,在"福德罗"土豆甲虫舞里领舞,最后在《国王的浴衣》那出戏里担任侍女"端蒂特"的角色。《国王的浴衣》赢得了评论界的好评,也给了她成名的机会。我们叙说卡林顿小姐的故事时,她正声名鹊起,红得发紫,那个精明的经理蒂莫西·戈尔斯坦和她签订了合同,答应下一个季度由她主演戴德·里奇的新剧本《华灯初上》。

随即有一个姓海史密斯的年轻能干的、时髦的性格演员来找蒂莫西先生,申请担任"索尔·海托塞"一角,也就是《华灯初上》里主要的喜剧男演员。

"老弟,"戈尔斯坦说,"只要你搞得到这个角色,尽管担任。卡林顿小姐不接受我的任何建议。她已经回绝了本市五六个最好的演乡巴佬的演员。她声明,如果物色不到最好的'海托塞'一角,她就不登台。你知道,她是在乡村里长大的,百老汇的兰花在

---

① "博格斯"原文 Boggs,和英国口语中的"厕所"(bogs)读音相同。

头上插根稻草,就想把自己说成是苜蓿,可诓不了她。我曾经有点挖苦地问她,在她看来,邓曼·汤普逊①扮演这个角色是否合适。'哦,不行。'她说,'我不要他。也不要约翰·德鲁或者吉姆·科贝特②,这些连韭菜和麦苗都分不清的大演员都不成。我要货真价实的东西。'唉,老弟,你想扮演'索尔·海托塞',首先要打通卡林顿小姐这一关,看你的运气吧。"

第二天,海史密斯乘了火车去酸果蔓角。他在那个死气沉沉的偏僻小镇待了三天。他找到博格斯家,刨根问底地把他们的家世一直打听到祖父和曾祖辈。他收集了酸果蔓角的事实的地方色彩。这个小镇的发展不及卡林顿小姐迅速。根据海史密斯的判断,自从镇上惟一的特斯庇斯③的门徒离去之后,小镇依然故我,正像舞台上"一晃过了四年",而实际上并没有什么变化一样。他吸收了酸果蔓角的一切,然后回到那个千变万化、日新月异的城市。

海史密斯在餐馆里达到了他演员生涯中最辉煌的成就。我们不必提那家餐馆的名字了;波希·卡林顿小姐演出一场《国王的浴衣》后,只有在一家餐馆里才找得到她。

他们几个人占了一张引人注目的桌子,有说有笑,十分热闹。首先应该提起的就是卡林顿小姐,她身材娇小,美丽迷人,充满活力,神采飞扬。其次是戈尔斯坦先生,他是个大块头,嗓门洪亮,头发拳曲,神情像是抓住了一只蝴蝶不知如何是好的狗熊。第三人是个郁郁不得志的报馆记者,显得经常受人奉承而戒备森严的样子,一面自以为了不起的、一声不响地在吃他的纽伯格式④大菜,

---

① 邓曼·汤普逊(1833—1911),美国演员、剧作家,他写的《老宅》一剧于1886年在波士顿首演,极为成功。
② 约翰·德鲁(父 1827—1862,子 1853—1927),著名父子演员;吉姆·科贝特(1866—1933),美国职业拳击家,后改行当演员。
③ 特斯庇斯,公元前6世纪的希腊诗人,有"悲剧之父"之称。
④ 食品中加奶油、蛋黄、黄油和葡萄酒的烹饪法。

一面分析向他倾注下来的每一句话,以便在报上胡扯一通。最后一个是梳分头的年轻人,他的姓名在小报和餐馆的账单上都等于是现金。这几个人占了一张桌子,餐馆里的乐师在演奏,侍者穿梭似的来往侍候,可是需要他们侍候的顾客却只看到他们的背影;餐馆里所有的人都有一种奇异和高兴的感觉,因为他们待在离人行道地面九英尺深的地下室里①。

十一点三刻,一个人进了餐馆。第一小提琴手把应该是 C 本位音的地方明显地拉低了半个音;吹单簧管的在应该吹装饰音的时候吹了一个水泡音;卡林顿小姐噗哧一笑;梳分头的年轻人把一颗橄榄核囫囵吞进了肚子里。

刚进来的人带着一股地地道道、十十足足的乡下气。他是个瘦长、仓皇、犹豫的年轻人,一头淡黄色的头发,傻乎乎地张着嘴,被餐馆里的灯光和人们吓得手足无措,狼狈不堪。他穿着一套白核桃色的衣服,打了一条鲜蓝色的领带,衣服很不合身,瘦棱棱的手腕和穿白袜子的脚踝露在外面有四英寸之多。他带翻了一张椅子,又在另一张上坐下,把脚勾住桌子的一条腿。看见侍者走来,他立即显出畏畏葸葸的样子。

"劳驾给我来杯淡啤酒吧。"侍者周到地问他时,他回答说。

餐馆里的眼光都集中到他身上。他像萝卜那样泥土气十足,像干草那样质朴。他睁大眼睛,打量着周围,正如见到猪闯进了自家土豆地的人一样。他终于看到了卡林顿小姐,咧开嘴笑了,又高兴、又窘迫地红着脸站起来,朝她坐的桌子那儿走去。

"你好吗,波希小姐?"他带着无可置疑的乡土音说,"你还记得我吗?——我是比尔·萨默斯——住在铁匠铺后面的萨默斯家的。我想自从你离开酸果蔓角以后,我长大了一些。"

---

① 本篇提到的餐馆(rathskeller)是一种设在地下室的场所。

"莉莎·佩里对我说过,我进城的时候可以找你。你知道,莉莎跟本尼·斯坦菲尔德结了婚,她说——"

"嘿,什么!"卡林顿小姐兴致勃勃地插嘴说,"莉莎·佩里不可能结婚的——哟,她一脸雀斑哪!"

"六月份结的婚,"那个碎嘴子笑着说,"现在住在塔特姆老宅。哈姆·赖利信了教;布利塞斯老太太把她的房子卖给了斯普纳船长;沃特斯家最小的女儿跟一个音乐教师逃跑了;县政府办公楼三月里起火烧掉了;你的威利叔叔给选作了警长;马蒂尔达·霍斯金斯的手被针扎了一下,后来死了;汤姆·比德尔在追萨利·莱斯罗普——他们说他每晚都坐在萨利家的门廊上。"

"那个白星眼的东西!"卡林顿小姐刻薄地说,"哎,汤姆·比德尔以前不是在追——喂,诸位,我要失陪一会儿——这是我的一位老朋友——我来介绍一下——你姓什么来着?对了,萨默斯先生——这位是戈尔斯坦先生,里基茨先生,呃——哦,你姓什么来着?就称呼你'约翰尼'吧——到那边去,再讲点家乡的事给我听听。"

她把他拖到角落里一张单独的桌子那儿。戈尔斯坦先生耸耸肥胖的肩膀,招呼侍者过来。报馆的那个人兴致好了一点,要了苦艾酒。梳分头的年轻人突然阴郁起来。餐馆里的顾客们笑着碰杯;波希·卡林顿正式演出之后,再招待他们看一场小小的喜剧,真叫他们高兴。少数几个爱讥讽的人悄悄说这是"炒作",并且自作聪明地微笑着。

波希·卡林顿用手支着她那带酒窝的、可爱的下巴颏儿,忘掉了她的观众——替她带来声誉的正是这份能耐。

于是,海史密斯打出了他的王牌。"索尔·海托塞"除了能够表演喜剧之外,还需要煽情。应该让卡林顿小姐看看他在这方面也胜任愉快。

"波希小姐,""比尔·萨默斯"说,"两三天前,我还去过你家。呃,没有什么特别的变化。厨房窗下的那丛紫丁香有一尺多高了,前院的那棵榆树枯死了,不得不砍掉。虽说没有什么变化,和以前总有点不同。"

"妈好不好?"卡林顿小姐问。

"我最近一次见到她时,她坐在前门口,用钩针编织灯座的花边垫子。""比尔"说,"她老了一点,波希小姐。可是屋子里一切还是原样。你母亲请我坐下。'别碰那张柳条椅,威廉。'她说,'波希走后始终没有挪动过;搭在扶手上的那条围裙,她还没有镶好边。我一直希望,'她接着说,'总有一天波希会把它镶好的。'"

卡林顿小姐断然招呼一个侍者过来。

"来一品脱上好的威士忌,"她简短地吩咐说,"账单给戈尔斯坦先生。"

"阳光射到门口,"酸果蔓角来的编年史家往下说,"你妈正坐在阳光下面。我问她为什么不往后挪一点。'威廉,'她说,'我一坐下来,望着那条路的时候,就不愿意动了。每天,'她说,'我一有空就坐在这儿,望着那条路,等着波希,直到天黑。她是晚上走那条路离家的,因为我们第二天早晨在泥地上发现了她的小小的脚印。我老是觉得,当她厌倦了外面的世界,想起她的老妈妈时,仍旧会从那条路上回来的。'"

"我出来的时候,""比尔"最后说,"我在前门台阶那儿把这摘了下来。我想到了城里也许能见到你,我知道你一定喜欢老家带来的东西。"

他从上衣口袋里取出一朵玫瑰——一朵丝绒一般柔美、芳香四溢的黄玫瑰,它在餐馆恶浊的气氛中耷拉着脑袋,正像一个少女在古罗马竞技场上群狮热辣辣的呼吸下垂着头一样。

卡林顿小姐尖锐而悦耳的笑声在乐队演奏的《风信子》的旋

律中响起来。

"啊呀!"她快活地嚷道,"还有比那更死气沉沉的地方吗?如今让我在酸果蔓角待两个钟头,我都受不了,嗯,萨默斯先生,我见到你非常愉快。我想我现在要赶回旅馆去睡我的美容觉了。"

她把那朵黄玫瑰塞在她绮丽精致的绸衣服的前襟里,站起身,傲慢地朝戈尔斯坦先生点点头。

她的三个陪伴和"比尔·萨默斯"送她上了马车。等到她身上的饰带和裙边都给妥善地塞进车厢之后,她连连向他们道别,她的明眸皓齿叫他们看得眼花缭乱。

"你离城之前,比尔,要到旅馆来看看我呀。"那辆金碧辉煌的马车驶去时,她招呼道。

海史密斯仍旧这身打扮,同戈尔斯坦进了一家小咖啡馆。

"主意不坏吧?"这个演员笑吟吟地问道,"'索尔·海托塞'的角色总该派给我了吧,你以为怎么样?这位小姐始终没有起疑。"

"我没有听到你们的谈话,"戈尔斯坦说,"可是你的化妆和表演是没有问题的。敬你一杯,祝你成功。你最好明天一早就去找卡林顿小姐,把这个角色敲敲定。我看不出她对你的表演才能有什么不满意的地方。"

第二天上午十一点三刻,海史密斯打扮得漂漂亮亮,穿着最时髦的衣服,翻领纽扣孔里插了一朵倒挂金钟,到了卡林顿小姐下榻的豪华旅馆,满怀信心地递进了他的名片。

他给请了进去,接待他的是女演员的法国侍女。

"对不起,"霍顿丝小姐说,"我对谁都得这样说。非常抱歉。卡林顿小姐已经取消了所有的演出合同,回到那个——那个什么小镇——哦,那个酸果蔓角小镇去了!"

嘹亮的号角

这篇故事的一半可以在警察局的档案里找到;另一半存在一家报馆的营业室里。

百万富翁诺克罗斯家中被劫、他本人遭到杀害后两星期的一个下午,凶手在百老汇路上悠闲地逛着,迎面遇上了侦探巴尼·伍兹。

"是你吗,约翰尼·克南?"伍兹问道,五年来,他在公开场合总是有点近视。

"是我,"克南高兴地嚷道,"那不是老圣乔的赫赫有名的巴尼·伍兹吗!我几乎认不出来啦!你在东部干什么?难道你的买卖做到这里来了吗?"

"我在纽约已经好几年了,"伍兹说,"现在我在市侦缉队供职。"

"好,好!"克南说,他高兴得咧开了嘴,拍拍侦探的胳臂。

"到马勒咖啡馆去,"伍兹说,"我们找个清静的座位。我想同你聊聊。"

那时还不到四点钟。生意的高峰还未来到,他们在咖啡馆里找了一个安静的角落。衣冠楚楚、充满自信、略带狂妄的克南在伍兹对面坐下,伍兹身材瘦小,留着沙黄色的胡子,老是斜眼看人,穿的是一套现成的舍维呢衣服。

"你目前在干什么?"伍兹问道,"你先我一年离开了圣乔。"

"我在推销一处铜矿的股票,"克南说,"我打算在这里设一个办事处。好,好!老巴尼现在成了纽约的侦探了。你一向偏爱这一行。我离开圣乔后,你不是在那里的警察局工作吗?"

"干了六个月,"伍兹说,"我有一件事想问你,约翰尼。你在萨拉托加旅馆作案后,我一直密切注意你的行踪,以前我可没有发现你持枪行凶。你干吗要杀诺克罗斯?"

克南全神贯注地朝他的威士忌酒杯里的柠檬凝视了一会儿,突然狡黠地笑着看看侦探。

"你怎么会猜到的,巴尼?"他钦佩地问道,"我以为那件事做得像剥光皮的葱头一样干净利落。难道我有什么破绽?"

伍兹把一支挂在表链上做装饰的小金铅笔放在桌上。

"这是我们在圣乔过最后一个圣诞节时,我给你的礼物。你送给我的刮胡子杯子我还在用着。这支铅笔是我在诺克罗斯房间里地毯一角下面找到的。我提醒你说话要注意。我可以用你的话作为定你罪的证据,约翰尼。我们以前是老朋友,但是我得履行我的职责。你为了诺克罗斯一案要坐电椅的。"

克南大声笑了。

"我运气不坏,"他说,"谁会想到追踪我的竟是老巴尼呢!"他一手伸进上衣。伍兹的手枪立即顶在他的腰上。

"把枪拿开,"克南皱着鼻子说,"我只不过是摸摸口袋。啊哈!常言说,九个裁缝才抵得上一条汉子,可是一个裁缝就能毁掉一个人。我这件坎肩口袋里有个窟窿。我把铅笔从表链上卸下来,塞在口袋里,准备写写画画的。把枪收起来吧,巴尼,我告诉你我为什么不得不开枪打诺克罗斯。那个老混蛋从门厅里赶出来追我,用一把不像样的二二口径小手枪朝我后背乱开一气。那个老太太倒真够意思。她躺在床上,看我拿走她的价值一万二千元的钻石项链时一声不吭,却像叫花婆似的求我把一枚只值三块钱的石榴石金戒指还给她。我想她嫁给老诺克罗斯准是为了他的钱财。那种女人总是恋恋不舍地保存着旧情人的一些小玩意当作纪念。此外,还有六枚戒指、两个胸针、一个小饰表。估计共值一万五千元。"

"我劝你别说出来。"伍兹说。

"哦,没问题,"克南说,"东西在我旅馆里的手提箱里。我不妨告诉你我为什么毫无顾忌。因为说出来也很保险。我了解同我说话的人。你欠我一千元,巴尼·伍兹,即使你打算逮捕我,你也下不了手。"

"这件事我并没有忘记,"伍兹说,"你二话没说,就数给我二十张五十元面额的钞票。我总有一天要归还那笔钱。那一千元帮了我大忙——我那天回家时,他们把我的家具都堆在人行道上了。"

"是啊,"克南接着说,"你巴尼·伍兹生性刚直,为人仗义,决不会逮捕有恩于你的人。哦,我干这一行,除了研究弹子锁和窗门插销之外,还要研究人。现在我叫侍者过来,先别说话。最近一两年来,我喝上了酒,自己也有点担心。如果我失风的话,抓住我的那个走运的侦探应该和酒分享荣誉。不过我营业时间滴酒不沾。工作结束之后,我心里踏实,可以同老朋友巴尼干几杯。你喝什么?"

侍者端来长颈酒瓶和苏打水瓶,搁在桌上又走了,不打扰他们两人。

"你已经定了调子,"伍兹沉思地用手指滚动那支小金铅笔说,"我非放你一马不可。我不能做对不起你的事。假如我早还清了那笔债——可是我没有还,事情只能这么办。这种做法不对头,约翰尼,但是我别无他法。你帮过我忙,我应当报答。"

"我早就料到啦,"克南举起酒杯,自鸣得意地笑着说,"我能判断人。为巴尼干杯,因为他是个大好人。"

"假如你我之间的前账已清,"伍兹仿佛自言自语,平静地接着说,"即使纽约所有银行里的钱都堆在我面前,今晚也休想买通我,让我放你逃出我的手心。"

"我也是这么看的,"克南说,"因此我知道同你打交道是安全的。"

"多数人瞧不起我这一行,"侦探接着说,"他们不把侦探当作高尚的职业。但是我有一股子傻劲,一向为我这一行感到自豪。这回我栽了。我想大概我首先是人,其次才是侦探。我得放你走,然后我只好辞职。我想我可以去赶运货马车。还你那一千元的日期更要往后推了。"

"不用提了,"克南气派十足地说,"我很愿意一笔勾销,只是我知道你不会同意。你向我借钱,是我的运气。我们不谈这个了。明天一早我就乘火车去西部。那里有我一个安身之处,可以避避风头,等诺克罗斯一案平息下来。喝吧,巴尼,抛开烦恼。我们痛痛快快喝,让警察局的那些人去为这件案子伤脑筋吧。今晚我又觉得像是撒哈拉沙漠那样干渴。不过我是在我老朋友巴尼的手里——不办公务的手里,我根本不愁警察来找我的麻烦。"

克南频频按铃,侍者来往侍候,这时克南的弱点——极端虚荣和自我膨胀——开始暴露出来了。他滔滔不绝地叙说他得意的盗窃、巧妙的计谋和不光彩的非法行为,尽管伍兹经常同歹徒恶棍打交道,心里却对这个有恩于他的邪恶透顶的人产生了鄙夷和厌恶。

"当然,我现在不便干预,"伍兹终于说,"但是我劝你暂时不要抛头露面。报界也许会抓住诺克罗斯一案做文章。今年夏天抢劫和杀人的案子多得像流行病。"

这几句话使克南阴沉狠毒的愠怒勃然发作。

"报界见鬼去吧,"他咆哮说,"他们除了用大号铅字夸夸其谈、自吹自擂以外,还会干什么?即使他们插手调查一件案子——又能起什么作用?警察局里都是一些窝囊废;他们又能干出什么名堂来?他们只会派一批白痴记者去现场采访;记者一头扎进附近的酒店,一面喝啤酒,一面替酒店侍者的穿晚礼服的大女儿拍照,然后把她说成是提供第十手材料的那个年轻人的未婚妻,发生杀人案的那晚,那个年轻人仿佛听到楼下有些动静。报界发现的窃贼的线索无非就是这些。"

"唔,我说不准,"伍兹沉思地说,"有几家报馆在这方面干得相当出色。比如说,《火星早报》就是这样。警察局方面已经冷了下来,是早报提出两三条新的线索,结果案犯落了网。"

"我让你看看,"克南挺起胸膛,站起来说,"我让你看看,一般报馆我根本不放在眼里,你说的那家《火星早报》更不在话下。"

离他们桌子三英尺外的地方有个电话间。克南走进去,在电话机旁一坐,让门敞开着。他在电话簿上找到一个号码,取下耳机,向电话局要了号。他那张嘲笑的、冷酷而又警惕的面孔凑近话筒,刻毒的薄嘴唇抿成轻蔑的微笑。伍兹坐着不动,只听见克南说道:

"是《火星早报》吗?……我找总编辑说话……喂,对他说有人要同他谈谈诺克罗斯谋杀案的情况。

"你是总编辑吗?……好吧……老诺克罗斯是我杀的……等一等!别挂电话,我可不是捣乱……哦,这里毫无危险。我刚才还同我的一位当侦探的朋友谈这件事呢。我是那天凌晨两点半枪杀那个老头的,到明天就是整整两星期了……和你一起喝杯酒?得啦,你这种话还是留给演滑稽戏的人听吧。难道你分辨不出人家是在耍你,还是让你得到你们这份破报纸从未有过的独家新闻?……是啊,一点不错,准能引起轰动的独家新闻——不过你可不能指望我在电话里把姓名地址告诉你……什么原因!哦,那是因为我听说你们善于侦破连警察局也觉得棘手的神秘案件……不,还没有说完。我要说的是,你们那份吹牛造谣的破报纸在追踪聪明的凶手或者强盗方面并不比一条瞎了眼的长卷毛狗高明多少……什么?哦,不是的,我可不是同你们竞争的报馆;我告诉你的是第一手材料。诺克罗斯那件案子是我干的,珠宝首饰在我目前住的旅馆的手提箱里——'旅馆的名字尚未获悉'——这句话你很耳熟吧?我早就料到了。你们用得太多啦。一个神秘的恶棍给你们这个了不起的、公正清明政治的喉舌打电话,骂你们是胡扯淡的窝囊废,使你们有点恼火吧,是吗?……得啦,你不至于傻到那个地步——不,我从你的声音里听得出来……喂,听我说,我再告诉你一个细节,可以证明我的话可靠。你们当然已经派了报馆里出色的年轻傻瓜去调查这件凶杀案。诺克罗斯老太太睡衣上第二颗纽扣是碎掉一半的。我从她手上捋下石榴石戒指时注意到了。我原以为是红宝石呢……别来那一套!行不通的。"

克南狞笑着转向伍兹。

"我说动了他。他现在相信了。他没有把话筒遮严就吩咐别人用另一个电话查我们的号码。我再捅他一下,我们就走人。"

"哈啰!……对,我还在这儿。你总不至于认为你们这家领津贴的、出卖别人的小报馆能把我吓跑吧……要在四十八小时内把我抓获?喂,你别打哈哈了。我劝你少管大爷们的事,还是去采访一些离婚案件和交通事故,靠你们的谣言和黄色新闻吃饭吧。再见,老弟——我没有时间登门拜访,很抱歉。我到你们的蠢驴窝去倒不会有安全问题。哈哈!"

"他像抓不到耗子的猫那样恼火,"克南挂上电话出来说,"巴尼老弟,现在睡觉还早,我们去看一场戏,消遣消遣。我只要睡四个小时,然后直奔西部。"

两人在百老汇路一家饭馆吃了饭。克南洋洋得意。他像小说里的亲王那样大把大把地花钱。接着,他们去看了一场新颖华丽的音乐喜剧。之后又去烤肉店吃夜宵,喝香槟酒,克南的兴致好得不能再好了。

凌晨三点半钟,他们坐在一家通宵营业的咖啡馆里,克南没完没了地自吹自擂,伍兹闷闷不乐地在考虑。作为法律的维护者,他已经断送了前程。

他想着想着,眼睛里露出一线希望的亮光。

"我不知道有没有可能,"他自言自语地说,"我不知道有没有可能!"

这时候,隐隐约约的叫喊声打破了咖啡馆外面清晨相对的寂静;那些叫喊仿佛是声音的萤火虫,有的越来越响,有的逐渐减弱,在送牛奶车和稀稀落落的街车声中此起彼伏,叫声来近时相当刺耳——这些熟悉的声音给大城市数百万从沉睡中苏醒的人带来了多种意义。这些叫喊声的微小然而意义深远的音量包含着世界上的悲哀和欢笑、喜悦与苦恼。对某些畏缩在一夜短暂的庇护下的人,它们带来了无可回避的可怕的白天消息;对另一些酣睡在梦乡中的人,它们宣告了一个比黑夜更阴暗的黎明的来到。对不少有钱的人来说,它们带来的是一把扫帚,把星光照耀时仍属于他们的东西一扫而光;对穷人们来说,它们带来的只是新的一天而已。

叫喊声开始在全市升起,尖厉响亮,预告时间机器里一个齿轮嵌入就位后提供的机会;它们把日历上的新数字带给听从命运摆布的睡眠者的报复、利益、悲伤、酬劳和厄运分配给相应的人。叫喊声哀怨刺耳,仿佛那些年轻的声音在悲叹他们难以负责的手里给人们带来的好处是那么少,而坏事又是那么多。在这无能为力的城市街道上空回响的声音,传达了神道的最新法令,它们是报童的叫喊,是新闻界嘹亮的号角。

伍兹扔了一枚硬币给侍者说:

"替我买一份《火星早报》。"

报纸拿来后,他把第一版扫了一眼,然后从记事本上撕下一页,用那支小金铅笔写字。

"有什么新闻吗?"克南打着哈欠问道。

伍兹把他写的字条扔给克南:

纽约《火星早报》:

因约翰尼·克南被捕归案,请将我名下应得的一千元赏金付与克南本人。

巴纳德·伍兹

"你肆无忌惮地戏弄他们时,"伍兹说,"我就想到他们可能来这一招。现在,约翰尼,你跟我去警察局走一趟吧。"

悬 崖 勒 马

麦多拉·马丁小姐带着颜料盒和画架,从青岭①山麓的哈蒙尼村附近来到纽约。

麦多拉小姐像是一朵秋天的玫瑰,她的姐妹们都被寒霜打得凋零了,她却挺了过来。当她独自来这个邪恶的城市学画的时候,哈蒙尼的人说她是个疯狂、任性、不顾前后的姑娘。到了纽约,当她初次在西区一家寄宿所的饭堂里坐下来吃饭的时候,寄宿所里的人打听说:"那个好看的老处女是谁呀?"

麦多拉鼓起勇气,租下一个房金便宜的穿堂间,每星期到退休理发师安其利尼教授那儿去上两次美术课。安其利尼教授是在纽约黑人区的一所舞蹈学校里深造的。谁都没有纠正她的错误,因为在这个大城市里,我们都有这样的遭遇。那些自称在巴斯蒂安·勒派日和热罗姆②门下受过业的人,日常替我们刮胡子,教我们两步舞法,可是我们中间有多少人给刮得马马虎虎,教得不三不四啊。除了上下班拥挤时间人们的态度之外,纽约让人看了最伤心的景象是那批毫无希望的庸人的愁苦行列。这里的艺术并不是和蔼可亲的女神,而是一个女妖,她使追求她的人变成了喵呜喵呜直叫的公猫母猫,它们不顾评论家向它们扔来的砖块和鞋拔,老是

---

① 青岭,从加拿大经过美国佛蒙特州至马萨诸塞州西部的山脉。
② 勒派日(1848—1884)和热罗姆(1824—1904)均系法国画家。

赖在她家门口不走。我们中间有的人悄悄溜回家乡,去挨"我早就劝过你了"的冷言冷语;然而大多数人宁愿待在我们女主人庙宇的冷院子里,争夺她神圣的饭桌上掉下来的碎屑。有的人终于厌倦了这种劳而无功的服役。那时候,我们有两条路可走:我们可以替杂货店赶马车,或者甘心被"波希米亚"的漩涡吞没。后面那条路听起来不坏,结果还是前面一条路比较好。因为等到杂货店老板发工资给我们的时候,我们可以去租一套晚礼服,之后——为了幽默起见,这里不妨加一对引号——"把波希米亚搞得晕头转向"。

麦多拉小姐选择了"漩涡"的道路,因此向我们提供了这个小故事的素材。

安其利尼教授把她的素描称赞得太过火了。有一次,她画了一幅公园里的七叶树,相当精致,安其利尼教授便宣布她很可能成为罗萨莉·博纳尔①第二——话又得说回来——伟大的艺术家也有闹情绪的时候——他也会说些伤人的刻薄话。举例说,麦多拉曾经花了一个下午,细心画了一幅哥伦布圆场的雕像和建筑的写生。教授冷笑一声把它撂在一边,并且对她说,焦托②曾经一挥手画了一个滚圆的圆圈。

有一个下雨天,每星期从哈蒙尼来的汇款脱了期,麦多拉闹头痛,教授开口问她借两元钱,代理商把她的水彩画退了回来,一幅也没有卖掉——平克莱先生请她出去吃晚饭。

平克莱先生是寄宿所里的风流人物。他四十九岁,在商业区的市场里摆一个鱼摊。但是每天六点钟以后,他穿上一套晚礼服,在艺术圈子里鬼混。年轻人说他是个"印第安人"。在波希米亚

---

① 罗萨莉·博纳尔(1822—1899),法国画家,善于画兽类;文中七叶树 horse-chestnut tree 直译是"马栗树"。
② 焦托(1276?—1337?),佛罗伦萨画家、建筑师。

的核心组织里,他可以算是一个地位巩固的常客。很多人知道,他曾经借过十块钱给一个在《帕克》周刊①上发表过一幅画的年轻人。人们往往通过这种方式获得进入这个令人向往的小圈子的权利,而别人因此获得了他们请客吃的副菜和主菜②。

九点钟,当麦多拉小姐跟着平克莱先生出去的时候,寄宿所里别的房客都欣羡地瞅着她。她像一簇秋天的干草那般可爱,身上穿着一件浅蓝色的——哦——呃——那种非常薄的料子——一件浅蓝色的、隐隐约约的绸衬衫和打褶的纱裙子,瘦削的脸上敷了一层极薄极薄的胭脂,泛出一抹淡红,手帕和房门钥匙放在一只棕色的珠皮手提袋里。

平克莱先生脸色红润,留着两撇灰色胡子,穿着一套礼服,显得神气活现,但是他那套衣服太窄了,使他颈后鼓出一圈肉,活像一个出名的小说家。

他们雇了马车,乘到刚好在百老汇最热闹地段以外的塔伦斯咖啡馆,大家都知道,那地方是市内最著名、生意最兴隆、一般人不得其门而入的波希米亚的娱乐场所。

青岭的麦多拉小姐跟在她的同伴后面,轻快地在一排排小桌子中间走过。女人的一生中有三次可以产生踩在云端的感觉——一次是轻快地走向婚礼的圣坛,另一次是首次踏进波希米亚的大厅,再有一次就是手里拿着邻家的死鸡在她自己的花园里大踏步走回去。

有一张桌子上刀叉已经摆好,旁边坐了三四个人。侍者像蜜蜂似的在周围乱转,银器和玻璃杯子闪闪发亮。正如史前的花岗岩层顶预告着原生动物的形成一般,作为一餐前奏的、按照岩石成

---

① 《帕克》,美国1877—1918年间刊行的一种幽默刊物,有彩色连环画及插图。
② 作者在这里用了双关语,原文 entrée 可作"入场"和"副菜"解。

分焙制的法式面包已经端来,让那些受苦已久的城市居民的手和牙齿来对付,神道们含笑倚在美酒和家制面包旁边,牙医在他们满是金叶子的诊所里高兴得直跳。

平克莱的带着波希米亚情调的眼光落到一个坐在桌子旁边的年轻人身上,他的眼色里糅合着蛇怪的魔力、黑啤酒泡沫的闪亮、天才的灵感和乞丐的恳求。

年轻人一跃而起。"喂,平克老兄!"他嚷道,"别对我说你只是打我们桌子旁边经过。到我们这一桌来吧——除非你已经约了另外一批朋友。"

"放心,老朋友,"摆鱼摊的平克莱说,"你该知道我多么喜欢混在美术圈子里。我来介绍一下,范戴克先生——麦德先生——呃——马丁小姐,也是艺术界的人物——呃——"

他逐一介绍了在座的人。还有艾丽丝小姐和唐纳蒂小姐。她们或许是做模特儿的,因为她们喊喊喳喳谈着圣里吉斯的装饰和亨利·詹姆斯的小说——并且谈得头头是道。

麦多拉心醉神迷地坐着。音乐——抒情诗人在这有福的地下室后房里演奏的狂放而迷人的音乐——使她的脑袋发晕。这是她最热狂的想象或者哈里曼①所控制的任何一条铁路线从来没有延伸到的地方。她坐着,表面上带着青岭的宁谧,内心里却燃着安达卢西亚的火焰。桌子上洋溢着波希米亚的气氛。屋子里满是花香——有百合香水香,也有花椰菜香。问题和酒瓶塞一个个地进出来;笑声和银器的丁当声此起彼伏;桶里香槟酒四溅;桌上谈笑风生。

范戴克揉弄着他那长长的黑发卷,扯扯打得很随便的领带,向麦德探过身去。

---

① 哈里曼(1848—1909),美国铁路大王。

"喂,麦德,"他感情用事地悄声说,"有时候我真想把十块钱还给那个市侩,跟他一刀两断。"

麦德揉弄着他那长长的黄发卷,扯扯打得很随便的领带。

"别去想这件事,范戴,"他回说,"我们是短暂的,而艺术是久远的。"

麦多拉吃着奇怪的食物,喝着他们替她倒在杯子里的接骨木果子酒。酒的颜色和佛蒙特州老家的一模一样。侍者在另外一个杯子里倒了一些仿佛是沸腾的东西,但是她尝的时候发觉并不烫嘴。她生平从没有感到这么轻松。她亲切地怀念青岭的农庄和那里的动物。她笑眯眯地向艾丽丝小姐凑过去。

"我在老家的话,"她眉飞色舞地说,"可以给你看看那头最可爱的小牛!"

"这种话在这里是吃不开的,"艾丽丝小姐说,"你干吗不吃呀?"

乐队在演奏一支伤感的圆舞曲,麦多拉以前常听到手风琴演奏,相当熟悉。她随着音乐的旋律一面点头,一面用女高音哼哼。麦德瞅着她,心里琢磨,不知道平克莱从哪个奇怪的水域里把她网捞上来的。她对麦德笑笑,他们便举起杯子,喝那冷时也沸腾的酒。

平克莱已经撇开了艺术,唠唠叨叨地谈今春不平常的鲱鱼捕获量。艾丽丝小姐替范戴克先生整整他那有调色板和腕杖图案的领带别针。远处一张桌子上的一个市侩滔滔不绝地议论着杰罗姆或者热罗姆。一个著名的女演员大惊小怪谈着有姓名花押的丝袜。百货公司袜子部的一个职员高谈阔论他对戏剧的意见。一个作家在诽谤狄更斯。一个杂志编辑和一个摄影师在专定的桌子上喝名酒。一个三围36-25-42的年轻姑娘正对一个有名的雕刻家说:"别吹嘘你的帕拉克斯·意大利斯①啦!不妨把你的古董维纳斯带一个去科汉那里试试,她们想当服装模特儿,准保都没有人要。趁早把你的希腊和罗马婆娘带回发掘场去吧!"

波希米亚的生活这样进行着。

十一点钟,平克莱先生把麦多拉送回寄宿所。在大厅扶梯脚下,斯斯文文地鞠了一躬,跟她分了手。她上楼到自己的房间里,点燃了煤气灯。

这时候,正如《天方夜谭》里那可怕的妖魔从渔夫钓到的铜瓶里升腾起来似的,新英格兰的良知的可怕形象突然在那间屋子里升了起来。麦多拉干下的骇人听闻的事情显现在她面前。她曾经和罪孽深重的人坐在一起,看过那起泡的红酒。

午夜时分,她写了下面的信:

佛蒙特州,哈蒙尼村,贝里亚·霍斯金斯先生
亲爱的先生:

　　从今以后,请永远把我当做一个死去的人吧。我爱你太深,不忍心让我罪恶而不洁的生命影响和妨碍你的前程。我已经在这个邪恶世界的奸计面前屈服,卷进了波希米亚的漩涡。凡是罪大恶极的事情,我几乎都做过了。我的决定不可能改变了。我已经堕入深渊,不可自拔了。请尽力忘掉我吧。我永远迷失在可怕的波希米亚的美好而残酷的迷宫里了。永别了。

　　　　　　　　　　　　　　　　一度是你的麦多拉

第二天,麦多拉下定了决心。从天国跌下来的魔王,堕落的程

---

① 帕拉克斯·意大利斯(Prax Italys),应是帕拉克西特勒斯(Praxiteles),公元前四世纪的雅典雕刻家,他雕刻的维纳斯在所有维纳斯像中最有名。作者在这里故意用错,说明模特儿的无知。

度也不过如此。她和哈蒙尼的苹果花之间有了一道不可逾越的鸿沟。火光熊熊的小天使不让她挨近失去的乐园的大门。一夜之间,靠了平克莱和默姆①的帮助,波希米亚把她搂在它可怕的怀里。

她只剩下一条路——过一种灿烂夺目但是错尽错绝的生活。佛蒙特州成了她再也不敢去的圣地。但是她不会就此埋没的——历史上有的是伟大而令人欣羡的人物——茶花女、洛拉·蒙特丝、玛丽女皇、莎莎②——在后代人的眼里,麦多拉·马丁的名字也可以和这些名字之中的一个并驾齐驱。

麦多拉在她的房间里待了两天。第三天,她翻开一本杂志,看到了比利时国王的画像,不禁嘿嘿冷笑起来。假如这个大名鼎鼎的玩弄女性的家伙碰上了她,在她冷酷而傲慢的美貌前面也得低头。无论老少,她一个不饶。整个美洲——整个欧洲,都得服从她的邪恶而不可抗拒的魅力。

但她一想起她曾经希望过的生活时,就觉得难受——在青岭山麓和贝里亚一起过着宁谧的日子,每批邮件到达时都有她从纽约订购的贵重的油画。她仅仅走错一步,那个希望就彻底破灭了。

第四天,麦多拉扑了粉,抹了口红。她有一次看过卡特扮演的莎莎。她毫无顾忌地站在镜子前面,嘴里说:"咄!咄!"她还用"呸!"来凑韵脚,然而这个无法无天的字一出口,哈蒙尼仿佛就一去不回了。"漩涡"把她卷了进去。她永远属于波希米亚了。贝里亚再也不会——

---

① 一种香槟酒的商标名。
② 茶花女,法国作家小仲马同名小说和剧本中的妓女,因不愿损害情人的前途而离开了他。洛拉·蒙特丝(1818?—1861),英国舞蹈演员,巴伐利亚国王路易一世的情妇。玛丽女皇,苏格兰女皇,1587年被处死。莎莎,法国剧作家西蒙与帕顿合编剧本中的女主角。

门打开了,贝里亚走了进来。

"多拉,"他说,"你脸上的那些白粉红粉是干什么的呀?"

麦多拉伸出一条胳臂。

"太晚啦,"她一本正经地说,"木已成舟了。我是另一个世界里的人了。你要骂我,尽管请吧——你有权这样做。走吧,让我待在我自己选择的路上。请家乡的人别再提起我。有时候,贝里亚,当我沉沦在波希米亚的纸醉金迷、然而空虚的欢乐中时,请你为我祈祷。"

"去找一条毛巾,多拉,"贝里亚说,"把你脸上的颜料擦掉。我接到你的信就赶来了。你的那些画并没有什么了不起。我买了我们两人回去的夜车票。赶快去收拾你的行李。"

"命运不是我所能挽回的。趁我还能忍受的时候离开我吧。"

"这个画架是怎么折的,多拉?——赶快收拾,在开车之前,我们还来得及吃晚饭。枫树叶子长得好极了,多拉——你真应该看看!"

"不会这么早吧,贝里亚?"

"你真应该看看,多拉,在早晨的阳光下像是一片绿色的海洋。"

"哦,贝里亚!"

在火车上,她忽然对他说:

"我猜不透你接到我的信后为什么要来。"

"哦,别提啦!"贝里亚说,"你以为你能把我当傻瓜吗?你信上的邮戳明明是在纽约发的,你怎么可能像你所说的那样跑到波希米亚去呢?"

波希米亚的市侩

乔治·华盛顿高举右臂,骑在联邦广场南角的铁铸马背上,永远指挥百老汇路上往第十四街拐弯的车辆停下。但是车辆继续飞驶而过,根本不理会一个公民的招呼,那位大将军的神经若不是铁打的,一定会感到荣耀归于世界的那种飞速的交通。

假如将军的左手也像右手那样举起的话,左手指点的城区就是被压迫、被抑制的外国人的避难所。那些人为了追求民族或个人自由,在这里找到了庇护,而向他们提供庇护的爱国者骑在战马上俯视他们的区域,左耳听着讽刺被保护人的后裔的音乐喜剧。意大利、波兰、前西班牙属地、奥地利-匈牙利的讲多种语言的部族所繁衍的子孙在这里形成一层厚厚的肥皂沫。他们聚在附近带有异国情调的酒馆和寄宿所里,喝着本国的酒,议论本国的政治秘密。这个群体频繁变动。他们常去的地方,老面孔不见了,取而代之的是新面孔。这些不安定的鸟飞向何处?你在小饭馆里仔细观察新来侍者的殷勤的外国态度,就会得到一半答案。另一半也许可以从理发店里多嘴多舌的人那里听到。

这些短暂的流放者中间,头衔多得像是戒指。由于缺乏恰当的开发,本来足以供应第五街买卖的大批头衔,在这里只能摆在手推车上出售。这些贵族后代的宝冠和纹章,并没有使款待他们的新世界的地主们看得眼花缭乱。他们待价而沽的不是女儿,而是油炸面饼圈。他们认真对待的交易是面粉和白糖,不是珍珠粉和高级糖果。

本篇故事里的人物都是平头百姓,同头衔沾不上边,上面的一番话作为引子应该是合适的。

凯蒂·邓普西的母亲在这片外国人的绿洲办了一家带家具出租的寄宿所。效益不很好。母女二人攒的钱如果应付大房东每星期收的房租,并且凑齐每天爱尔兰炖菜的原料,她们就认为是上上大吉了。炖菜常常既缺牛肉又缺土豆。糟糕的时候只有清汤。

在这幢发霉的老房子里,满脸雀斑的凯蒂长得像卷丹花似的丰满、水灵、茁壮、美丽。她像善良的小仙女那样把湿乎乎的干净毛巾和有裂纹的自来水罐分放在房客们的屋子里。

你(靠天文学发现的特权)知道星级房客的名字叫布鲁内利先生。他打的黄颜色领带和准时付房租的习惯,使他和别的房客截然不同。他的衣着十分讲究,皮肤带橄榄色,留着两撇威武的胡子,气派像亲王,戒指和别针像游方牙医戴的那么豪华。

他的早餐是送到房间里去的,他吃早餐时穿一件带绿色流苏的红浴衣。他中午离开寄宿所,午夜回来。那是神秘的钟点,但邓普西太太的房客们除了不神秘之处以外,没有什么神秘的地方。吉卜林先生有一首诗是"献给掌握除了根本没有写的东西之外的一切未写成文字的线索的读者"。请"读者"自己解开上述的谜团吧。

作为敏感的拉丁人,布鲁内利先生开始把凯蒂作为宾格练习"amare"①这个动词变化。她和妈妈谈起了这件事。

"当然,我也喜欢他,"凯蒂说,"他比二十个竞选市参议员的人更有礼貌,他和我一起走路时,使我觉得自己像是女皇。可是我不了解他是干什么的。我有点怀疑。他早晨总不出来,每星期的

---

① amare 是意大利语中的"爱"。

房租总是搁在冰箱上。"

"不错,"邓普西太太同意说,"他有点像南欧人,但说话太文明了,又不像真正的绅士。不过你对他的判断也许是错的。你不该怀疑按时交付房租和洗衣费的人不是贵族出身。"

"他说话的样子和手势同住在图尔太太那里的法国贵族一模一样,"凯蒂叹了一口气说,"那个法国人拿了图尔先生星期日穿的最好的裤子跑了,留下一张巴士底监狱的照片,说那是他祖父的城堡,作为十个星期房租的抵押。"

布鲁内利先生继续热烈求爱。凯蒂继续犹豫。有一天,他请她去外面吃晚饭,她觉得故事的结局已经到了。凯蒂换上她最好的棉布衣服,他们一起走在路上时,我们不妨抽空看看纽约的波希米亚。

托尼奥餐馆在波希米亚。具体位置是个秘密。你想知道的话,可以向你遇到的第一个人打听。他会悄悄地告诉你的。托尼奥不赞成常规;他把店面搞得黑乎乎的,难以接近;他提供的饭菜相当差劲;他在用餐时间关上店门;但是他供应极好的意大利式面条,正如寄宿所供应的冷牛肉一样;他攒了不少美元,存在一家意大利银行——橱窗上挂金字招牌的那种地方。

布鲁内利先生把凯蒂带到这家餐馆。卷帘门是拉下来的,外面看不到亮光;布鲁内利先生按了地下室门旁的电铃,里面开了门,放他们进去。

他们走进一条黑暗狭长的过道,穿过灯光明亮、收拾得一尘不染的厨房,直接到了后院。

后院三面是邻居的外墙;第四面有一道高高的木板墙,墙脚下蹲着好几只猫。院子两个对角拉了一根晾衣绳,挂着洗过的工作服,托尼奥餐馆从不把衣服收进来。有些人开玩笑,把它说成是浓味蔬菜炖肉。

二十来张小桌子周围坐满了波希米亚的常客,他们之所以来这里,是因为托尼奥餐馆假装不欢迎他们,但给他们一顿美餐。不少真正的波希米亚人厌倦了真正的波希米亚,来这里换换口味,还有不少人在这里首创了国会议员们和有名的埃文斯维尔-特雷霍特铁路公司票务主任的小外甥津津乐道的妙语。

这里就有一句托尼奥餐馆传出来的名言:

"在托尼奥餐馆吃一顿饭,"有个波希米亚人说,"总是值它价格的两倍。"

有人凑趣地问道:

"怎么会呢?"

"餐费是四毛,你给侍者一毛钱小费,感觉好像只花了三毛钱。"

就餐的人大多数是吃客饭的主顾——口腹之欲的探险家,他们不断地寻找优质红葡萄酒的黄金山,但不断地大失所望。

布鲁内利先生陪凯蒂到了一张有盆栽小树围绕的桌子那儿,请她稍坐片刻。

凯蒂被这幅光彩炫目的景象迷住了。高贵的太太们的华丽衣服、带羽饰的帽子、光芒四射的戒指;优雅的绅士们的高声大笑,召唤侍者的呼喊、侍者的答应,使得波希米亚同别的场所大不一样;活跃的谈话、缭绕的香烟烟雾、灿烂笑容和会意眼色的交流——这一切让邓普西太太的女儿看得目瞪口呆。

布鲁内利先生走进院子,似乎向所有在场的人微笑,欠身致意。大家热烈鼓掌,还有人喊"好啊!"和"托尼奥!托尼奥!"女士们朝他挥动餐巾,先生们使劲伸着脖子,希望引起他注意。

欢呼声结束后,布鲁内利先生朝大家最后鞠了一躬,敏捷地走进厨房,脱掉上衣和背心。

侍者中间最灵活的弗拉厄蒂被派来专门侍候凯蒂。她饿得有点晕了,因为那天邓普西家饭桌上的爱尔兰炖菜特别单薄。不知名的菜肴的香味撩得她馋涎欲滴。弗拉厄蒂开始把神仙也会称赞的美味食品一道一道地端上她的桌子。

即使在丰盛的美餐前面,凯蒂却突然放下了刀叉。她的心情像铅一样沉重,眼泪滴到了烤里脊肉上面。萦绕在她心头的、对那个星级房客的怀疑又冒了头,比以前增大了四倍。那些时髦优雅的男男女女对布鲁内利先生如此奉承、讨好、微笑,他若不是贵族的话,又能是什么呢?那些贵族的头衔响得吓人,但付房租的时候却抠抠缩缩,凯蒂同他们的交道打得久了,对他们太了解了。她心里越来越觉得他不合格,同时又越来越感到他的为人可爱,这种矛盾的心情使她痛苦。再说,他为什么让她独自吃饭呢?

这时候,他又出来了,他的上衣已经脱掉,雪白的衬衫袖子卷到肘弯上面,乌黑的鬈发上戴着一顶白色的游艇帽。

"托尼奥!托尼奥!"许多人喊道,其余的人则喊:"意大利面条!"

托尼奥餐馆的侍者要等托尼奥尝过面条和调味汁,加上最后使之十全十美的作料后,才敢端给顾客。

托尼奥像是在自己宫殿里的亲王似的,从一张桌子到另一张桌子,同客人们寒暄几句。到处都有珠光宝气的手招呼他。

他同这位那位客人喝一杯酒,对大家都笑脸相向,对冒失的客人报以一句玩笑话——亲王中间很少有他这样能让大家高兴的人。哪一个艺术家能因自己的作品博得比他更多的赞赏?凯蒂以前不知道纽约人引以为自豪的顶点是和一位意大利面条师傅握握手,或者同一位百老汇酒店的侍者领班打个招呼。

客人们逐渐散去,只剩下三两个还在品尝新酒,叙叨老事。这时候,布鲁内利先生来到凯蒂清静的桌子前,拉过一把椅子在她旁边坐下。

凯蒂温柔地朝他笑笑。她在吃最后一匙用红葡萄酒调味的山莓甜点心。

"你看到了!"布鲁内利先生把手按在胸前说,"鄙人就是安东尼奥·布鲁内利!不错,我就是伟大的托尼奥!你没有想到吧!我爱你,凯蒂,你会同我结婚的,是吗?你用'安东尼奥'称呼我吧,说你愿意嫁给我吧。"

凯蒂的头靠在那个摆脱了一切爵位册封嫌疑的肩膀上。

"哦,安东尼,"她叹息说,"太好啦!当然,我愿意嫁给你。可是你为什么不告诉你是厨师呢?我原以为你是那种外国伯爵中间的一个,差点儿回绝了你!"

各尽所能

　　维宁嘴里轻声咒骂着,离开了俱乐部,其实没有什么惹他生气的事情。上午十点到十一点这段时间特别让他腻烦。柯克老是吹牛,布鲁克斯抽的波多黎各雪茄气味不好闻,老莫里逊讲的还是那个寡妇的风流韵事,赫伯恩抱怨打弹子运气不好——这些烦恼天天都有,从不变化。除了上午这些倒霉的事情外,阿利森小姐昨晚再次拒绝了他的请求。不过那已经成了老毛病。他五次请求她做维宁太太,五次遭到她的拒绝。他打算星期三晚上再提一次。

　　维宁沿着第四十四街走到百老汇路,然后顺着冲洗愚人村①金矿泥沙的大流矿槽走去。他穿着一套淡灰色的衣服,脚下是一双浅口小山羊皮鞋,头戴一顶细编草帽,衬衫是最浅的淡紫色。领带是十一月天空的淡蓝色,领带结看上去仿佛打得随便,其实完全符合最新的时尚。

　　描写男子服装比写一本有关保尔·琼斯②的历史小说,或者比开具治疗花粉热的证明更为糟糕。

　　有关维宁打扮的描写是出于故事情节发展的需要,不是为了展示秋季商品的新款式。

　　那天早晨,百老汇路在维宁耳里只是一片嘈杂,在他眼里似乎

----
① 愚人村(Gotham),纽约市的别名。
② 保尔·琼斯,美国小说家库珀(1789—1851)以美国独立战争为背景的海上冒险小说《舵手》中的人物。

是他记忆中摩洛哥的一段喧闹、炎热、发臭的街道。他仿佛看到一群熙熙攘攘的狗、乞丐、苦行僧、奴隶监工、坐在大车上的蒙面纱的妇女、毒辣阳光下的集市、残砖断瓦的寺庙废墟——这时候,一个路过的妇女的阳伞柄戳在他腰上,把他带回到百老汇路上。

他溜达了五分钟后,到了一个街角,那里经常有些拉低帽檐、脸色苍白、不声不响的人一站就是几个小时,用折刀的指甲锉锉指甲。华尔街的投机商坐马车回家时,喜欢把那些人指点给来访的朋友看,告诉他们这里是相当有名的"歹徒"逗留的地方。投机商从不在华尔街上锉指甲。

维宁经过这些人身边时,其中一人上前同他招呼,他不禁暗暗高兴。他渴望不平凡的经历,这个面孔光洁、目光敏锐、压低嗓音、笑脸相迎的下层社会的彪形大汉过来搭讪,对于厌倦习俗的维宁来说极具冒险意味。

"对不起,朋友,"那人说,"我可以同你谈几分钟话吗?"

"当然可以,"维宁一笑说,"我们不妨找个安静的地方。附近有个长沙发——有一家酒馆。施卢姆会替我们找个清静的角落。"

施卢姆安排他们坐在一株盆栽棕榈树下,替他们端来两大杯啤酒。维宁说了几句有关天气的话,让对方先开口。

"首先,"他的同伴像出示证件似的说,"我希望你知道我是个歹徒。西部的人都管我叫'花花公子罗迪'。第二十三街轮渡码头以西有名的扒手、溜门撬锁的小偷、专开保险箱的窃贼、全能的夜盗、玩牌作弊的赌棍和最狡猾的骗子——这就是我的简历。同时可以向你表明我对你开诚布公。我姓埃默森。"

"老柯克这下可吹不成牛了。"维宁暗自高兴地想道。他从口袋里掏出一张名片,递给对方说:"我姓维宁。我也对你开诚布公。我想我只算得上一个无业游民,靠老爸的钱生活。俱乐部里的人管我叫'留局待领'。我这辈子没有干过一天活；我开汽车的时候不敢压死小鸡。总的说来，我的记录没有什么值得夸耀的地方。"

"你有一件事可做，"埃默森钦佩地说，"你可以做时装架子。我在百老汇路上见过你好几次。你是我见过的穿得最漂亮的人。我可以拿一个金矿同你打赌，我身上的穿戴比你贵出五十元，但是没有你那样帅气。因此我要向你请教。你瞧瞧我。问题出在什么地方？"

"你装配的痕迹太重了，"维宁说，"你被百老汇路的橱窗设计师坑了。那套衣服可不便宜，埃默森。"

"一百元。"埃默森说。

"多花了二十元，"维宁说，"式样老了六个月，上衣长了一寸，翻领宽了半寸。你的帽子是一年前的式样，虽然帽檐只窄了十六分之一寸。你硬领的英国衬头短了一点。衬衫袖口的链扣用纯金的就可以了，周围镶着小钻石的珍珠反而不显眼。脚上的那双黄皮鞋只能打动布鲁克林去隆贡科马湖度假的女教师的心。你刚才坐下去时提了一下裤管——这种习惯不合礼仪——我瞥见你穿的是绣着黄褐色铃兰花样的蓝色丝袜。一色的袜子到处的商店里都能买到。我说了这么多，是不是伤了你的感情，埃默森？"

"欢迎赌注加倍！"挨批评的人贪婪地嚷道，"多说一点。那才是穿戴的规矩，我想学学。嗨，你是真懂行的。我身上还有什么不顺眼的地方吗？"

"你的领带，"维宁说，"打得一丝不苟，绝对规矩。"

"承蒙夸奖，"对方感激地说，"我足足花了半个小时——"

"因此，"维宁插嘴说，"你就更像百老汇橱窗里的模型人了。"

"我服了你，"埃默森坐回到椅子上说，"你教我的东西太棒啦。我知道自己不对头，但说不出所以然。我想穿戴方面大概也需要天赋。"

"哦，"维宁哈哈一笑说，"两百年前，我的祖先挨家挨户兜售衣服，大概从中学到了窍门。据说他们是干这一行的。"

"我的祖先，"埃默森快活地说，"大概是在夜里串门走户的，没有机会了解规范的穿戴。"

"我有个想法，"维宁有点倦怠了，"我带你到我的裁缝那儿去。他可以把你外表不顺眼的地方统统去掉。那是说，假如你愿意再破费的话。"

"我不在乎花钱，"埃默森乐得像孩子似的说，"我的钞票多得要用麻袋装，我可以大把大把地花。我不妨告诉你，前不久一个夜里，衣阿华州巴特维尔国家农业银行的防盗保险库被撬，丢了一万六千元，当时我并不在新西兰安蒂波德斯群岛旅游。"

"难道你不怕我叫警察把你抓走吗？"维宁问道。

"我知道你不会，"埃默森镇静地说，"因此，我把这些东西还给你。"

他把维宁的钱包和怀表——维宁家有一百年历史的怀表——放在桌上。

"嗨，"维宁兴冲冲地说，"你有没有听过柯克讲的六磅重的鳟鱼和老渔夫的故事？"

"好像没有，"埃默森客气地说，"我很想听听。"

"但是你听不成，"维宁说，"我听了几十遍。所以不讲给你听了。我觉得同你一起比在俱乐部开心。现在我们去找我的裁缝，怎么样？"

....

"老少爷们，"五天后，维宁在俱乐部对他的朋友说，"今晚我有个西部来的朋友和我们一起吃饭。"

"他会不会向我们打听丹佛的最新消息?"一个俱乐部会员在椅子上挪动着身子问道。

"他会不会提起伊利诺伊州昆西市二十三层的新的共济会大楼?"另一个俱乐部会员放下夹鼻眼镜问道。

"他会不会讲西密西西比河鲇鱼的故事,据说那里是用小牛做鱼饵的?"柯克迫不及待地问道。

"你们放心,"维宁说,"他没有那种毛病。他是窃贼,撬保险箱的,也是我的朋友。"

"哟,天哪!"大家说,"难道你每句话都要加点你所谓的幽默?"

那天晚上八点钟,一个平静、整饬、和蔼的人吃饭时坐在维宁的右边。当那些过惯城市生活的人谈到摩天大楼、坐在遥远的冰冷的宝座上的小沙皇,或者不知名的小溪里的不值一提的鱼时,这个衣着一丝不苟、有王者风范的高大的人眨眨眼睛,说出的话使他们的议论仿佛成了小人国里的闲谈。

他用严峻的语言向他们描绘了神奇的西部全貌。他把白雪覆顶的大山堆在餐桌上,热气腾腾的菜肴顿时结了冰。他一挥手,整个俱乐部都给扫进了长满松树的峡谷,侍者成了一帮凶恶的暴徒,每个听他说话的人成了浑身血污的逃亡者,用磨破的手指在血染的岩石上攀援。他说话时把手按在桌子上,五个人望着光秃的火山岩层,在这个没有饮水和食物的地方,口干舌焦,直喘大气。

他像荷马说唱似的,一面悠闲地用叉子戳着桌布,一面在他们眼前展示一个新的世界,正如对儿童讲《镜中世界》的故事①。

正如一般人评论麦迪逊广场的茶会那样,他轻松平常地描述

---

① 荷马(约公元前9世纪—前8世纪),古希腊诗人,相传是《伊利亚特》和《奥德赛》两大史诗的作者;《镜中世界》是《艾丽丝漫游奇境记》的作者英国作家卡罗尔(1832—1898)写的另一部儿童读物。

边境小镇一个绰号叫"红眼"的歹徒的暴行,以及牛仔的套索和四五口径左轮手枪,使听他说话的人毫无倦意。

接着,他挥挥那只没有戴戒指的白皙的手,悲剧女神下了场,俱乐部会员们的想象中出现了狩猎女神和牧羊女。

美洲大草原展现在他们面前。扫过几百里格山艾灌木和牧豆树的风声盖过了城市的喧嚣。他描绘了草原香花的海洋中的牧场营地、静谧的夜晚、牛群伟大粗犷的史诗,以及没有遭到人类败坏的自然风光。他的话使那些把俄亥俄州扬斯敦当作"西部"的城市居民大开眼界。

埃默森确实打动了他们。

....

第二天上午十点钟,埃默森如约在第四十二街的一家酒馆同维宁见面。

埃默森当天动身去西部。他穿着一套深色的舍维呢衣服,剪裁合身,仿佛是一个有几千年超前意识的古希腊裁缝为他做的。

"维宁先生,"他带着"成功的"歹徒的直率的笑容说,"你有用得着我的地方尽管吩咐。你是好样的;假如有我能效劳的时候,我无不做到。"

"那个牛仔的名字叫什么来着?"维宁问道,"就是那个能抓住野马鼻子和鬃毛,把它掀翻在地,装上鞍辔的牛仔?"

"贝兹。"埃默森说。

"多谢,"维宁说,"我以为叫耶兹呢。哦,还有服装那档子事——我差点忘了。"

"多年来我一直在找能指点我的人,"埃默森说,"你正是我要找的,装在红色货车上进库的一流免税商品。"

"用细柳条插好咸肉,放在红炭火上熏烤的滋味连烤龙虾都不能相比,"维宁说,"你说一匹马系着三十英尺长的绳子,拔不出一根打在湿草地上的十寸长的木桩吗？好吧,老兄,假如你非走不可的话,咱们就再见了。"

一点钟,维宁根据事先约定,同阿利森小姐共进午餐。

他莫名其妙地和她大谈牧场、马匹、峡谷、龙卷风、赶拢牛群、落基山脉、豆子和咸肉,足足谈了半小时。她惊讶地瞅着他。

"今天我本来打算再向你求婚,"维宁快活地说,"但是我不求了。我老是让你为难。你知道,我爸爸在科罗拉多州有个牧场。待在这里有什么意思？无聊透顶！那边棒极了。我下星期二就走。"

"不,不成。"阿利森小姐说。

"什么？"维宁说。

"你不能一个人去,"阿利森小姐的眼泪滴到了色拉上面,"你说呢？"

"贝蒂！"维宁嚷了起来,"你这话是什么意思？"

"我也去。"阿利森小姐不容分辩地说。

维宁在她的杯子里斟满了阿波利纳里斯矿泉水。

"为'花花公子罗迪'干杯！"他说了一个神秘的名字。

"不认识,"阿利森小姐说,"如果是你的朋友,杰米——咱们就干杯！"

纪 念 品

　　林娜·达尔芒小姐背朝着百老汇路。这无非是一报还一报，因为百老汇路常常拿这种手段来对付达尔芒小姐。不过占上风的仿佛还是那"一报"，因为《掌声雷动》剧团的前任头牌演员处处有求于百老汇，而百老汇却无求于她。

　　因此，林娜·达尔芒小姐把椅子背调过来朝着俯视百老汇路的窗口，坐下来赶快织补一只黑丝袜的纱线后跟。窗下百老汇路的喧嚣、纷乱和炫耀并不能吸引她；她衷心企望的只是那条仙境般街道上一间化妆室的闷人的空气，以及聚集在那个好恶无常的地方的观众们的喧嚷。同时可别忽略这些丝袜。丝织的东西真不禁穿，但是——说到头，你能少得了它吗？

　　塔利亚旅馆瞅着百老汇路。正像马拉松①瞅着海洋似的。它像一座阴沉的山岩，矗立在两条通衢的潮流所形成的漩涡之上。演员们奔走了一天之后，回到这个地方脱掉短靴，掸掸袜子。周围的街道上全是鳞次栉比的售票处、剧院、经纪人事务所、演艺学校，以及那些荆棘之路通往的饭馆。

　　在那幽暗霉臭的塔利亚旅馆古怪的过道里，你仿佛置身于即将启航、起飞或者开动的大平底船或者篷车里。这幢房子的气氛使人感到不安、期待、虚幻，甚至焦虑和畏惧。过道像是迷宫。如

---

　　① 马拉松，希腊雅典东北部的平原。

果没有人领路,你到了里面就像是走进了山姆·劳埃德的画谜,难免晕头转向。

在任何一个拐角转弯,你准会碰到一个正在梳妆的人或者一条不通的路,使你不得不停住脚步。你会看见惊慌的悲剧演员披着浴衣,蹑手蹑脚地在寻找谣传的浴室。无数的房间里传出盈盈的谈话声、旧曲新歌的片段,以及演员们聚在一起的阵阵哄笑。

夏季来了,他们的剧团已经解散,他们一面在自己心爱的旅馆里休息,一面包围剧院经理们,纠缠着要求签订新季度的合同。

每天下午这个时候,奔走于经纪人门下的例行工作已经结束。当你手足无措地徘徊在那些潮湿的过道里时,蒙着面纱、眼睛闪亮、垂带飘拂、丝绸衣服窸窣作响的有声有色的仙女般形象会在你身边一掠而过,只在沉闷的过道里留下一阵愉快的香气和素馨花的回忆。喉结动个不停的、一本正经的年轻喜剧演员们三三五五地站在门口,大谈其布思①。老远什么地方飘来火腿和腌白菜的气味和包饭食堂里盘子的碰撞声。

每隔一个适当的、有益健康的间歇,谨慎地拔啤酒瓶塞的扑扑声给塔利亚旅馆生活的含混的嗡鸣带来了生气。这样加了标点符号以后,惬意的旅馆生活仿佛就比较轻松了——受欢迎的符号是逗点,叫人皱眉头的是半支点,弃置不用的是句点②。

达尔芒小姐的房间很小。梳妆台和洗脸架之间的空档只够放一把摇椅,而且要直放才行。梳妆台上摆着一般的用品,这位前任头牌演员巡回演出时收集的纪念品和她最亲密、最要好的同行朋

---

① 布思,美国著名的演员家族,父朱尼乌斯·布思(1796—1852)原籍英国,后移居美国;长子爱德温·布思(1833—1893)以演莎士比亚剧本著名;次子约翰·布思(1838—1865)是暗杀林肯总统的凶手。
② 句点停顿的时间比半支点长,半支点比逗点长,这里拿标点符号来比喻开啤酒的间隔,开得越频繁越让人高兴。

友们的照片。

她一面织补袜子,一面朝其中一张照片看了两三眼,不禁友好地微笑起来。

"我真想知道,丽这会儿在什么地方。"她自言自语地说。

假如你有幸见到那张受到如此眷念的照片并且看得不仔细的话,也许以为那是一朵给暴风刮到空中的多瓣的白花。但是花卉界中没有那种白色的花瓣纷繁的东西。

你看见的其实是罗莎莉·雷小姐薄如蝉翼的短裙子,那时候,她正两脚朝天在紫藤缠绕的秋千上荡过来,她远离舞台,高高地荡在观众的头上。你看到一个火爆的镜头:她每晚在这个令人兴奋的时刻,以优美而有力的一踢,把黄颜色的丝袜带从灵活的腿上甩得又高又远,一直落到底下欣喜若狂的观众中间。

你还看到,欣赏这种高级歌舞的,多半是男性、穿着黑色礼服的观众,数以百计的手高举着,希望抓住空中的艳丽的纪念品。

两年来,罗莎莉·雷小姐保持每年四十星期的巡回演出,卖座率居高不下全凭这个节目。她十二分钟的演出中还有一些别的节目——唱歌跳舞、模仿两三个也是模仿别人的演员、在梯子上拿着鸡毛掸子做平衡动作,但是当那扎了藤花的秋千从舞台上空放落下来,罗莎莉·雷小姐笑吟吟地跳进秋千座位,脚上引人注目的金黄色袜带很快就要滑落,成为飞翔的、令人欣羡的奖品——那时候,观众像一个整体似的——或者基本上像一个整体似的——站了起来,欢迎雷小姐的经久不衰的特别节目。

两年结尾时,雷小姐突然向她的好朋友达尔芒小姐说,她要到长岛北岸一个风情纯朴的村子里去度夏,不再在舞台上露脸了。

林娜·达尔芒小姐刚表示了想知道她的老朋友在什么地方,十七分钟后,有人砰砰敲打她的房门。

你猜想也许是罗莎莉·雷吧。随着达尔芒小姐尖声答应,她已走了进来,带着倦鸟还巢的神情,把一个沉重的手提包往地上一放。一点不错,来的正是罗莎莉·雷,她穿着一件宽大的、风尘仆仆的旅行大衣,紧系着有长穗的棕色面纱,里面是一套灰色的便服,脚下是一双深黄色皮鞋和淡紫色的长统鞋罩。

当她脱掉帽子和面纱时,你看到一张相当美丽的脸,目前由于某种奇特的情绪,显得绯红困惑,你还看到一对不安定的眼睛,明亮之中带着不满。她头上一堆浓密的暗褐色的头发梳得匆忙,一绺飘拂的头发和小发卷从插梳和夹子中滑了出来。

不像社会上的非职业妇女那样,她们两人的会见并没有招呼、拥抱、接吻、问答等等热烈的表现。只是简单的握握手,双方轻轻地碰碰嘴唇,然后就恢复了旧日的关系。跑江湖的艺人在他们的十字路口相遇问候时,很像士兵或者外地荒野中的旅行者,只是简单招呼一下。

"我已经租下了你房间楼上的穿堂间,"罗莎莉说,"但是我上去之前先来看看你。本来我不知道你也在这里,是别人告诉我的。"

"我从四月底开始就住在这里了,"林娜说,"不久我就要跟《致命的遗产》剧团去外地演出。下星期我们将在伊丽莎白①首演。我还以为你脱离了舞台呢,丽。谈谈你的情况吧。"

罗莎莉熟练地一扭身,坐到了达尔芒小姐的衣箱上,把头往糊着墙纸的墙上一靠。由于长期的习惯,这些四海为家的主要演员和她们的姐妹同行这样就能把自己安排得很舒服,不亚于坐在最宽敞的扶手椅里。

"我不妨告诉你,林,"她说,她那年轻的脸上有一种异样的嘲弄而又满不在乎的灰心神情,"明天我又要走上百老汇的老路,把经纪人办公室椅子上的油漆再磨掉一点了。最近三个月里,直到

---

① 纽华克湾南部的城市。

今天下午四点钟为止,假如有谁说我再会听到那批经纪人的'请你留下姓名地址'之类的废话,我准会用地道的费斯克夫人①式的大笑回敬他们。借一块手帕给我,林。哎,长岛的火车真够呛。我脸上的煤烟灰使我用不着抹软木塞炭,就可以上台去演托普西②了。说起软木塞——有什么可喝的吗,林?"

达尔芒小姐打开洗脸架的一扇门,取出一个瓶子。

"这里面差不多有一品脱的曼哈顿鸡尾酒。酒杯里养着一束石竹花,不过——"

"哦,把瓶子递过来吧。杯子留给客人用。多谢!这太好啦。祝你健康。我三个月来还是第一次喝酒呢!

"是啊,林,上一个季度末,我离开了舞台。我之所以离开,是因为我厌倦了舞台生活。尤其是因为我打心眼里讨厌男人——我们这种吃舞台饭的必须对付的男人。你明白,对我们来说,那意味着什么——那是向所有男人进行的斗争,上至那个要我们坐坐他的新汽车的经理,下至那些用小名来称呼我们的贴海报的家伙。

"散场后,我们要应酬的人尤其恶劣。等在后台的那批人,以及经理的朋友,他们请我们出去吃晚饭,炫示他们的钻石饰物,说什么要替我们在'丹''戴夫''查理'等等面前美言几句。他们简直是畜生,我恨他们。

"我对你说,林,我们这种吃舞台饭的姑娘最可怜了。我们都是好人家出身,抱着正当的野心,辛辛苦苦工作,希望在这一行里有所成就,但很难如愿。你常常听到大量同情的语言加在周薪十五元的配舞演员身上。哼!配舞演员的悲哀是容易解决的。

"假如谁有同情的泪水,就为周薪三十到四十五元、在一出无

---

① 费斯克夫人(1865—1932),美国喜剧女演员。
② 托普西,小说《汤姆叔叔的小屋》里的一个黑奴姑娘。

聊的戏里担任主角的女演员流淌吧。她明知自己不会有更好的前途,但仍旧成年累月地熬下去,等待那个永远不会来的机会。

"还有我们不得不表演的那些庸俗的节目呢!在一出滑稽歌剧的'手推车合唱'里,你的两条腿被人抓着满台乱爬,已经够呛了,但是同我在那种低级戏里硬着头皮做的白痴般的事情比起来,那还算是正派的戏剧。

"不过我最恨的还是男人——吃饭时对你挤眉弄眼、胡说八道的男人,他们根据自己对你的估价,想用黑啤酒或者威士忌来收买你。还有观众中间那些男人,他们拍手、吆喝、叫嚷、推推搡搡、幸灾乐祸——正像一群野兽,眼睛死盯住你,只要你落到他们爪下就要把你吃掉。哦,我多么恨他们!

"哎,关于我自己的事情我还讲得不多,是吗,林?

"我攒下了两百块钱,夏季一开始,我就离开了舞台。我到了长岛,在海边找到一个叫做桑德港的非常可爱的小村子。我打算在那里过一个夏天,研究发声学,准备秋天开一个班。一位寡妇老太太在海边有座小房子,为了找个伴,偶尔出租一两间屋子,她收我做了房客。她还有一个房客——亚瑟·莱尔牧师。

"不错,他是主角。你猜得一点不错,林。我马上把全部经过告诉你。这只是场独幕剧罢了。

"他刚上场,林,我觉得自己就不能做主了;他一开口便迷住了我。他和观众中间的男人完全不同。他身材修长,走进房间的时候,你不是听到,而是感觉到。他的脸型像是图画里的骑士——像是那批圆桌骑士中间的一个——他的声调像是低音提琴独奏。还没有谈他的风度呢!

"林,假如你拿善于表演客厅情景剧的约翰·德鲁①同他比较

---

① 德鲁(1853—1927),美国著名演员,善于演风俗喜剧,父母出生于爱尔兰,也是优秀的舞台演员。

一下,你就觉得约翰应该以扰乱治安的罪名加以逮捕。

"我不谈细节了,免得你腻烦,总之,不出一个月亚瑟和我订了婚。他在一个门庭冷落的美以美派小教堂传道。我们准备结婚后搬到牧师的住宅去住,那座房子小得差不多像流动餐车,院子里还养了一些鸡,种了一些忍冬。亚瑟常常同我说许多有关天堂的话,但是他怎么也不能把我的心思从那些忍冬和母鸡上拉过来。

"不,我没有告诉他我在舞台上干过。我恨这一行,恨与它有关的一切;我要永远同它断绝关系,我觉得旧事重提没有好处。我是个正派的姑娘,除了当发声学家这件事以外,没有什么可以忏悔的,我于心不安的似乎也只有那件事。

"哦,我对你说,林,那时候我很快活。我在唱诗班里唱歌,参加了缝纫会,熟练地咏唱着'安妮·劳丽'①之类的玩意儿,非常引人注意,村上的周报说我的技巧'已经接近职业演员的水平'。亚瑟和我一起划船,在森林里散步,摸蛤蜊,那个宁静的小村子在我眼里简直是世界上最美的地方。我在那里住一辈子也会快活的,可是——

"可是有一天早晨,我帮古莱老太太,就是那位寡妇太太,在后廊上剥豆子,她打开了话匣子,滔滔不绝地谈起来,一般出租房子的人都有这种脾气。按她的想法,莱尔先生简直是人世间的圣徒——我也有这种想法。她把他的德行和优点都数遍了,最后还告诉我,不久前亚瑟有过一桩极其浪漫的恋爱事件,结局却很不幸。她不知详情,只知道亚瑟受到了严重打击。他脸色苍白,消瘦了一些,她说,他把那位小姐的一件信物或者纪念品之类的东西保存在一只花梨木的小匣子里,锁在书房的桌子抽屉里。

---

① 安妮·劳丽(1682—1764),威廉·道格拉斯(1672?—1748)于1700年前后写的著名苏格兰情歌中的人物。

"'有好几个晚上,'她说,'我看见他对着那个匣子出神,如果有人进他的房间,他立刻把匣子锁好。'

"哎,你想象得到我多么急于拉住亚瑟的手,把他拖下舞台,责怪他几句。

"当天下午,我们乘船在水边的睡莲中间徜徉。

"'亚瑟,'我说,'你从来没有告诉我,你另外有过一次恋爱。古莱太太倒告诉我了。'我补充了一句,让他明白我已经知道了。我最不喜欢听男人撒谎。

"'在你来到之前,'他坦率地正视着我说,'我有过一次爱情——并且很热烈。既然你知道那件事,我不妨非常坦白地告诉你。'

"'我等着呢。'我说。

"'亲爱的艾达,'亚瑟说——我在桑德港的时候当然用我的真名——'事实上以前那次只是精神上的爱情。尽管那位小姐唤起了我最深挚的情感,并且依我看来,是我理想的女人,我却从来没有和她接触过,也没有同她谈过话。那是一种理想的爱情。我对你的爱情,虽然同样理想,性质总有些不同。那件事不会使你介意吧?'

"'她漂亮吗?'我问道。

"'她非常美。'亚瑟说。

"'你时常见到她吗?'

"'大概见过十一二次。'他说。

"'总是隔得远远的吗?'我说。

"'总是隔得远远的。'他说。

"'你爱她吗?'我问道。

"'她是我理想的美和优雅的化身——以及灵魂。'亚瑟说。

"'你锁得好好的、有时候看得发呆的纪念品,是不是她的

信物？'

"'是一件纪念品,'亚瑟说,'我非常珍惜。'

"'是她送给你的吗？'

"'是她那儿来的。'他说。

"'通过间接的方式？'我问道。

"'可以说是间接,'他说,'其实又很直接。'

"'你为什么不去同她会面呢？'我问,'难道你们的地位相差很远吗？'

"'她远比我高,'亚瑟说。'呃,艾达,'他接着说,'这都是过去的事啦。你不会妒忌吧？'

"'妒忌!'我说,'哟,你这是什么话呀？我知道了这件事之后,对你的评价反而比以前高了许多。'

"事实上也是如此,林——如果你能理解的话。那种理想的爱情对我还是新鲜事儿,但是我总觉得那是我从来没有听到过的最美丽、最了不起的东西。你想想看,一个男人竟爱着一个从来没有同他说过话的女人,并且忠于他心目中的一个理想!哦,我觉得那真了不起。我经常接触的男人总是拿钻石、烈酒或者加薪来找你——他们的理想! ——好吧,我们不去谈它了。

"是啊,我对亚瑟的评价比以前更高。我不会妒忌他所敬慕的那个高不可攀的神圣的人,因为要不了多久他就是我的人了。于是,我还是像古莱老太太那样,把他当做人间的圣徒。

"今天下午四点钟光景,有人到我们住的地方来找亚瑟,请他去看看教区里的一个病人。古莱老太太在楼上打瞌睡,我一个人非常无聊。

"走过亚瑟的书房时,我朝里面张望了一下,看到他的一串钥匙挂在桌子的抽屉上,忘了带走。哎,我想我们偶尔都会像蓝胡子的太太那样好奇,对不对,林？我打定主意要看看他藏得那么严密的纪念品。我倒不在乎那是什么东西——只是好奇而已。

"我开抽屉的时候,心里琢磨着它有可能是什么。我想可能是她从阳台上投给他的、如今已经枯萎的玫瑰骨朵儿,也可能是他从杂志上剪下来的她的相片,因为她的社会地位不是很高吗?

"我拉开抽屉,里面有一只像是男人装硬领的花梨木匣子。我在那串钥匙里找到了开匣子锁的小钥匙,打开了盖子。

"我一看见那件纪念品,立刻回到自己的房间,收拾衣箱。我把一些零星物件塞进手提包,用插梳掠掠头发,戴上帽子,跑进去踢踢老太太的脚。我在村子里的时候,由于亚瑟的关系,一直使劲把话说得又得体又正确,慢慢养成了习惯,那时候完全忘了。

"'别呼噜呼噜啦,'我说,'坐起来听我说。别像见到鬼那样望着我。我要离开这里了,我欠你八块钱,我叫行李夫来取我的衣箱。'

"我把钱给了她。

"'哎呀,克劳斯贝小姐!'她说,'出了什么事吗?我原以为你待在这儿很快活呢。哎呀,年轻姑娘们真叫人捉摸不透,同你想的完全不一样。'

"'你他妈的说得真对,'我说,'有几个姑娘是这样的。但是你的话对于男人就不适用了。你了解一个男人就了解了所有的男人!那就是人类问题的答案。'

"于是我乘四点三十八分那班烧烟煤的快车,到了这里。"

"你还没有告诉我那匣子里装的是什么呀,丽。"达尔芒小姐很想知道。

"一条黄颜色的丝袜带,就是我以前演歌舞剧时从秋千上踢给观众的玩意儿。鸡尾酒还有吗,林?"

流浪汉

托尼亚的红玫瑰

国际铁路线上的一座高架桥被焚毁了。从圣安东尼奥南下的列车要滞留四十八小时。托尼亚·韦弗准备过复活节时戴的帽子卡在那趟列车上。

埃斯皮诺萨牧场派墨西哥人埃斯皮里蒂昂驾着四轮马车,赶了四十英里路去取帽子,回来时耸耸肩膀,除了一支香烟以外,两手空空如也。他在诺帕尔小站得知火车误点,由于出发前没有盼咐他非等不可,他便把两匹矮种马调转头,返回牧场。

如果有谁认为春天女神伊斯特尔①关怀复活节礼拜天纽约五马路上游行队伍的程度,超过她对得克萨斯州卡克图斯的教堂聚会的关心,那他就想错了。弗里奥河一带牧人的妻女像任何地方的妇女一样,复活节时也纷纷穿新衣服、戴新帽子,打扮得花枝招展;西南地区的这一天到处可以见到仙人掌果、巴黎的时尚式样和天国的欢乐。今天已经是复活节前的星期五了,托尼亚·韦弗的复活节帽子还羞答答的不露面,卡在焚毁的高架桥那头动弹不得的快车车厢里。星期六中午,鞋带牧场的罗杰斯姐妹、起锚牧场的艾拉·里弗斯、绿谷牧场的贝内特太太和艾达,约好要来埃斯皮诺萨牧场和托尼亚会合。她们仔细包扎好复活节的衣帽,免得被沙尘弄脏,然后兴高采烈地坐马车颠簸四十英里地,前去卡克图斯,

---

① 关于伊斯特尔和复活节,请参看卷六《毫不通融》中《复活的日子》篇注。

明天梳妆打扮一番,征服男人,向复活节致敬,在田野的百合花丛间引起一阵妒忌的骚动。

托尼亚坐在埃斯皮诺萨牧场主宅的台阶上,郁闷地用马鞭轻轻敲打牧豆树的拳曲的叶簇。她皱起眉头,傲慢地嘟着嘴,摆出不高兴和悲伤的样子。

"我讨厌铁路,"她断然宣布说,"还有男人。男人自以为会管理铁路。高架桥都烧了,还能有什么借口?艾达·贝内特的帽子有紫罗兰装饰。我没有新帽子的话,决不去卡克图斯。如果我是男人,我就想办法弄一顶来。"

有两个男人听到这种褒贬他们同类的话,觉得很不自在。一个是好热牧牛场的监工韦尔斯·比尔逊;另一个是金塔纳山谷兴旺的牧羊人汤普逊·伯罗斯。他们都认为托尼亚·韦弗很可爱,特别是她抱怨铁路和贬低男人的时候。两人都可以拿自己的皮肤给她做一顶复活节帽子,心甘情愿的程度不下于鸵鸟献出尾毛,鹭鸶献出生命。两人慷慨有余,机智不足,想不出如何在星期六之前弥补这个可悲的匮乏。比尔逊古铜色的脸庞和晒干的浅色头发显得像是一个陷入青春期的忧郁、无法自拔的中学生。托尼亚的困境使他苦恼万分。汤普逊·伯罗斯比较灵活精明。他本是东部人,平时戴领带,不穿靴子而穿鞋子,在妇女面前不会手足无措。

"上次一场大雨,"比尔逊没话找话说,"把沙河里那个大水坑填满了。"

"哦!是吗?"托尼亚刻薄地说,"多谢你提供这个信息。我觉得你根本不把新帽子当做一回事,比尔逊先生。你大概认为女人也应该像你一样,戴一顶旧的斯特森呢帽,五年不换。假如你的老水坑能浇灭高架桥的火,你也许有说话的理由。"

"你没能收到帽子,我非常难过,"比尔逊碰了钉子,伯罗斯学乖说,"韦弗小姐,我非常难过,如果有什么事可以让我效劳——"

"不必费心了，"托尼亚带着温柔的讥刺打断了他的话，"当然，如果有什么事你可以做，你一定会做的。可是没有。"

托尼亚停了一下。她眼睛里突然闪出希望的光芒。皱着的眉头也舒展了。她有了启发。

"纽西斯河的独榆树渡口有一家店铺，"她说，"也有帽子卖。伊娃·罗杰斯的帽子就是在那里买的。她说是最时兴的式样。可能还有存货。可是到独榆树渡口有二十八英里路。"

两个男人匆匆站起来，靴子上的马刺丁当发响，托尼亚几乎笑了。看来骑士们还没有统统化成尘埃，马刺的轮子也没有锈蚀①。

"当然啦，"托尼亚沉思地瞅着一片白色的海湾云飘过苍穹，"谁都不可能骑马到独榆树，在姑娘们明天邀我的时候赶回来。看来这个复活节星期日我只能待在家里了。"

她又微微一笑。

"好吧，托尼亚小姐，"比尔逊说着伸手去拿他的帽子，像睡熟的婴儿那么天真，"我想我得回好热牧场了。干枝桠那儿明天一早有活要干，我和我的马'槲鸟'必须在场。你的帽子给耽误了，真不凑巧。也许他们会赶在复活节前把高架桥修好。"

"我也得走了，托尼亚小姐，"伯罗斯看看表，"啊呀，快五点了！我必须及时赶回接羔营地，把那些捣乱的母羊圈起来。"

两个追求托尼亚的人似乎都有火烧眉毛的急事。他们礼貌周全地同她告了别，然后按西南部人的礼节严肃认真地握了手。

"希望很快同你再见面，比尔逊先生。"伯罗斯说。

"彼此彼此，"牧牛人说，神情严肃得像是给出海捕鲸的朋友送行，"改日你路过好热牧场附近时，欢迎你来坐坐。"

---

① 比较英国诗人柯尔律治《吊骑士墓》中的诗句："骑士的骸骨成了灰尘，/他的宝剑已经锈蚀；——/我相信，他的英魂亦已归真。"

比尔逊跨上"槲鸟",弗里奥河一带最强壮的矮种马,随它跳跃一会儿;只要有人骑到它背上,这匹马即使赶了一天路也要折腾一番。

"托尼亚小姐,"他大声说,"你在圣安东尼奥订购的帽子是什么样子的?我真遗憾。"

"草帽,"托尼亚说,"当然是最时髦的式样,有红玫瑰装饰。我喜爱——红玫瑰。"

"红色配你的皮肤和头发再合适不过了。"伯罗斯赞美说。

"那正是我喜欢的颜色,"托尼亚说,"所有的花中,我只爱红玫瑰。粉色、蓝色我都不要。可是高架桥烧了,什么帽子都没有了,怎么办呢?今年的复活节太没有意思了!"

比尔逊脱了帽子,两腿一夹,"槲鸟"就朝埃斯皮诺萨牧场主宅东面的槲树丛飞驰而去。

他的马镫咔咔擦过灌木丛时,伯罗斯的那匹长腿栗色马也朝西南方向的开阔草原跑去。

托尼亚挂好马鞭,走进起坐室。

"你拿不到帽子,女儿,我非常难过。"她妈妈说。

"不用担心,妈妈,"托尼亚冷冷地说,"明天我会及时拿到一顶新帽子的。"

伯罗斯到达草原尽头时,朝右一拐,让栗色马自己择路,它优雅地穿过一条高低不平的干涸河床的滩地。接着,攀上灌木丛生的砾石山岗,得意地喷了一下鼻子,终于到了高处一片平坦的草地,绽出春芽的牧豆树把草地点缀得葱葱翠翠。伯罗斯一直往右,不一会儿上了沿纽西斯河朝南去的旧时印第安人的小道,东南方向二十八英里外就是独榆树渡口了。

伯罗斯策马大步慢跑。当他在鞍子上坐坐舒服,准备赶长路时,听到了擂鼓似的马蹄声、木马镫擦过槲树丛的刷刷声,和科曼奇印第安人似的呐喊声,接着,韦尔斯·比尔逊从小道右面的灌木丛中窜了出来,仿佛是从深绿色的复活节蛋里破壳而出的羽毛未丰的雏鸡。

除了在令他敬畏的女人面前以外,比尔逊从来不知道什么是忧愁。他见到托尼亚的时候,声音柔和得像是芦苇里的牛蛙。现在他高兴的呼喊可以吓得一英里外的兔子垂下耳朵,含羞草卷起叶子。

"你的接羔营地离牧场够远的,邻居。""槲鸟"赶上栗色马时,比尔逊说。

"有二十八英里。"伯罗斯冷冷地说。比尔逊的笑声提前一小时吵醒了半英里外河畔水榆树上的一只猫头鹰。

"你干得不坏,牧羊人,我本人也喜欢公开竞争。我们是两个吃错了疯草的女帽商,在荒野里找帽子。我奉劝你还是管好你的羊圈,伯罗斯。我们的起跑线是一样的,找到帽子的人在埃斯皮诺萨的位置会高一点。"

"你有一匹好马,"伯罗斯瞅着"槲鸟"滚圆的身体和四条逐渐细下去的、像火车头活塞杆似的有劲的腿,"当然,这是一场赛跑,但你是好骑手,用不着这么吃喝赶路。我们不妨一起走,回家的路上再比赛谁跑得快。"

"我奉陪,"比尔逊同意说,"我佩服你的通情达理。如果独榆树有帽子,其中一顶明天就会戴在托尼亚小姐头上,而加帽典礼上不会有你在场。我不是吹牛,伯罗斯,你那匹栗色马的前腿使不上力。"

"我拿我的马同你的马打赌,"伯罗斯提出说,"托尼亚小姐明天会戴上我给她弄到的帽子去卡克图斯。"

"我赌,"比尔逊喊道,"不过,噢,我太亏了!你那匹栗色马太差劲了,只能在好热牧场来客人时给女士们骑,并且——"

伯罗斯黝黑的脸上突然气得发红,以致牧牛人没有把话说完。然而比尔逊不是那种会感到压力的人。

"复活节这套把戏有什么意思,伯罗斯?"他快活地问道,"女人为什么要按历本戴新帽子,为了弄到帽子甚至不惜让马匹跑断肚带?"

"那是出自圣约一条节令的规则,"伯罗斯解释说,"是教皇或者什么人决定的。似乎同黄道十二宫有些关系。我说不好,我觉得好像是埃及人发明的。"

"如果异教徒在上面打了烙印,那就是一个不错的节日,"比尔逊说,"不然托尼亚不会同它有关系。此外,它是从教堂开始的。假如独榆树的店铺里只有一顶帽子,该怎么办呢,伯罗斯?"

"那么,"伯罗斯阴沉地说,"就由我们中间的好汉带回埃斯皮诺萨。"

"哦,太棒啦!"比尔逊嚷着,把帽子高高抛起,然后又接住,"牧羊人当中很少有你这样的人。你明辨事理,顺应潮流。假如不止一顶呢?"

"那么,"伯罗斯说,"我们各选各的,我们中间的一个带着他选的先回去,另一个就对不起了。"

"世界上没有哪两个人像我们这样心领神会的了,"比尔逊仰天喊道,"你我两个人简直像是骑一头独角兽、心往一处想的人。"

午夜刚过,两个骑者缓缓进了独榆树渡口。村里的五十来所房屋全都黑灯瞎火。店铺的木板搭的大房子在惟一的一条街上,门和窗板都闩着。

两人拴好了马,比尔逊起劲地敲店铺老板老萨顿的门。

厚实的窗板隙缝里伸出一支温切斯特连发枪的枪筒,接着是简短的询问。

流　浪　汉

"好热牧场的韦尔斯·比尔逊和绿谷的伯罗斯，"他们回答，"我们要买些东西。把你叫起来真抱歉，不过我们有急用。出来吧，汤米大叔，快一点。"

汤米大叔磨磨蹭蹭，终于点了一盏煤油灯，来到柜台后面，了解了他们的迫切需要。

"复活节的帽子？"汤米大叔迷迷糊糊地说，"哦，大概还剩下两顶。今春我只进了一打货。我拿给你们看看。"

汤米·萨顿大叔，不管是睡是醒，恢复了商人本色。柜台下面灰扑扑的纸盒里还有两顶卖剩下来的春季帽子。可是，啊呀！星期六的凌晨，如果以商业诚信来说，那是两年前的货色；换了女人，一眼就可以看出老板说的是假话。但是在牧牛人和牧羊人不懂行的眼睛里，却像是今年四月崭新的产品。

帽子是那种一度叫做"车轮"的式样。用硬麦草编织，红色，平檐。两顶一模一样，帽顶周围装饰着许多盛开的、纯色的、仿真的白玫瑰。

"就这两顶吗，汤米大叔？"比尔逊说，"好吧。反正也没有别的选择了，伯罗斯。你先拿。"

"最新的式样，"汤米大叔撒谎说，"你即使到纽约，五马路上也是这种货色。"

汤米大叔分别用两码长的深色印花布把两顶帽子包扎好。比尔逊把其中一顶小心地绑在他的小牛皮鞍子后面；另一顶则成了"鹡鸰鸟"的负担。他们向汤米大叔道谢告别，没入黑夜中。

两个骑手使出了驾驭马匹的全部本领。他们在回家的路上放慢了速度。不多的言语不能算不友好。伯罗斯的左腿下有一支温彻斯特枪，枪带挂在鞍头。比尔逊腰间挂着一支六响左轮手枪。弗里奥河一带，男人骑马外出都是这样配备。

早晨七点半，他们到了一座小山顶，望见了五英里外的埃斯皮

277

诺萨牧场的主宅,在一片黑色的栎树中间仿佛只是一个白点。

比尔逊看到了终点,精神一振,在鞍上挺起腰板。他了解"槲鸟"的能力。那匹栗色马身上全是汗沫,时不时打个趔趄;"槲鸟"仍旧像一台辅助火车头那样有劲。

比尔逊转向牧羊人笑了。"再见啦,伯罗斯,"他挥挥手喊道,"比赛现在开始。我们到了最后的一段路程。"

他两膝夹紧"槲鸟",弯腰朝埃斯皮诺萨方向驰去。"槲鸟"扬起头,喷着鼻子,飞奔起来,精力充沛得仿佛在草场上放牧过一个月似的。

比尔逊刚跑出二十码远,清晰地听到了温彻斯特枪子弹上膛的卡嗒一声。在枪响传到他耳朵之前,他已经俯身贴在马背上。

伯罗斯可能只想打坐骑——他枪法很准,完全有把握不伤害骑手。但是比尔逊弯腰时,子弹穿过他的肩膀,打到"槲鸟"的脖子。马匹跌倒了,牧牛人一头栽在坚硬的地上,人和马都没有动弹的迹象。

伯罗斯马不停蹄,继续朝前跑去。

两小时后,比尔逊睁开眼睛,打量一下四周。他挣扎着站起来,跟跟跄跄地走到"槲鸟"躺着的地点。

"槲鸟"躺着不动,可是显得很舒服。比尔逊检查后,发现它只受到子弹擦伤。它暂时被打翻,但没有重伤。它跑累了,躺在托尼亚小姐的帽子上,在啃路边垂下的牧豆树枝的叶子。

比尔逊让它站起来。用印花布包着的复活节帽子已经从马鞍带松脱,在"槲鸟"沉重的躯体下压得不成样子。这时比尔逊又昏晕栽倒,受伤的肩膀再次压在那顶晦气的帽子上。

牧牛人可不会轻易被杀死的。半小时后,他又苏醒过来——这段时间足够女人晕两次,吃些冰激凌来恢复元气。他小心翼翼站起来,发现"槲鸟"忙着吃附近的青草。他把那顶不幸的帽子绑在马鞍上,经过多次尝试,自己也上了鞍。

中午时,一群快活的人焦急地等在埃斯皮诺萨牧场主宅前面。罗杰斯姐妹坐在她们的新马车里,还有起锚牧场和绿谷牧场的人——多数是女眷。即使在空旷的草原上,每个女的都戴着新的复活节帽子,因为她们极想展示自己的风采,无愧于即将到来的节日。

托尼亚站在大门口,毫不掩饰脸上的泪痕。她手里拿着伯罗斯从独榆树买来的帽子,促使她流泪的正是她憎恨的帽子上的白玫瑰。她的女友们带着真心朋友的狂喜对她说,这种车轮式的帽子是三年前的样子,不能再戴了。

"你还是戴上旧帽子一起走吧,托尼亚。"她们催促说。

"复活节星期日戴旧帽子?"她回说,"我还不如死呢。"她说着又哭起来。

好运人的帽子都是今春最新的式样,帽檐形成弯曲的弧线。

一个模样古怪的骑手从灌木丛里出来,没精打采地勒住了马。他浑身上下沾着青草的绿汁和山路的白灰。

"哈啰,比尔逊,"韦弗老爸招呼说,"你像是在驯一匹野马。你马鞍后面绑的是什么——一头戴颈轭的猪吗?"

"你如果想去的话,快上来吧,托尼亚,"贝蒂·罗杰斯说,"我们不能再等了。我们的马车上给你留了位置。别去管什么帽子了。即使是旧帽子,你身上那套薄纱衣服已经够可爱了。"

比尔逊慢慢地解开鞍子后面的那件古怪东西。托尼亚看着他,突然有了希望。比尔逊是创造希望的人。他解下帽子,递给她。她飞快地扯掉绳子。

"我尽了力,"比尔逊缓缓说,"'椰鸟'和我所能做的只能这样了。"

"噢,噢!正是这种式样,"托尼亚尖叫起来,"还有红玫瑰!

等等我,让我戴上试试!"

她跑进屋去照镜子,出来时,笑容满面,在红花的衬托下光彩照人。

"哦,红颜色配她太合适了!"姑娘们异口同声地说,"赶快上车吧,托尼亚!"

托尼亚在"槲鸟"旁边站了一会儿。

"谢谢你,谢谢你,韦尔斯,"她开心地说,"这正是我要的。你明天也来卡克图斯,我们一起上教堂好吗?"

"如果我能去的话就去。"比尔逊说。他好奇地瞅着她的帽子,虚弱地笑笑。

托尼亚像小鸟似的飞上马车。车子向卡克图斯驶去。

"你刚才在干什么,比尔逊?"韦弗老爸问道,"你不像平时那样精神。"

"我吗?"比尔逊说,"我刚才在给花上色。我离开独榆树时,那些花是白的。请扶我下马吧,韦弗老爸,我没有多余的染料了。"

周而复始[*]

"你的衬衫能行吗,山姆?"韦伯太太问道,她舒舒服服地坐在栎树下的摇椅里,在看一本平装书。

"很合适,玛莎,"山姆回答说,口气里带着可疑的愉快,"扣子掉光了,起初我有点恼火,后来发现纽孔都是破的,反正扣不上,有没有扣子也就无所谓了。"

"好吧,"他的妻子大大咧咧地说,"用一条领带,衬衫就不会敞开了。"

山姆·韦伯的牧羊场位于纽西斯和弗里奥两条河流中间最偏僻的地带。牧场主宅是幢两居室的方形房屋——坐落在一个小山包的缓坡上,周围是荒凉的小榆树丛。主宅前面有片空地,盖了羊圈、剪毛棚和存放羊毛的仓库。主宅后面几英尺远就是荆棘丛生的荒地了。

山姆打算去查普曼牧场买几头改良的美利奴种羊。他终于收拾停当,准备出发了。这是一次相当重要的商业旅行,查普曼牧场就人数和规模来说,几乎可以算是一个小镇,山姆决定打扮得像样一些。结果把他颇有特色的边疆拓荒者的形象搞得很不顺眼。紧巴巴的白硬领卡着他红褐色的、肌肉发达的脖子。没有扣子的衬

---

[*] 本篇著于1902年,后在《钟摆》一篇中将相似的题材加以发展,见《剪亮的灯盏》集。

衫在敞开的坎肩里面塞得鼓鼓囊囊。一套现成衣服实际埋没了他挺拔健壮的体型。黧黑面庞上忧郁庄严的神情像是政治犯。他拍拍三岁儿子兰迪的脑袋,快步出来,走到他心爱的坐骑"墨西哥"伫立的地方。

玛莎坐在椅子里悠闲地摇晃,用手指夹住刚看到的书页,转过头来,发现山姆为了"打扮"而给自己外表造成的损害,不怀好意地笑了。

"呃,山姆,如果我非说不可的话,"她拖长声调说,"你不像是得克萨斯州自由独立的牧羊人,而像是连环画里的乡巴佬。"

山姆笨拙地跨上马鞍。

"丢人现眼的应该是你,"他发火说,"你不照料男人的衣服,老是坐着看那种低级无聊的小说。"

"哦,你给我闭嘴,赶快走人吧,"韦伯太太猛地一拉椅子扶手说,"你老是为了我看书说三道四。我干的活已经够多的了;我想看书就看,你管不着。我待在这种荒山野岭的地方,什么都看不到,什么都听不到,不看书还能有什么消遣?听你唠叨吗?你整天抱怨、抱怨,我耳朵里都长茧子了。走吧,山姆,别来烦我。"

山姆两腿一夹,矮种马跑上了连接他的牧场和老公路的车道。现在是上午八点钟,可是已经很热了。他应该提早三个小时动身。查普曼牧场离这里有十八英里,不过有条三英里的捷径。有一次,他和半月牧场的一个牛仔一起骑马走过那条小路,他记得方位。

山姆在一株叉开的牧豆树那儿离开公路,沿着金塔尼拉沟驰去。这是一道狭窄的河谷,茂密拳曲的牧豆草像是绿色的厚地毯;"墨西哥"撒开四条长腿快跑起来,区区几里路根本不在话下。到了野鸭水坑时,他必须走上没有标志物的路径。他往右拐了弯,登上一座只长虬结多刺的仙人掌和槲树丛的、卵石遍地的小山。他在山顶上停留了一会儿,向四周的景色眺望了最后一眼,因为从这里开始,他必须在槲树、仙人掌和牧豆树的荆棘和树丛中间择路而行,任何方向都看不出二十码远,只能凭草原居民的本能,依靠偶尔望见的远处的小山头、一丛形状特殊的树木,或者天空太阳的位置来判断路径了。

他下了山坡,进入金塔尼拉和比埃德拉之间的仙人掌丛生的平地。

约莫过了两小时,他发现自己迷了路,不免有点慌乱,想尽快找到一个熟悉的地点。"墨西哥"也急于挽救这种局面,敏捷地在莽林的迷宫里东奔西突。主人对路线没有把握时,它就猜到了事实真相。现在没有可供他们爬上去观察地形的小山。虽然看到几座,可是树丛盘根错节,连兔子都钻不过去。他们所在的地点是弗里奥河谷最浓密的乱丛棵子。

对于牧牛人或者牧羊人来说,迷一天或一晚路没有什么大不了。这种情况经常发生。无非是错过一两顿饭,在柔软的牧豆草地铺上鞍毯舒舒服服地睡一觉而已。但是山姆的情况不同。他从来没有不在牧场过夜的情况。玛莎怕这个地方——她怕墨西哥人,怕蛇,怕美洲豹,甚至怕羊。所以他从不把她一个人撂在家里。

山姆感到事情的严重性时,已是下午四点钟左右了。他汗流浃背,浑身无力,不是由于天气热或者疲乏,而是由于焦急。此前,他一直希望找到那条通向弗里奥渡口和查普曼牧场的小径。他一定是在某个幽暗的地点走过了头。果真是这样的话,他现在离家大概有五十英里了。只要能看到一个牧场,一个营地——一个能换匹马,问个讯的地方,他就可以连夜骑马赶回到玛莎和孩子身边。

山姆深深地感到愧疚。他想起自己对妻子说的暴躁的话,嗓子里觉得堵得慌。住在这种鬼地方,即使没有他的恶言恶语,已经够难为她的了。他狠狠地咒骂自己,想起自己为了她喜欢看书而老是讥笑她、说她,脸上突然羞愧得比夏天的落日更红。

"那个可怜的女人只有看书消遣,"山姆哽噎说,"墨西哥"很少听到这种声音,不禁放慢了步子。"和我这种倔头倔脑的家伙过日子——我这种应该用马肚带抽死的混蛋——她整天洗洗涮涮,做饭做菜,吃的只是羊肉煮豆子,难得看一眼书,我还要数落她!"

他忆起第一次在狗镇见到玛莎时的情景——那时她机灵、漂亮、活泼——阳光还没有晒黑她红扑扑的面颊,槲树的沉寂还没有磨灭她的心气。

"如果我再对那个小女人说一句不中听的话,"山姆自言自语地说,"或者再褒贬她的爱好,就该让山猫把我撕成碎片。"

他知道自己要怎么做。他要写信给圣安东尼奥的收购他牧场的羊毛、供应他生活用品的加西亚-琼斯商行,让他们运一大箱小说和读物来给玛莎看。情况会改善的。他考虑是不是买一架小钢琴,放在牧场的一间屋子里,今后他们不去外面也有消遣了。

山姆想到今夜不能在家里陪伴玛莎和兰迪,更加深了自责。尽管山姆闹些小别扭,玛莎晚上总是温顺地把头枕在他强壮的手臂上,排除了她对这个地方的害怕,满足而依赖地舒一口气。难道她的害怕毫无根据吗?山姆想到流窜抢劫的墨西哥人、有时偷偷侵入牧场的美洲豹、响尾蛇、蜈蚣和十几种可能的危险。玛莎会吓得要命。兰迪会哭着要"大大"。

一片片灌木丛、仙人掌和牧豆树没完没了。山谷接着山谷,山坡接着山坡——全都一模一样——由于不断重复而显得熟悉,但又是那么陌生新奇。他只要找到一个熟悉的地点就好了。

人为的事物按直线行进。自然的事物沿圆周运转。正直的人比圆滑的外交家更是人为的产物。在雪地迷路的人不停地转着圈子,直到筋疲力尽,倒地为止,这一点已经从他们的足迹上得到了证实。而在哲学和其他思想领域中漫游的人往往周而复始，最终回到起点。

正当山姆·韦伯悔恨万分，决意弥补的时候，"墨西哥"舒了一口大气，得意地放慢步子，不再使劲小跑了。他们已经跑下了长满十来英尺高的灌木的缓坡。

"嗨，墨西哥，"山姆反对说，"这可不行。我知道你很累，但是我们还得走下去。哦，天哪，难道世界上没有房屋了吗！"他用脚后跟踢了一下"墨西哥"。

"墨西哥"抗议似的哼了一声，仿佛在说："我们已经这么近了，干吗还要踢我？"它不情不愿地小跑起来，绕过一片黑色的槲树，停了下来，再也不肯走了。山姆看到十码外就是自己家的后门，手里的缰绳掉落下来。

玛莎平静地坐在房门前的摇椅里，把脚搁在台阶上，一副悠闲自得的样子。兰迪坐在地上玩一副马刺，抬头看看他的爸爸，接着继续转动马刺上的齿轮，嘴里唱着儿歌。玛莎懒洋洋地转过靠在摇椅背上的头，看着回来的人和马，毫无表情。她膝上放着一本书，手指夹着刚才看到的书页。

山姆像是刚睡醒的人那样摇摇头，慢慢下了马。他用舌头舔舔干焦的嘴唇。

"你居然还坐着，"他说，"看那种低级无聊的小说。"

山姆兜了一个圈子，恢复了老样子。

橡胶树盆景的故事

作为橡胶树盆景,我们是连结植物界和三马路剧院上演沃尔多夫-阿斯托利亚饭店场景时所用的道具的环节。我没有查阅过我们的家谱,不过我相信我们是橡胶套鞋嫁接到三毛钱的客饭里的龙须菜茎的产物。你的公寓里摆一个橡胶树盆景,养一条像伯克·科克兰那样富有独立精神的白毛斗犬,你家里的动植物就齐全了。橡胶树盆景对于住公寓和配备家具的房间的人来说,它的意义相当于白花酢浆草之对于爱尔兰①。我们过于频繁地从一个住所搬到另一个住所,以致只有用电影摄影机才能拍下我们的照片。我们是依人篱下的藤蔓,是来去匆匆的无花果树。想必你也知道这么一句谚语:"窗台上摆着橡胶树盆景,门口就会开来搬家公司的汽车。"

我们仿佛是城市里的忍冬花。任何植物,除了匹兹堡的雪茄烟外,都经不住我们所受的种种折腾。我们的主人家搬进公寓的时候,把我们放在窗台上,我们就成了护家神、粘蝇纸和"甜蜜家庭"的流动标志。我们虽然是绿的,但并不鲜嫩。我想我们大概就是你所说的歌舞剧里的女高音配角。你不妨坐在曼哈顿每周租金四十元的公寓的前窗,整天望着街上,晚上回到房间里,不知你是不是懂我的意思,呃?说起伊甸园里的果实有识别善恶作用的

---

① 白花酢浆草是爱尔兰的国花。

智慧之树——喂!假如伊甸园里有橡胶树,夏娃或许就不至于偷吃禁果了——可是我不打算给你讲故事。

据我记忆,最初我只有三片叶子,主人是一个小芭蕾舞团的演员。我被搁在向阳的窗口,经常受到塞尔查矿泉水和柠檬汽水的浇灌。那段日子我过得很有趣。我看街上汽车的牌照号码,同时试图看里面标签的日期,眼睛都成了内斜视。

想朝音乐喜剧发展的天使蜕掉了最后的羽毛,芭蕾舞团解散了。团员们各奔前程,我失去了主人,给撂在窗台上。公寓看门人把我送给八楼一个高雅的喜剧剧组,六个星期中我在五套不同公寓的窗台上待过。我见多识广,长出了两片叶子。

高雅喜剧团的卡拉瑟斯小姐——你有没有见过她把脚交叉在颈后的表演?——把我给了她的一个和商店老板结婚后又分手的朋友。因此,我搬进了一个配备家具的房间,房租先付后住,自来水要爬两层楼才有,晚十点钟后使用煤气要额外收费。我在那里脱掉了两片叶子。此外,我经常换房,开始喜欢搬家工人抽的烟斗气味了。

我和这位女士相处的日子恐怕是我生平最乏味的经历了。他们家里从来没有发生过有趣的事情——她是个忠实的妻子,除了把身子探出窗口,同送冰的工人调情之外,从来没有做过打破单调的事情。

那对夫妇离婚后,我同别的物品一起进了旧货商店。我被摆在门口,和许多难以想象的东西搭配在一起出售。这堆包罗万象的大杂烩标价一元八十九分:其中有亨利·詹姆斯的作品、六张唱片、一双网球鞋、两瓶泡辣根和一盆橡胶树——那就是我!

某天下午,一个姑娘过来,停住脚步看我。她黑头发、黑眼睛、身材苗条、神情忧郁。

"哦!哦!"她自言自语地说,"没想到会在这里看到。"

她掏出一个像我的叶片那么薄的小钱袋,摸索着里面的几枚小银币。眼观四方的老柯恩看到生意上门,已经在搓手了。姑娘剔掉了詹姆斯先生和别的商品,反复说要就单买盆景,否则什么都不要。柯恩和她最后以三十九分钱成交,她捧着我走了。

她是个好姑娘,但不是我喜欢的那种类型。她看上去太文静、太稳重。我暗忖道:"看来我要待在公共住宅六层楼的防火梯上。今后六个月只能看晾衣绳上的衣服了。"

没想到她把我带到一条相当体面的街道的一幢房子里,她的小房间很不错,并且在三楼。我当然给放在窗台上。接着,她动手做晚饭。你知道她晚饭吃什么吗?面包、茶和一点果酱!没有别的了。没有龙虾,更没有香槟酒。卡拉瑟斯喜剧剧组每晚都有这两样东西,除非他们有时候想换换花样,吃猪脚圈和大蟹海味。

我的新主人吃完晚饭后,走到窗前,低头挨着我的叶子,悄悄地哭了一会儿。我觉得奇怪。以前我从未见过有谁这样对着一株橡胶树哭泣。我当然看到人们为了排遣心中的郁闷而流泪,可她却像是纯粹为了流泪的乐趣而哭泣。她抚摩着我的叶子,低下头亲吻每一片。我仿佛成了世界上最可怜的一盆漂泊的兰花,自己也觉得心酸。以前我从未有过这样的家。我通常遭到长卷毛狗啃咬,枝上挂着要晾干的衬衫,灌浇我的是煮过的咖啡渣和染金发用的双氧水。

这个姑娘的房间里有一架钢琴,她时常双手敲打琴键,嘴里发出噪音,一连折腾好几小时。我猜想她大概是在练习声乐。

有一天,她似乎十分兴奋,频频看钟。十一点钟时,有人敲门,进来的是个壮实的、留着蓬乱的黑头发、皮肤黑黑的男人。他立即坐在钢琴前面弹奏,她开始演唱。唱完后,她把手按在胸前望着他。他摇摇头,她泄气地靠着钢琴。

"已经两年了,"她缓缓地说——"你认为还需要两年——或者更长时间？"

那个男人又摇摇头。"你在浪费时间。"他说，我认为他的口气相当粗暴。"声音不对。"他瞅着她，眼神很奇特，"不过声音不是最主要的，"他接着说，"你有长相。我早就说过，我可以把你捧红，只要你——"

姑娘什么话也不说，用手指着门，那个黑黑的男人离开了房间。她来到我旁边又哭了。幸好我身体里有橡胶，足以防水。

那当儿，又有人敲门。"谢天谢地，"我暗忖道，"趁此机会可以关掉自来水龙头了。我希望来的人洒脱一点，喝点酒，唱唱歌，活跃活跃气氛。"说老实话，这个姑娘让我觉得烦。橡胶树盆景偶尔也喜欢热闹。除了荨麻酒和搭配菜肴的芫荽以外，纽约恐怕没有别的绿色东西像我这样见识过这么多的欢乐场合了。

姑娘开了门，进来的是一个戴旅行帽的年轻小伙子，他一把搂住她，她高兴地嚷道："哦，狄克！"两人搂了好久——呃，我想你有时候也当过橡胶树盆景的角色，见过这种情景。

"好事！"我对自己说，"这比音阶和哭泣有意思多了。有好戏看了。"

"你得和我一起回去，"年轻人说，"我赶了两千英里路来找你。你闯荡够了吗，贝丝？你有没有找到最适合你的东西？"

"幻想的肥皂泡今天才破灭，"姑娘说，"来呀，狄克，瞧瞧我前几天买的便宜东西。"她拉着他的手过来，把鄙人指点给他看。"谁知道它怎么辗转到了这儿，我花了身边最后的一点钱把它买了下来。"

他瞅着我，但他的眼睛一刻也离不开那姑娘。

"你记得那晚的情形吗，贝丝？"他说，"我们在密西西比，站在湖畔这样的一株树下，你对我说什么来着？"

"喔唷唷！"我暗忖道，"他们两个站在一株橡胶树下！看来他们有得拉扯了。"

"我怎么会忘记呢，"她仰起头望着他，慢慢向他胸前靠近，"现在我再说一遍，并且永远如此。狄克，你看叶子多湿。那是我的泪水，我想起你时流的泪水。"

"可爱的老木兰树啊！"年轻人掐住我的一片叶子说，"我爱木兰树。"

木兰树！岂不是笑话——嗨！那些无知的人以为我是木兰树呢！对于一株真正的纽约小橡胶树来说，岂不叫它哭笑不得？

来自拿撒勒*

　　佐治亚州的奥柯契有过辉煌,J.平克尼·布卢姆从中捞了一大笔钱。奥柯契却背上五十万元的债务,制订了税率为百分之二点五的城市财产税,市参议员不敢抛头露面,连走路都爱挑背街小巷。这些情况的出现完全是由于一个北方游客提出并且宣扬说,奥柯契的柯洛沙河和纽约的哈得孙河有出奇的相似之处。因而奥柯契觉得不能让纽约独占鳌头、把自己当做沼泽里惟一的鳄鱼。南方有许多并无恶意、但心眼很死的人,他们老是吵吵嚷嚷,主张多建棉纺厂,只要借得到钱,他们愿意投资建厂,以致人们对那个游客的随口赞扬信以为真,结果害得奥柯契栽了大跟头。

　　柯洛沙河在一片丘陵地带蜿蜒穿过,流经奥柯契,和那条名字同印第安语中的水声相似的查塔霍奇河汇合。

　　于是,奥柯契从邮政局的向阳的门廊上站起来,整整背带,在离镇一英里远的柯洛沙河上游筑了一道二百四十英尺长、六十英尺高的花岗岩拦河坝。丘陵中间出现了一个二十英里宽的波光潋滟的大湖。于是,奥柯契在同纽约的哈得孙河互比高低时有了一张赢牌。一般认为哈得孙河畔断崖的壮丽景色是无与伦比的。然而奥柯契除了景观之外,还有一张商业优势的王牌。拦河坝可以

---

*　拿撒勒是巴勒斯坦北部古代贫穷小镇,相传是耶稣青少年时生活并学木工的地方。《新约·约翰福音》第1章第46节:"拿撒勒还能出什么好的么?"指常人以为小地方不会出大人物。

提供一万四千匹马力的发电能力。棉纺厂、工厂和制造厂会像阵雨后的玉米苗那样茁壮生长。纱锭、飞轮和涡轮机刺耳的转动声将唱出奥柯契的繁荣。湖畔风景如画的山丘上将建起富人的华丽的别墅和漂亮的休夏住宅。百万富翁的摩托艇将在浪漫的湾汊中间嬉水破浪；葱翠的小山上将出现庭园、草坪和公园。奥柯契花钱将如流水，流水又会变成金钱。

小城的命运很快见了分晓。富人决定不投资了。那些吹得天花乱坠的规划中只有自然景色成为现实。树木葱茏的山顶、庄严肃穆的花岗石悬崖、秀美的湖岸和山涧的葱翠的斜坡竭尽全力弥补奥柯契没有到位的吝啬的投资。夕阳把朦胧的河谷和湾汊染成了可以排遣不满情绪的金色。出于天生的本能和气候的影响，奥柯契陶醉在景色中。它从搏斗场里爬出来，解开背带，重新坐在邮政局的前廊上，开始反思。它聊以自慰地讽刺那些不该受到责怪的市参议员，以致他们像前面说过的那样，躲到背街小巷，绞尽脑汁盘算如何筹集偿债基金和支付到期的利息。

沉重的债务将由奥柯契的年轻人带入美好的未来，但他们以乐观精神接受了失败。这里生活的乐趣虽然不多，但至少有水上运动。湖面上到处可以看到他们头戴游艇帽和领带飘拂的身影。姑娘们的绸衬衫绣着蓝色和粉红色的船锚图案。年轻人穿着喇叭裤，手掌由于划桨而长了引为自豪的茧子。渔民沉湎在宽容的欣喜中。帆船和划艇在微波上穿梭，木板小码头周围冒出了卖爆玉米花和冰激凌的摊点。两条新造的游览汽艇在令人愉快的水上游弋。乐天知命的奥柯契放弃了用金匙子喝甲鱼汤的希望，心满意足地继续吃它常吃的忘忧果和煎玉米糊。正当伟大的希望逐渐破灭时，兴旺发达、满面红光的J.平克尼·布卢姆出现了。

不用说，J.平克尼不是土生土长的佐治亚人。他来自那个叫做"北方"的经济活跃的地区。他自称是"发起人"；他的仇人说他是"骗子";奥柯契采取了折衷办法,不贬不褒地称他为"北方佬"。

这个赶浪潮的快活人在离城十八英里的湖泊上游看出了发财的机会。他以每英亩四角五分钱的价格买下了五百英亩地势险峻的土地;起名为天堂镇,规划在美国南方建一个瑞士式的皇后城。他勘测了街道马路,设计了公园,中心广场四角预留了"计划中"的歌剧院、商会、文化宫、市场、公立学校和"展览馆"的位置。每块地皮的标价从五元到五百元不等。最高不超出五百元。

奥柯契蓬勃发展时,J.平克尼的通告、地图和计划书通过邮局分发到全国各地。投资人纷纷汇款过来,天堂镇房地产公司(J.平克尼·布卢姆)根据每个投资人的金额寄回一份登记在案的地契,按汇款先后顺序,按质论价,确认了剩下的最好的地皮。规划中为天堂镇商会保留的地皮事实上还有山猫在尖叫,展览馆位置上空有负鼠卷起尾巴勾在树枝上晃荡,歌剧院广场有猫头鹰在向小松鼠听众哓哓的唱宣叙调。后来,当汇款纷至沓来时,J.平克尼在未来的镇区盖了五六幢廉价的木板房,动员一些本地人住进去,在以后的计划书中扮演了"居民"的角色,从而增加了规划的吸引力和经济效益。

当好梦过去、奥柯契回过头来挖蚯蚓当鱼饵、指望百分之二点五的城市财产税时,J.平克尼·布卢姆(他一向不喜欢支票、汇票和银行家的质询)在他五十二英寸宽的腰围系上一条软革皮带,皮带夹层里装了八千元的大额钞票,一切都很顺利。

他去别的涉世不深、容易上当受骗的地方之前,到天堂镇做了最后一次访问。天堂镇有个正规的邮局,包租的"狄克西美女号"汽轮每周两次运来邮袋(一般是空的)。有些小事需要了断——给闲得发慌的邮政局长结清工资,按照合同规定再给"居民们"运去一个月的基本供应。此后,天堂镇就再也见不到J.平克尼·布卢姆其人了。这些险峻、荒芜、无用的地皮的主人可以来看看他们盲目投资的风景,或者留给它们合适的住户——野猪和鹿獐。天堂镇房地产公司的业务已经结束。

"狄克西美女号"小汽轮正要离岸,驶往湖泊北岸做例行的航行时,有辆出租马车摇摇晃晃来到码头,一位穿黑衣服的身材修长的老先生下了车,客气然而使劲地招手让轮船等一等。"狄克西美女号"航程表上最不重要的就是时间;麦克法兰船长下令暂停,让最后两位乘客上船。那位修长的老先生踏上跳板时,还挽着一位左耳旁优雅地垂下一绺灰白鬈发的瘦小的老太太。

麦克法兰船长在掌舵,作为船上惟一的乘客,J.平克尼·布卢姆认为自己理应出面招呼那两位显然是观光旅游的新客人。他的光洁红润的脸上堆着孩子般天真的笑容,带着只有经过精心策划才不露狡诈的真诚神情,以及符合他职业特点的敏捷和干练,上前迎接佩顿·布莱洛克上校和夫人。他像会议上的司仪或者婚礼上的迎宾似的,殷勤地把两位乘客带到轮船的上甲板视野开阔的一侧。他们坐在舒适的帆布躺椅上,开始海阔天空地攀谈起来。

"我们的老家,先生,"布莱洛克上校脱下他那顶走样的宽檐黑呢帽说,"在冬青泉——佐治亚州的冬青泉。我能认识你十分荣幸,布卢姆先生。布莱洛克太太和我是今天早晨刚到奥柯契来办一件商务,先生,鉴于本州这一地区最近的迅猛发展,可以说是一件重要的商务。"

上校把他灰白色的、柔软的长鬈发往后一掠。他的黑眼睛在浓密的黑眉毛下仍炯炯有神,但在一个商人的脸上似乎不相配。他看上去更像是穿现代服装的查尔斯王朝的遗老,他穿的绒面呢的衣服料子很高级,只不过边缘磨损得起了毛。

"是啊,先生,"布卢姆先生带着他最诚恳的推销口气说,"奥柯契一带在飞速发展。佐治亚州从未有过规模如此之大的工业复兴,利用自然资源的意识也从未如此高涨。上校,你有没有赶上投资金边证券的浪潮？"

"呃，先生，"上校迟疑了一下，客气地说，"假如我对你的问话没有理解错误，我要说我抓住机会做了一次相当有利的投资——是啊，先生，我想那既能给我带来金钱利益，又能提供一个愉快的职业。"

"布莱洛克上校，"小老太太晃晃她灰色的发卷，微笑着向 J. 平克尼·布卢姆解释说，"对商业十分热衷。他在金融、市场、投资方面很有天才，我在人生旅程中有他相伴，觉得太幸运了——我自己对那些难以应付但非常有用的学问领域可以说是一无所知。"

布莱洛克上校站起来鞠了一躬——完全是十八世纪那种穿长丝袜、丝绒衣服和褶边衬衫的王公贵族的风度。

"那只不过是雕虫小技，"他朝发起人挥挥手说，"假如我可以用这种比喻的话，只不过是我们在人生道路上赏花消遣的花园小径。我能铺设一条小径也是一大乐事。布莱洛克太太却是那种培植花卉的品位比较高的人物。布卢姆先生，你也许读过南方女诗人洛勒拉的诗作。那就是布莱洛克太太多年来在南方报刊上发表作品时用的笔名。"

"遗憾得很，"布卢姆先生坦率的脸上明显地露出失落，"我和上校一样——也是铺设小径的人——我甚至没有闻闻花香的时间。诗歌是我从未涉猎的一行。当然，一定很高雅——非常高雅。"

"那是我魂牵梦萦的地方，"布莱洛克太太笑笑说，"佩顿，劳驾把我的围巾拿来——那边青山吹来的小风有点寒意。"

上校从外套口袋里取出一条小丝织围巾，体贴地搭在老太太的肩上。布莱洛克太太舒了一口气，那双仍像孩子般清澈无邪的、富于表情的眼睛望着船侧缓缓后退的陡峭的山坡。在早晨清新的空气中,那双眼睛显得十分美丽端庄,仿佛在同洛勒拉敏感的精神叙谈家常。"我家乡的山峦!"她出神地喃喃说,"看山谷里的草木沐浴在阳光下是多么自得。"

"布莱洛克太太的少女时代,"上校向 J. 平克尼·布卢姆解释她的心情说,"是在佐治亚州北部山区度过的。山区的空气和景色使她想起了那些日子。我们在冬青泉生活了二十年。我担心在那种低洼平坦的地方待得太久会损害她的健康和情绪。我们正是由于这个原因才做出目前的改变。亲爱的,你还记得你写的那首名叫'佐治亚的山峦'的诗吗——那首得到南方报刊广泛转载、亚特兰大评论家高度赞扬的诗?"

布莱洛克太太脉脉含情地瞥了上校一眼,用手指抚弄胸前银白色的发卷,又朝山峦望去。她没有忸怩作态,随即用激动深沉的声音朗诵这些诗句:

佐治亚的山峦,佐治亚的山峦!——
  我的心啊,你为什么感到哀怨?
难道这些郁郁葱葱的低地
  芳草、鲜花和藤蔓不够美丽?
啊!缓缓淌过的河水
  怀念它故土的小溪,
我心悠悠,渴望回到
  佐治亚的山峦。

我穿过严实的夜幕,
  悄悄攀上睡神的翅膀,
返回松树丛生的山坡——
  我漂泊天涯的终点。
啊,山顶上天国显得更近——

> 离开苦难的人间仿佛更远——
> 即使在梦中,我也希望
> 　　看到我的佐治亚山峦。
>
> 山上果园的草地
> 　　是我舒适的躺椅;
> 每一只小鸟的鸣叫
> 　　胜过诗人的吟唱。
> 死亡并不那么可怕,
> 　　只要时辰一到,
> 它可以来佐治亚山峦,
> 　　我会握住它的手毫无遗憾。

"真了不起,夫人,"女诗人念完后,J. 平克尼·布卢姆热情地说,"以前我太不关心诗歌啦。我自己也是在松树丛生的山区长大的。"

"山区永远在召唤它的孩子们,"布莱洛克太太说,"我觉得在这些美丽的山峦中间生活又会美好的。佩顿——劳驾给我一点葡萄酒。一路上虽然极其愉快,但我有点累了。"

布莱洛克上校再次摸索他的多产的外套口袋,取出一个盖得很紧的黑色的瓶子。布卢姆先生立刻站起来。"我去找个杯子,夫人。上校,你跟我一起去——我们可以搬一张小桌子。也许我们可以在船上找到一些水果或者茶。我去问麦克。"

布莱洛克太太自在地靠在椅子上。受到钟爱的南方妇女拥有高贵的特权,她们那种心安理得、落落大方的样子是别地方的高贵的妇女难以比拟的。上校像当初追求布莱洛克太太那样殷勤关心,J. 平克尼·布卢姆的敏捷尊重一半出自职业习惯,一半出自重新唤起的、久已忘却的、说不清楚的感情,他们两人跑前跑后,忙得不可开交。他们喝着冬青泉老家酿造的葡萄酒,J.平克尼开始了解一些冬青泉的生活情况。

从布莱洛克夫妇的谈话里知道冬青泉在走下坡路。三分之一的人口已经外迁。商业萎缩——上校是商业的权威。他仔细研究了投资机会之后,卖掉冬青泉的房地产,得了八百元,把它投入从广告上得知的奥柯契的新兴的规划。

"先生,我可不可以打听一下,"布卢姆先生问道,"你把钱投到哪一个具体的行业?我了解那个小城,也了解非法邮件广告的情况,也许可以向你提供一些你投资是否可靠的资讯。"

不知怎的,J.平克尼对这两个不谙世故的旧时代的代表有了好感。他们单纯、不切实际、毫无防人之心。他庆幸自己身边恰好没有带假金砖或者那种西部的坏小子银矿股票。他不愿意向他如此喜爱的人兜售那种东西;不过有些诱惑实在难以抵御。

"不,先生,"布莱洛克上校停下来整整夫人的围巾说,"我没有在奥柯契投资。我对商业条件做了透彻的研究,认为把数额有限的资本投进已有规模的老城镇是不合算的。前几个月,承蒙朋友的好心,我得到了这个湖畔新兴的天堂镇的地图和介绍。介绍文字如此动人,小镇的蓝图描绘得如此令人信服,日益增长的繁荣说得如此有吸引力,我便决定抓住送上门来的机会。我谨慎地选了一块商业区中心的地皮,价格虽然是最高的——五百元——我还是立刻买了下来。"

"你就是那个——我意思是说,你花五百元买了天堂镇的一块地皮?"J.平克尼·布卢姆问道。

"不错,正是我,"上校说,仿佛是在谦虚地解释成功秘诀的百万富翁,"那块地皮的位置好极了,和歌剧院在同一个广场,离商会只有两个街口。我认为能买下那块地皮是莫大的幸运。我打算立刻在那里盖一幢小房子,开一家兼卖文具的书店。过去几年,在金钱方面我屡受挫折,现在觉得有必要经营一点商业,维持生活。书本文具生意虽然小,但多少符合我的兴趣。我是弗吉尼亚大学毕业的;布莱洛克太太在纯文学和诗歌方面的造诣肯定对书店的成功发挥作用。当然,布莱洛克太太不需要亲自照应书店。我用剩下的将近三百元钱可以盖一座住房,提高地皮的价值。我在亚特兰大有个老朋友,是一家大书店的合伙人,他同意以极其优惠的条件赊一批货给我。我希望换了新环境后,布莱洛克太太的身体和精神状态会大大改善。我仿佛已经看到一度风靡佐治亚男人的玫瑰般的笑靥又回来了。"

上校优雅地一鞠躬,轻轻地碰碰女诗人苍白的面颊。布莱洛克太太像小姑娘似的羞红了脸,摆摆头,责怪地拍了上校一下。青春永驻的秘密——你在何方?回答分分秒秒地传来——"在这里,在这里,我在这里。"听听你自己的心跳吧,寻找永恒奇迹的人。

"冬青镇的岁月真是漫长,"布莱洛克太太说,"如今应许之地已经在望。天堂镇!——可爱的名字。"

"毫无疑问,"上校说,"我们可以找一家收费合理、设备齐全的小旅馆暂时安身。我们的行李在奥柯契,等我们安顿后再运过来。"

J.平克尼·布卢姆说是要失陪片刻,跑到前舱,站在掌舵的船长身边。

"麦克,"他说,"你记不记得我对你说过,我卖掉了天堂镇一块五百元的地皮?"

"好像记得。"麦克法兰船长笑笑说。

"一般说来,我不是胆小鬼,"发起人接着说,"可是我一直声明假如我当面遇到买下那块地皮的傻瓜,我会像火鸡似的跑得飞快。现在你看到那个上当受骗的老家伙没有?中头奖的就是他。

五百元的地皮只卖出一块。其余的价格从十元到二百元不等。他的老婆是诗人,写过一首有关佐治亚山峦的诗。他们要到天堂镇区开一家书店。"

"那好,"麦克法兰又笑着说,"恰好有你在,平克尼,你可以陪他们在镇上转转,让他们觉得宾至如归。"

"他剩下三百元钱,打算盖住房和书店,"平克尼仿佛自言自语地说,"他以为那里有个歌剧院呢。"

麦克法兰船长松开舵轮,腾出手来,在自己的大腿上拍了一下。

"你这个肥胖的老混蛋!"他眨眨眼睛,咯咯笑了。

"麦克,你太不懂事。"J.平克尼·布卢姆冷冷地说。他回到刚才同布莱洛克夫妇一起坐着的地方,话却不像刚才那么多了,他眉心露出一道垂直的皱纹,这个现象说明他心里正在策划什么。

过了一会儿,他开口说:"这种突然繁荣的情况往往牵涉到许多骗局,如果天堂镇也是如此——我的意思是说,如果那里的市面并不好,书籍没有销路,怎么办呢?"

"我亲爱的先生,"布莱洛克上校把手搁在他妻子的椅子背上说,"由于别人的欺诈,我生平有三次几乎落到一文不名的地步,但我对人性仍然没有失去信心。即使我再次受骗,我们的世俗利益遭到损失,我们仍然可以为健康的身体和满足的心态感到安慰。我知道世界上有不诚实的阴谋家,设下陷阱害警惕性不高的人,即使这种人也并不全是坏的。亲爱的,你记不记得你替冬青镇教堂的合唱团写的那首名叫'上帝给人以充实'的诗?"

"那是四年以前的事了,"布莱洛克太太说,"我还记得几句。

　　　　百合出自腐烂的土壤;
　　　　　珍珠产于深海的淤泥;
　　　　好的事物会来自拿撒勒,

一切都按照上帝的旨意。

　　感化的恩惠终于来临
　　　　把祝福给最冷酷的心灵；
　　引导它去帮助鼓舞
　　　　需要救援的苦难的人……

"其余的我记不起来了。那些诗句的意境不高。只是替一个好朋友的曲子配的词。"

"不管怎么说,是首好诗,"布卢姆先生说,"仿佛是钟声。我想我能理解它的含义。也就是说,最恶劣的骗子有时候也会给你一个最好的结果。"

布卢姆先生回到船长那儿,站着沉思冥想。

"再过几分钟就该看到天堂镇的尖塔和鎏金圆屋顶了。"麦克法兰喷喷地说,高兴得摇头摆尾。

"见你的鬼。"布卢姆先生仍旧沉思着说。

这时候,他们瞥见左岸山上一个绿树掩映的白色的村落。那是冷枝镇——不是突然兴旺的产物,而是经过多年惨淡经营慢慢发展起来的。冷枝镇在一片葡萄园和玉米地边上。山后面有一条宽阔的乡村道路。冷枝镇和野心勃勃、筑了一个荒唐的大湖的天堂镇没有共同之处。

"麦克,"J.平克尼突然说,"我要你在冷枝镇停一下。那里有一个涨水时可以用的码头。"

"不成,"船长咧开嘴笑着说,"船上有美利坚合众国的邮件。今天这艘船是替政府办差。你要可怜的老船长为了耽误邮件而受到训斥吗?你要伟大的天堂镇等不到邮件而焦急吗?亏你提得出这种过分要求,平克尼。"

"麦克,"J.平克尼几乎是打耳语似的威胁说,"刚才我看了

'狄克西美女号'的轮机房。你知道有哪条船需要新锅炉吗？水泥和黑漆骗不过我的眼睛。还有，你挪用了修理预算买了股票，放了债——当然，它们仍旧是你的。我不愿意提这些事，不过——"

"好吧，平克尼，"船长说，"你知道我只是开开玩笑。我遵命让你在冷枝镇下船。"

"另外两个乘客也下。"布卢姆先生说。

他们密谈了一会儿，十分钟后，"狄克西美女号"掉转船头，朝左岸一个摇摇晃晃的小木码头驶去，船长把舵轮交给一个打杂工，来到乘客甲板上宣布说："天堂镇到了，统统下船。"

布莱洛克夫妇和J.平克尼·布卢姆下了船，"狄克西美女号"继续向湖泊北岸驶去。在不知疲倦的发起人的带领下，他们慢慢爬上陡峭的山坡，不时停下来欣赏风景，最后到了冷枝镇。上校和他的妻子热情地赞扬朴素宁静之美。布卢姆先生带他们到了一条荫蔽的街道上一幢两层楼房屋前面，门前的招牌是"松顶客栈"。他在这里和千恩万谢的上校夫妇分了手，上校说他们当天要休息了，明天再出去看看他们买下的地皮。

J.平克尼·布卢姆在冷枝镇的大街上走着。他没有来过这个地方，但一般的城镇他见得多了，因此并不感到不安。不一会儿，他看到一幢房子，门上的牌子写着："弗兰克·E.库利，律师、公证人。"库利先生年纪很轻，正盼着顾客上门。

"年轻人，"布卢姆先生谈笑风生地说，"戴上帽子，拿一份空白的契约书，跟我来。有件工作让你做。"

库利先生欣然从命，平克尼接着问他："镇上有书店吗？"

"有一家，"律师说，"亨利·威廉姆斯开的。"

"去那里，"布卢姆先生说，"我们把它买下来。"

亨利·威廉姆斯在柜台后面。书店相当小，出售书籍、文具和一些没用的玩意儿。旁边是亨利的住家：一座墙上攀满藤蔓的整洁舒适的小屋。亨利身材瘦长,做事慢吞吞的,仿佛没有睡醒的样子。

"我要买你的住房和书店,"布卢姆先生说,"我没有时间讨价还价——你开个价吧。"

"一共值八百元。"亨利被突如其来的事情搞糊涂了,不敢漫天要价。

"把门关上。"布卢姆先生对律师说。他脱掉上衣和坎肩,开始解衬衫纽扣。

"想打架吗?"亨利·威廉姆斯跳起来,摆出拳击的架势,"好吧,胖子——你出手吧,别跳跳蹦蹦的。"

"你不必脱衣服,"布卢姆先生说,"我只不过是在银行提款。"

他从藏钱的腰带里拿出八百元,拍在柜台上。库利先生显示了大有前途的工作效率,他已经把契约摊开,伸手去拿墨水瓶。冷枝镇以前从未有过这么高效率的行动。

"请问姓名?"律师问道。

"写上佩顿·布莱洛克,"布卢姆先生说,"我可不知道具体是哪几个字。"

三十分钟后,亨利·威廉姆斯办妥了出让手续,布卢姆先生和拿着签好字、经过公证的契约的库利先生站在砖铺的人行道上。

"当事人在松顶客栈,"J.平克尼·布卢姆说,"你把契约备个案,给他送去。他会问你许多问题叫你招架不住,这里有十元钱是给你的慰劳。你以前不大看诗歌吧,是吗,年轻人?"

"呃,偶尔也看看。"库利回答说,他确实是个可造之才,因为他仍保持清醒的头脑。

"钻研一下吧,"布卢姆先生说,"你会受益的。你有没有听过这样的一首诗?——

    我想有时候拿撒勒

也会出些好事，
　　恰到好处地帮助和鼓舞
　　　一个倒霉的傻瓜。"

"恐怕没有听过。"库利先生说。

"是一首赞美诗，"J.平克尼·布卢姆说，"年轻人，现在告诉我哪里有马匹出租，我得骑马回奥柯契了。"

幽默家自白

一个毫无痛苦的潜伏期在我身上持续了二十五年,接着突然发作了,人们说我得了这种病。

但是,他们不称它为麻疹,而称它为幽默。

公司里的职员凑份子买了一个银墨水台,祝贺经理的五十寿辰。我们拥到他的私人办公室里去送给他。

我被推选为发言人,说了一段准备了一星期之久的短短的贺词。

这番话非常成功,全是警句、双关语和可笑的牵强附会,笑声几乎震倒了这家公司——在五金批发行业中,它算是相当有实力的。老马洛本人居然咧开了嘴,职员们马上顺水推舟,哄堂大笑。

我作为幽默家的名声就是那天早晨九点半开始的。

之后好几个星期,同事们一直煽动我自满的火焰。他们一个个跑来对我说,我那番话是多么俏皮,老兄,并且向我解释讲话中每一处诙谐的地方。

我逐渐发觉他们指望我继续下去。别人可以正经地谈论生意买卖和当天的大事。对我却要求说一些滑稽和轻松的话语。

人们指望我拿陶器也开开玩笑,把搪瓷铁器挖苦得轻巧些。我是簿记员,假如我拿出一份资产负债表而没有对总额发表一些逗乐的评论,或者在一张犁具的发票上找不到一些令人发噱的东西,别的职员们便会感到失望。

我的声望逐渐传开，我成了当地的"名人"。我们的镇子很小，因而才有这种可能。当地的日报经常引用我的言论。社交集会上，我是不可或缺的人。

我相信自己确实也有点儿小聪明和随机应变的本领。我有意培养这种天赋，并且通过实践加以发展。我的笑话的性质是善意亲切的，绝不流于讽刺，惹别人生气。人们老远见到我便露出笑容，等到走近时，我多半已经想好了使他的笑容变为哈哈大笑的妙语。

我结婚比较早。我们有一个可爱的三岁男孩和一个五岁的女孩。当然，我们住在一幢墙上攀满蔓藤的小房子里，过着幸福的生活。我在五金公司担任簿记员的薪水不很优厚，但可以摒绝那些追逐多余财富的恶仆。

我偶尔写些笑话和我认为特别有趣的随感，寄给登载这类作品的刊物。它们马上全被采用了。有几个编辑还来信鼓励我继续投稿。

一天，一家著名周刊的编辑给我来了信。他建议我写篇幽默文章，填补一栏地位，还暗示说假如效果令人满意，他准备每期都刊登一个专栏。我照办了。两星期后，他提出和我签订一个合同，报酬比五金公司给我的薪水高得多。

我非常高兴。我妻子已经在她心目中替我加上了一顶不朽的文学成就的桂冠。那天晚饭，我们吃了炸虾饼和一瓶黑莓酒。这是我摆脱单调工作的机会。我非常认真地同路易莎把这件事研究了一番。我们一致认为应当辞去公司里的职位，专门从事幽默。

我辞职了。同事们设宴为我送别。我在宴会上的讲话非常精彩。报纸发表了全文。第二天早晨，我一觉醒来，看看钟。

"啊呀，晚啦！"我嚷着去抓衣服。路易莎提醒我，如今我已经不是五金和建筑材料的奴隶，而是专业的幽默家了。

早饭后,她得意地把我带到厨房旁边的小房间里。可爱的女人!我的桌子、椅子、稿纸、墨水、烟灰缸全都摆好了。还有作家的全套配备——插满新鲜玫瑰和忍冬的花瓶,墙上去年的旧日历,词典,以及在灵感空档时嚼嚼的一小袋巧克力。可爱的女人!

我坐下来工作。墙纸的图案是阿拉伯花叶,或者苏丹的宫女,或者——也许是四边形。我的眼睛盯住其中的一个图案。我想到了幽默。

一个声音惊醒了我——路易莎的声音。

"假如你不太忙,亲爱的,"那个声音说,"来吃饭吧。"

我看看表。哎,时间老人已经收回了五个小时。我便去吃饭。

"开头的时候,你不应该太辛苦,"路易莎说,"歌德——还是拿破仑?——曾经说过,脑力劳动每天五小时已经够了。今天下午你能不能带我和孩子们去树林子里玩玩?"

"我确实有点累。"我承认说。于是我们去树林子了。

不久以后,我进行得很顺利。不出一个月,我的产品就像五金那么源源不断。

我相当成功。我在周刊上的专栏引起了重视,批评家们私下议论说我是幽默界的新秀。我向别的刊物投稿,大大增加了收入。

我找到了这一行的诀窍。我可以抓住一个有趣的念头,写成两行笑话,挣一块钱。稍稍改头换面,完全可以抻成四行,使产值增加一倍。假如翻翻行头,加一点韵脚装饰和一幅漂亮的插图,便成了一首诙谐的讽刺诗,根本无从辨认它的本来面目。

我开始有富余的钱了,我们添置了新地毯和风琴。镇上的人也对我另眼相看,把我当做有点地位的人,不像以前在我做五金公司职员时,只把我当做一个没有什么了不起的滑稽角色。

五六个月后,我的幽默仿佛渐渐枯涸了。双关妙语和隽永辞句不再脱口而出。有时候我的素材告急。我开始留意朋友们的谈话,希望从中汲取一些可用的东西。有时候我咬着铅笔,一连好几个小时瞪着墙纸,想搜索一些不经雕琢、愉快诙谐的泡沫。

对于我的朋友们,我成了一个贪婪的人,一个莫洛克、约拿①和吸血鬼。我心力交瘁,贪得无厌地待在他们中间,确实扫他们的兴。只要他们嘴里漏出一句机警的话,一个风趣的比喻,或者一些俏皮的言语,我就像狗抢骨头似的扑上去。我不敢信任自己的记忆力,只得偷偷转过身去,可耻地把它记在那个须臾不离的小本子上,或者写在上过浆的衬衫硬袖管上,准备来日之用。

我的朋友们都以怜悯和惊讶的眼光看我。我已经判若两人。以前我给他们提供了消遣和欢乐,而今我却在剥削他们。我再也没有笑话供他们逗乐了。笑话太宝贵,我可不能免费奉送我的谋生之道。

我成了寓言中可悲的狐狸,老是夸奖我的朋友们——乌鸦——的歌唱,指望他们嘴里能掉下我觊觎的诙谐的碎屑。

几乎所有的人都开始回避我。我甚至忘了怎么微笑,即使听到了我要窃为己有的话,也不报之以笑脸。

我搜集材料时,没有一个人、一个地点、一段时间或者一个题目能够逃脱。甚至在教堂里,我那堕落的想象也在庄严的过道和廊柱之间搜寻猎物。

牧师念长韵诗的时候,我立刻想道:

"颂诗——讼师——包打官司——长韵——长赢——少输多赢。"

说教通过我思想的筛子,只要我能发现一句妙语或者俏皮话,牧师的告诫就全不在意地漏了过去。合唱团的庄严的赞美诗也成

---

① 莫洛克是古代腓尼基人信奉的火神,以儿童为祭品。约拿是带来厄运的希伯来预言者。

了我思绪的伴奏,因为我念念不忘的只是怎么把古老的滑稽加以新的变奏,正如把高音变为低音,低音变为中音一样。

我自己的家庭也成了我的狩猎场。我妻子非常温柔、率真、富于同情心、容易激动。她的谈话曾是我的乐趣,她的思想是永不枯涸的愉快的源泉。现在我利用了她。她蕴藏着女人特有的可笑而又可爱的矛盾想法。

这些浑朴和幽默的珍宝本来只应该用来丰富神圣的家庭生活,我却把它公开出售了。我极其狡猾地怂恿她说话,她毫不起疑,把心底话全掏了出来。我把它放在无情的、平庸的、暴露无遗的印刷物中公诸于世。

我一面吻她,一面又出卖了她,简直成了文学界的犹大。为了几枚银元,我给她可爱的坦率套上无聊的裙裤,让它们在市场上跳舞。

亲爱的路易莎!晚上我像残忍的狼窥视荏弱的羔羊那样,倾听着她喃喃的梦话,希望替我明天的苦工活找些启发。不过更糟的事还在后面。

老天哪!下一步,我的长牙咬进了我孩子的稚气语言的脖子。

盖伊和维奥拉是两个可爱的思想和语言的源泉。我发现这一类的幽默销路很好,便向一家杂志社提供一栏"儿时记趣"。我像印第安人偷袭羚羊似的偷偷接近他们。我躲在沙发或门背后,或者趴在园子里的树丛中间,窃听他们玩耍嬉笑。我成了一个彻头彻尾的无情贪汉。

有一次,我已经山穷水尽,而我的稿件必须在下一班邮件中发出,我便躲在园子里一堆落叶底下,我知道他们会去那儿玩耍。我不相信盖伊会发觉我躲藏的地点,即使发觉了,我也不愿意责怪他们在那堆枯叶上放了一把火,毁了我一套新衣服,并且几乎送掉我一条老命。

我自己的孩子开始像躲避瘟神似的躲着我。当我像可怕的食尸鬼那样向他们扑去时,我总是听到他们说:"爸爸来啦。"他们马上收起玩具,躲到比较安全的地方去。我成了多么可悲的角色!

我经济上搞得不坏。不到一年,我攒了一千元钱,我们生活得很舒服。

可是这付出了多么大的代价!我不清楚印度的贱民是怎么样的,但我仿佛同贱民没有区别。我没有朋友,没有消遣,没有人生的乐趣。我的家庭幸福也给断送了。我像是一只蜜蜂,贪婪地吮吸着生命最美好的花朵,而生命之花却畏惧和回避我的蜇刺。

一天,有人愉快而友好地笑着向我打招呼。我已经好几个月没有遇到这类事情了。那天我打彼得·赫弗尔鲍尔殡仪馆走过。彼得站在门里,向我招呼。我感到一阵异常的难过,停了下来。他请我进去。

那天阴冷多雨。屋子里一个小炉子生着火,我们进了屋。有顾客来了,彼得让我独自待一会儿。我立刻产生了一种新的感觉——一种宁谧与满足的美妙感觉。我打量一下四周一排排闪闪发亮的黑黄檀木棺材、黑棺衣、棺材架、灵车的掸子、灵幡,以及这门庄重行业的一切配备。这里的气氛是和平、整饬、沉寂的,蕴含着庄严肃穆的思想。这里处于生命的边缘,是一个笼罩在永恒的安静下的隐蔽场所。

我一走进这里,尘世的愚蠢便在门口和我分了手。在这个阴沉严肃的环境里,我没有兴趣去思索幽默的东西。我的心灵仿佛舒服地躺在一张铺着幽思的卧榻上。

一刻钟前,我是个众叛亲离的幽默家。现在我是个怡然自得的哲学家。我找到了避难所,可以逃避幽默,不必绞尽脑汁去搜寻嘲弄的笑话,不必斯文扫地博人一粲,也不必费尽周折去思索惊人妙语了。

流　浪　汉

　　以前我和赫弗尔鲍尔不是很熟。他回来时,我让他先说话,惟恐他的谈吐同这个地方的挽歌般美妙的和谐不相称。

　　可是,不。他绝没有破坏这种和谐。我宽慰地长叹一口气。我生平从不知道有谁的谈吐能像彼得那样平淡无奇了。同他相比,死海都可以算是喷泉了。没有一丁点风趣的火花和闪光来损害他的语言。他嘴里吐出的字句像空气那般平凡,像黑莓那般丰富,像股票行情自动收录器吐出的、一星期前的行情纸条那样不引人注意。我激动得微微颤抖,抛出我最得意的笑话试了他一下。它无声无息地反弹了回来,锋芒全失。从那时起,我就喜欢上了这个人。

　　每星期我总有两三个晚上遛到赫弗尔鲍尔那里去,沉湎在他的后屋里。那成了我惟一的乐趣。我开始早些起身,快快赶完工作,以便在我的安息所里多消磨一些时间。在任何别的地方,我无法抛弃向周围勒索幽默的习惯。彼得的谈话却不同,任凭我拼命围攻,他也不打开一个缺口。

　　在这种影响下,我的精神开始好转。每个人都需要一点消遣来解除工作的疲劳。如今我在街上遇见以前的朋友时,竟然对他们笑笑,或者说一句愉快的话,使他们大为惊讶,有时我竟然心情舒畅地同我家里人开开玩笑,使他们目瞪口呆。

　　我被幽默的恶魔折磨得太久了,以致现在像小学生似的迷恋休息日的时间。

　　我的工作却受到了影响。对我来说,工作已不是从前那种痛苦和沉重的负担。我常常在工作时间吹吹口哨,思绪比以前酣畅多了。原因是我想早早结束工作,像酒鬼去酒店那样,急于去到那个对我有益的隐蔽所。

　　我的妻子心事重重,猜不透我下午去哪儿消磨时光。我认为最好不要告诉她真相,女人不理解这一类事情。可怜的女人!——有一次她确实受到了惊吓。

一天,我把一个银的棺材把手和一个蓬松的灵车掸子带回家,打算当做镇纸和鸡毛掸子。

我很喜欢把它们放在桌上,联想到赫弗尔鲍尔铺子里可爱的后屋。但是被路易莎看到了。她怕得尖叫起来。我不得不胡乱找些借口安慰她。但是我从她眼神里看出,她并没有消除成见。我只得赶快撤了这两件东西。

有一次,彼得·赫弗尔鲍尔向我提出一个建议,使我喜出望外。他以一贯的踏实平易的态度把他的账册拿给我看,向我解释说,他的收益和事业发展得很快。他打算找一个愿意投资的股东。在他认识的人中间,他觉得我最合乎条件。那天下午我和彼得分手时,他已经拿到了我存款银行的一千元支票,我成了他的殡仪馆的股东。

我得意忘形地回到家里,同时也有一点顾虑。我不敢把这件事告诉我妻子。但是心里有说不出的高兴,因为我可以放弃幽默创作,再度享受生活的苹果,不必把它榨得稀烂,从中挤出几滴博人一笑的苹果汁——那将是何等的快慰!

晚饭时,路易莎把我不在家时收到的几封信交给我。好几封是退稿信。自从我经常去赫弗尔鲍尔那里以后,我的退稿信多得简直吓人。最近我写笑话和文章的速度非常快,文思也非常敏捷。以前我却像砌砖那样迟钝而痛苦地慢慢拼凑。

其中一封是和我订有长期合同的周刊的编辑寄来的,目前我们家的主要收入还是那家周刊的稿酬。我先拆开那封信,内容是这样的:

敬启者:

我社与您签订的年度合同已于本月期满。我们深为抱歉地奉告,明年不再准备与您续签。您以前的幽默风格颇使我

流 浪 汉

们满意,而且受到广大读者欢迎。但最近两个月来,我们认为尊稿质量有显著下降。

您以前的作品显示了左右逢源、挥洒自如的诙谐与风趣,最近却显得苦苦构思,穷于应付,并有捉襟见肘、难以卒读之感。

我们在此表示歉意,并通知您今后不拟接受尊稿,敬希鉴谅。

编者谨启

我把这封信递给我的妻子。她看了后,脸拉得特别长,眼里含着泪水。

"卑鄙的家伙!"她忿忿地嚷道,"我敢说你写的东西同过去一般好。而且你花的时间连过去的一半都不到。"那一刻,我猜测路易莎想到了以后不再寄来的支票。"哦,约翰,"她带着哭音说,"现在你打算怎么办呢?"

我没有回答,却站了起来,绕着饭桌跳起波尔卡舞步。我肯定路易莎认为这个不幸的消息使我急疯了,我觉得孩子们却希望我发疯,因为他们拉拉扯扯地跟在我背后,学着我的步子。如今我又像是他们往日的游伴了。

于是我说明高兴的原因,宣布我已经是一家殷实的殡仪馆的合伙股东,笑话和幽默去他妈的。

我妻子手里还拿着那封编辑的信,当然不能说我干得不对,也提不出反对的理由,除了表示女人没有能力欣赏彼得·赫弗——不,现在是赫弗尔鲍尔股份公司啦——殡仪馆后面那个小房间是多么美妙的地方。

作为结尾,我再补充一点。今天在我们的镇子里,你再也找不到比我更受欢迎、更快活、说笑话更多的人了。我的笑话再度到处传播,被人广泛引用,我再度津津有味地听着我妻子推心置腹的絮絮细语而不存图利之心,盖伊和维奥拉在我膝前戏耍,散播着稚气幽默的珍宝,再也不怕我拿着一个小本子,像恶鬼似的盯在他们背后了。

  我们的生意非常发达。我记账,照看店务,彼得负责外勤。我说我的轻松活泼足以使任何葬礼变成一个爱尔兰式的追悼宴会。

麦迪逊广场的麻雀

来到纽约市、想进入文学界的窘迫的年轻人,如果事先没有调查研究,只有一件事可做。他必须立刻到麦迪逊花园广场,写一篇有关广场上的麻雀的文章,卖给《太阳报》,换十五元钱。

据我记忆所及,不少长篇或者短篇小说描写了外地年轻作家想靠笔杆子在纽约这个大城市赢得名誉和财富,那些小说的主人公都是这样起步的。有些作家希望出奇制胜,策划独创性的情节,却没有想到让他的主人公描写联邦广场上的蓝知更鸟,并且把作品卖给《先驱报》,这类情况并不奇怪。但是,只要查阅一下纽约小说的档案就会发现,占有最大比例的是麻雀和老麦迪逊花园广场,开出稿酬支票的则是《太阳报》。

初露头角的作家进城后的首次冒险之所以能够成功,原因自然不难理解。生存的需要逼得他非使出吃奶的力气不可;在这个满是钢铁、石头和大理石的喧闹的城市里,惟独这里才有歌唱的小鸟、青草和树木;他天性中每一种敏感的情绪都在同又苦又甜的怀乡病搏斗;他的天才得到了前所未有的激发;鸟在啁啾,树枝在摇曳,车轮声被抛在脑后;他的心思倾注在笔头——他把文章卖给了《太阳报》,拿到十五元稿费。

我来纽约前好几年就听到了这个惯例。我的朋友们竭力劝我不要来,我只是淡淡一笑。他们不知道我早已了解麻雀的把戏。

我一到纽约,就坐上出租车,直接从轮渡码头经过第二十三街,到了麦迪逊广场。我仿佛已经听到那张十五元的支票在我内袋里窸窣作响。

我在一家貌不惊人的客栈里找到了住处,第二天早晨,约莫在麻雀醒来的时候,我已经坐在麦迪逊广场的一张长椅上。麻雀悦耳的啁啾,高大树木的亲切的枝叶和清新的芳草,使我想起了我离开的老农庄,几乎热泪盈眶。

我突然有了灵感。那些欣喜的小动物的激越的叫声构成一支充满希望、欢乐和利他主义的美妙乐曲的基调。那些小生物像我一样向往森林和田野;像我一样,也是不和谐的沉闷的大城市的囚徒——但是它们忍受了面临的限制,它们的乐观精神是何等超脱!

不一会儿,早起的人们——那些斜眼看人、脸色阴沉、匆匆赶路的上班族——开始穿过广场去工作地点。我从鸟鸣中捕捉到主题,把它锤炼成诗歌、狂欢节的舞蹈、催眠曲;再把它转换为散文,开始写下来。

我的铅笔在拍纸簿上几乎不停地写了两个小时。然后回到我付了两天租金的小房间,把字数压缩了一半,赶快邮寄给《太阳报》。

第二天,我起身时已经日上三竿,我花两分钱买份报纸,粗粗浏览了一下,没有找到"麻雀"的字样。

我回到自己的房间,把报纸摊在床上,逐栏逐行看了一遍。发觉事情不对头。

三小时后,邮递员给我送来一个大信封,里面是我的原稿和一张三英寸宽、四英寸长的便笺——我想你们中间有些人可能见过——便笺上用紫色墨水写着:"来稿不拟采用,《太阳报》谨致谢意。"

我又去广场,坐在一张长椅上。不,那天我不想吃早饭了。该死的麻雀叽叽喳喳、白痴似的叫个不停,吵得烦人。我一辈子没有见过这么没完没了的喧闹、冒失、讨厌的鸟。

这时候,按照以往的惯例,我原本应该站在《太阳报》主编的办公室里。主编是个高大、严肃、白头发的人物,他同我握手时,应该按一下铃,同时擦擦眼镜片上并不存在的潮气。

"麦克切斯尼先生,"当他的下属听到铃声进来时,他会说,"这位就是亨利先生,那篇有关麦迪逊广场的麻雀的绝妙佳作的年轻作者。你马上替他安排一张写字桌。你的工资,亨利先生,是每周八十元。"

在纽约文学界演绎过传奇的作家都促使我产生了这种想法。

惯例肯定出了毛病。这当然不能怪我,因此我只能怪麻雀。我开始强烈地憎恨它们。

这时候,一个胡子太长、戴着两顶帽子、面目可憎的家伙悄悄过来坐在我身边。

"喂,威利,"他花言巧语地说,"今天早晨你的银箱里能不能咳出一毛钱,买杯咖啡喝喝?"

"我肺都咳痛了,朋友,"我说,"我最多只能掏出三分钱。"

"可是你看上去很体面,"他说,"你怎么会落到这个地步的——酗酒吗?"

"鸟,"我狠狠地说,"那些朝城里垃圾堆里干苦活的人唱希望和欢乐之歌的褐色脖子的鸣禽。那些朝我们歌颂蓝天和田野的有羽毛的小信使。那些像气压风琴似的尖叫怪嚷的、斜眼睛的、该死的讨厌东西,它们整天吃草籽和虫子,把肚子撑得像市参议员那么圆,而有人坐在长椅上,早饭都吃不上。不错,先生,是鸟!你瞧瞧它们!"

我越说越气,捡起长椅旁边地上的一根枯树枝,用足气力朝草地上的一群麻雀扔去。麻雀发出一阵各各不同的尖叫,向树上飞去,可是有两只仍在草皮上。

我那位讨厌的朋友立刻跳过一排长椅,捉住还在扑腾的受害者,迅速塞进口袋。接着,他弯弯肮脏的食指,招呼我去。

"来吧,伙计,"他嗓音嘶哑地说,"咱们撮一顿。"

我有气无力地跟着那位邋遢朋友。他带我离开公园,上了小街,从篱笆缺口钻进一个正在挖土的工地。他在一堆石头和废木料后面停下来,掏出麻雀。

"我有火柴,"他说,"你有引火的纸吗?"

我把那篇描写麻雀的文章的底稿拿出来,作为燔祭。地上有的是生火用的旧木板、碎木头。那位朋友从他臭烘烘的褴褛衣服里掏出半个面包、盐和胡椒。

十分钟后,我们各自手拿一只用木棍插着的麻雀,在跳跃的火焰上烧烤。

"嗨,"我的露营伙伴说,"肚子饿的时候,能吃上这玩意儿也不坏。那让我想起我初到纽约的情况——差不多是十五年前的事了。我从西部来这里,想在报馆找份工作。第一天早晨就来麦迪逊广场,坐在长椅上。我看到麻雀啁啾,草地和树木绿得可爱,仿佛又回到了老家。我从口袋里拿出纸——"

"我知道了,"我打断了他的话,"你向《太阳报》投了稿,领到十五元稿费。"

"喂,"我的朋友起疑说,"你知道的事情似乎很多。当时你在哪里?我晒晒太阳,在长椅上睡着了,有人偷掉了我所有的钱——十五元。"

戴手铐的旅客

丹佛车站有许多旅客上了东行的特别快车。一节车厢里有个非常漂亮的年轻女子,她衣着雅致大方,由于经常出门的关系,高级的旅行物品一应俱全。刚上车的乘客中有两个年轻人,一个相貌坦诚,举止果敢;另一个头发蓬乱,神情阴郁,衣服粗陋,体格却十分健壮。两个人用手铐铐在一起。

他们在车厢过道走去,发现只有那个美貌女子对面的座位是空的。两个铐在一起的人便坐在与车行方向相反的座位上。年轻女子先是冷冷地瞥了他们一眼,随即绽出可爱的笑容,丰腴的面颊上泛起淡淡的红晕,她伸出一只戴灰色手套的小手。她说话的声音圆润、甜蜜、从容,表明她习惯于受到人们关注。

"好啊,伊斯顿先生,假如你要等我先打招呼的话,恐怕我非开口不可了。你在西部遇到老朋友难道就不认识了吗?"

两人中比较年轻的一个听到她的声音时猛然一惊,似乎有点尴尬,但立刻镇定下来,用左手握握她的手指。

"原来是费尔柴尔德小姐,"他微笑着说,"请你原谅我用左手,另一只手目前不得空闲。"

他稍稍抬起右手,手腕上有一个亮晃晃的"手镯"把他和同伴的左手铐在一起。费尔柴尔德小姐眼睛里愉快的神色慢慢地变成困惑和恐惧。她脸颊上的红润逐渐消退。她的嘴唇微微张开,好像有难言的痛苦。伊斯顿给逗乐似的笑了一声,正要说下去,却被他的同伴抢了先。那个神情阴郁的人的锐利精明的眼睛一直在偷偷观察那女子的脸色。

"请原谅我插嘴,小姐,我觉得你好像认识我们这位联邦执法官。如果你希望我们到了监狱后他能替我美言两句,他会这么做的,我到了那里日子会好过一些。他带我去利文沃斯监狱。伪造罪,七年监禁。"

"哦!"年轻女子舒了一口气,脸上也有了血色,"敢情你在这里是干这一行?联邦执法官!"

"亲爱的费尔柴尔德小姐,"伊斯顿平静地说,"我总得做些事情呀。坐吃山空么,而你知道我们这种人待在华盛顿的花销是很大的。我发现西部有这个空缺,于是——呃,执法官的职位不如大使高,不过——"

"大使不再登门了,"年轻女子热情地说,"本来就没有这个必要。你应该了解。看来你现在成了一个勇敢的西部英雄,你骑马、打枪、冒险。生活方式和华盛顿的大不相同了。老朋友都想念你。"

年轻女子的眼睛着迷似的睁大了一些,又看看锃亮的手铐。

"没有什么可奇怪的,小姐,"另一个人说,"执法官都把犯人同自己铐在一起,以免他们逃跑。伊斯顿先生是行家。"

"我们很快能在华盛顿再见到你吗?"年轻女子问道。

"估计快不了,"伊斯顿说,"我逍遥自在的日子恐怕已经过去了。"

"我喜欢西部。"年轻女子前言不搭后语地说。她望着车窗外面,目光显得很柔和。她一扫虚饰的做作,说话的口气变得真诚纯朴。"妈妈和我在丹佛度夏。爸爸身体有点不舒服,妈妈一星期前回去了。我在西部能过得很快活。我觉得这里的空气适合我。金钱不是一切。可是人们往往误解,钻牛角尖——"

"喂,执法官,"那个神情阴郁的人抱怨说,"这不公平。我想喝水,一整天没有抽烟了。你谈够了没有?带我去吸烟车厢,行吗?我的烟瘾一上来实在忍不住。"

铐在一起的乘客站起来,伊斯顿脸上仍带着从容的笑意。

"我不能拒绝烟草的要求,"他轻松地说,"那是不幸的人的朋友。再见了,费尔柴尔德小姐。我身不由己,你知道。"他伸出手告别。

"你不能去东部,太遗憾了,"她又恢复了做作,"我想你必须前去利文沃斯,是吗?"

"是的,"伊斯顿说,"我必须去利文沃斯。"

那两个人穿过过道,进了吸烟车厢。

附近座位上有两个乘客听到了谈话的大部分内容。一个说:"那个执法官为人不错。有些西部人确实够意思。"

"担任那种职务似乎年轻了些,不是吗?"另一个乘客说。

"年轻!"第一个乘客说,"是啊——哦!你注意到没有?哪有执法官把犯人铐在自己右手上的?"

仙 人 掌

时间最显著的特点在于它纯粹的相对性。一般认为快要溺毙的人会想起大量往事，也有人相信在脱手套的短时间内，会回忆起求爱的全过程。

特里斯戴尔目前正处于这种状况。他站在单身公寓的一张桌子前，桌上摆着一株种在红瓦盆里的形状奇特的绿色植物。那是一盆仙人掌，长长的多肉质叶子仿佛是触手，稍有风吹，就像招呼客人似的不停地摇曳。

特里斯戴尔的朋友，新娘的哥哥，站在餐具柜旁抱怨没有人陪他喝酒。两个男人都穿着夜礼服。衣服上的白色纸屑像星星似的在幽暗的公寓里闪亮。

特里斯戴尔慢慢解开手套的纽扣时，过去几小时痛心的情景在他脑海里飞快地闪过。他的鼻孔里仿佛还有教堂里外一排排鲜花的芳香，耳朵里仿佛仍不断地回响着千百个彬彬有礼的人压低嗓门的说话声、妇女绸子衣服的窸窣声，以及牧师把她同另一个人不可挽回地结合起来的拖长的语调。

就最后这一个绝望的观点而言，他好像出于习惯，仍旧使劲在揣摩怎么会失去她，并且是在什么情况下失去她的。严峻的现实给了他当头一棒，使他突然发现自己面对着一件从未面对过的事物——他内心深处没有缓解的、未经修饰的自我。他发现他身上披的装模作样的、自我主义的外衣如今都成了愚蠢的破布。他想到,以前在别人眼里他灵魂的外衣是多么可悲和褴褛,不由得打了一个寒噤。虚荣和自负?这正是他的弱点。她却从来没有这种缺点——可是她为什么——

当她缓缓移动脚步,朝圣坛走去时,他感到一阵曾经支撑过他的卑劣的、阴沉的得意。他让自己相信,她脸色之所以苍白,并不是由于她即将与之结合的男人,而是想到了另一个人。然而即使那种可怜的自我安慰也被剥夺了。因为当他看到那人握住她的手,而她抬头望他的清澈的眼色时,他知道自己已经被抛到九霄云外了。同样的眼色一度也投给过他,他曾经揣摩过其中含义。是啊,他的自负已经土崩瓦解;自负的最后支柱已经坍塌。怎么会有这样的结局?他们两人从未吵过嘴,从未——

形势不知怎么会突然急转直下,他心里第一千次地把最近几天发生的事情回忆了一遍。

她一直把他当做偶像来崇拜;他大大咧咧地接受了她的敬意。她在他面前焚烧了十分甜蜜的高香,她是多么谦逊(他暗忖着),多么稚气和虔敬,多么真诚(他一度深信不疑)。她把大量几乎是超自然的崇高品质、美德和才能加在他头上;而他像沙漠吸收雨水似的照单全收,丝毫没有报以开花结果的意思。

特里斯戴尔冷冷地解开第二只手套时,鲜明地想起了那个愚蠢到了极点的、悔之已晚的事例。

那晚,他开口要她和自己平起平坐,分享他的伟大。他现在想起当时的情景就心痛,不愿细细回味她那晚使他动心的美丽——她的漫不经心掠在脑后的头发,她的温柔和富于青春魅力的容貌和谈吐。那一切足以使他说出了想说的话。谈话时,她说:

"卡鲁瑟斯船长告诉我,你的西班牙语说得流利极了,好像是说西班牙语的南美人似的。你为什么没有把你的这个本领告诉我?你还有什么不精通的东西吗?"

卡鲁瑟斯真是个白痴。他（特里斯戴尔）大概在俱乐部里抖露了他从字典附录看来的一两句常用的西班牙谚语（有时候他会干出这种无聊的事）。卡鲁瑟斯是无条件地崇拜他的人之一，肯定夸大了他的名不副实的博学多才。

可是，啊呀！她烧的高香实在太可爱、太讨人喜欢了。他将错就错，没有加以否认，让她把通晓西班牙语的虚假的桂冠戴在他的头上，他当时飘飘然，没有感觉到后来会刺痛他的荆棘。

她显得多么快活、多么羞怯、多么激动！他把他的强大奉献在她脚下时，她像一只被网住的小鸟似的扑腾！他当时可以确定，即使现在也深信，她眼睛里明明白白地流露出了同意的神情，但是出于腼腆，没有直截了当地回答。"我明天给你答复，"她说。他带着胜利者的微笑，自信而宽容地让她推迟一天。

第二天，他在家里焦急地等待回话。中午时分，她的马夫把种在红瓦盆里的奇怪的仙人掌送上门来。没有便条，没有信，只有一个写着看不懂的外国字或者植物学名的标签。他等到晚上，仍旧没有她的回话。他的自尊心受到了伤害，不愿主动去找她。过了两天，他们在一次晚宴上见了面。他们像往常那样打了招呼，但她屏住呼吸，惊奇、焦急地看着他。他彬彬有礼，坚决地等待她做出解释。她凭女人的敏感，从他的态度上迅速得到暗示，立刻变成一副冷若冰霜的样子。从那次开始，他们越来越疏远。他有什么过错？这该怨谁呢？他泄了气，在他自负的废墟中寻找答案。假如——

屋子里另一个人发牢骚的声音打断了他的思绪，使他惊醒过来。

"喂，特里斯戴尔，你怎么啦？你这副垂头丧气的样子，仿佛你自己是结婚的人而不仅仅是撮合的中介。瞧瞧我，我是另一个同谋，从两千英里外的南美洲乘一条满是蒜味和蟑螂的香蕉船赶来纵容这一牺牲——我却没有负疚感。其实我只有这一个小妹妹,现在出嫁了。来吧!喝点什么,抛开烦恼吧。"

"我现在不想喝,谢谢。"特里斯戴尔说。

"你们的白兰地太差劲啦,"那个人走过来说,"改天你到雷东多角来看我,尝尝我们那里老加西亚的走私货色。为了喝那种酒,去一次也值得。嗨!这里有个老相识。你这株仙人掌是从哪里觅来的,特里斯戴尔?"

"朋友送的,"特里斯戴尔说,"你知道是什么品种吗?"

"太知道啦。是热带的玩意儿。雷东多角那里每天都看到。标签上有名称。你懂西班牙文吗,特里斯戴尔?"

"不懂,"特里斯戴尔苦笑说——"是西班牙文吗?"

"不错,当地人觉得这种植物的叶子像是在伸手召唤你。他们管它叫做 Ventomarme。英文的意思是'来把我带走'。"

反 侦 查

我和埃弗里·奈特在中央公园散步,他是纽约有名的强盗、劫匪和杀人犯。

"亲爱的奈特,"我说,"听来虽然难以置信,但是你在现代犯罪这一行里确实干过几件最惊人的大案。你在警方的鼻子底下做了一些不可思议的事情——你大胆闯入百万富翁家里,用没有子弹的手枪镇住他们,大肆劫掠他们的银器和珠宝;你在灯光明亮的百老汇路上击昏行人;你在光天化日之下谋财害命,然后扬长而去——可是当你吹嘘说,你杀人后能在四十八小时里跑来,带我亲眼去看看那个被指派处理你的案件的侦探,我不得不说声对不起,对你表示怀疑了——要知道,你是在纽约。"

埃弗里·奈特宽容地笑笑。

"你损伤了我的职业自尊心,医师,"他带着不高兴的口气说,"我可以让你信服。"

我们前面十来码远,一个衣冠楚楚的行人正要绕过拐角处的树丛。奈特突然拔出手枪,朝那人后背开了一枪。那人倒在地上不动弹了。

凶手不慌不忙上前,从那人身上取了现款、怀表、一只贵重的戒指和领带别针,然后平静地微笑着回到我身边,我们继续散步。

我们走了十步,看见一个警察朝开枪的地点跑去。埃弗里·奈特叫住了他。

流浪汉

"我刚杀了一个人,"他一本正经地说,"抢了他的财物。"

"走开,"警察生气说,"不然我把你抓起来!你想在报上扬名吗?我从没有见过枪杀后马上就有人来自首的。到公园外面玩你的去吧,省得我赶你。"

"你做的事情很容易,"我和奈特继续向前走时,我争辩说,"可是你要找那个被指派来追捕你的侦探就不那么简单了。"

"也许如此,"奈特轻松地说,"我得承认,在某种程度上,我的成功与否要取决于被派来追踪我的是哪种人。如果是普通的便衣警察,我也许找不到。如果承蒙他们看得起,派一个有名的侦探办我的案子,我不怕拿我的机警和推理能力同他较量一下。"

第二天下午,奈特来我的办公室,他精明的脸上显出得意的样子。

"神秘的谋杀案调查得怎么样啦?"我问道。

"和往常一样,"奈特笑眯眯地说,"今天早晨我去了警察局,打听他们的调查情况。据说尸体附近找到我的一个名片夹,名片上有我的姓名住址。他们找到三个目击枪杀经过的证人,描述了我的容貌特征。本案交给著名的侦探沙洛克·乔尔摩斯负责。他上午十一点三十分离开总部,进行调查。我在我名片上的住处等到下午两点钟,以为他可能会去那儿。"

我嘲弄似的笑了。

"从现在起到谋杀案被遗忘为止,"我说,"这两三个星期里你绝不会见到乔尔摩斯。我对你能力的评价过高了,奈特。在你等他的三个半小时中间,他根本不在你的视界之内。目前他根据归纳推理的理论正在查找你,没有哪个歹徒会在这种情况下见到他的。我劝你死了这条心吧。"

"医师,"奈特锐利的灰色眼睛突然一亮,咬咬牙说,"尽管你们的城市保持着一连十几件杀人案没有侦破的记录,我保证要把它打破。明天我带你去见沙洛克·乔尔摩斯——我要让你亲眼看看他的真面目,向你证明,在你们的城市里,执法人员同杀人犯面对面地站在一起并非不可能。"

"好啊,"我说,"那你就会得到警察局的衷心感谢。"

第二天,奈特坐了出租马车来找我。

"这几天我追踪了一些线索,结果错了,"他承认说,"我对侦探的工作方法有所了解,因此希望根据那些线索找到乔尔摩斯。作案的手枪是四五口径的,我认为他肯定会在第四十五街展开侦查。接着,我去哥伦比亚大学找那位侦探,因为被害人是背后中弹的,那意味着凶案和大学里戏弄新生的风气有关。但是我没有找到他。"

"你当然找不到。"我强调说。

"用平常的方法确实不成,"奈特说,"我在百老汇路上逛一个月都不会成功。但是你激励了我的自尊心,医师,如果我今天不能把沙洛克·乔尔摩斯找出来给你看,我发誓今后再也不在你们的城市里杀人抢劫了。"

"废话,"我回说,"纽约的强盗能闯进我们家,客客气气地要求价值数千元的珠宝,然后坐下来吃了晚饭,弹奏了一两个小时的钢琴才离去,你仅仅是个杀人犯,怎么能指望同负责缉捕你的侦探见面呢?"

埃弗里·奈特坐着沉思了一会儿。精神一振地抬起头来。

"医师,"他说,"有办法了。戴上帽子,跟我来。我保证半小时后你就能站在沙洛克·乔尔摩斯面前。"

我和埃弗里·奈特坐上一辆出租马车。我没有听清他吩咐车夫的话,但是马车轻快地上了百老汇路,在五马路拐了弯,然后向北驶去。我坐在这个天分极高的杀人犯身边心跳得很快,他的分析天才和无比的自信促使他对我做出惊人的承诺,让我同杀人凶手和追捕他的纽约侦探同时见面。当时我仍旧将信将疑。

"你能肯定不会掉进圈套吗?"我问道,"假如你的线索,不论它是什么,把我们引到警察局长和几十个警察面前,那怎么办?"

"亲爱的医师,"奈特有点生硬地说,"我要提醒你,我不是赌徒。"

"请原谅,"我说,"不过我不相信你能找到乔尔摩斯。"

马车在五马路一幢华丽的住宅前面停下。门口有个红胡子的人走来走去,他的上衣翻领别着一枚侦探的徽章。那人时不时摘下胡子,擦擦脸,我立刻认出了那位纽约大侦探的著名容貌。乔尔摩斯在密切监视那幢住宅的门窗。

"嘿,医师,"奈特遏制不住胜利的喜悦说,"你看到没有?"

"妙,妙——太奇妙啦!"我们的马车回程时,我禁不住嚷出声来,"你是怎么做到这一点的?你根据什么推理——"

"亲爱的医师,"凶手打断了我的话,"侦探们用的是归纳推理。我的方法更为现代化。我管它叫做跳跃理论。根据细微的线索来解决谜团,需要经历一系列沉闷的心理现象,我不去费那个劲,立刻跳到了结论。我可以向你解释我在本案采用的方法。

"首先,我认为罪案是光天化日之下在纽约发生的,作案地点是公共场所,作案手段特别凶残,警方动用了最精干的侦探来侦破此案,因此永远发现不了作案人。你认为我的假定是不是有先例为证?"

"也许吧,"我固执地回答说,"可是,如果大比尔——"

"得啦,"奈特笑着打断了我的话,"我听了好多遍了。现在为时已晚。让我往下说。

"即使动用了最好的侦探,纽约的杀人案仍旧破不了,那就说明侦探走的路子不对。非但不对,而且是一条相反的路。我是这么设想的。

"中央公园的那个人是我杀的。现在让我把自己描述一番。

"我身材高大,黑胡子,不喜欢抛头露面。我没有钱;不喜欢燕麦片,我一生最大的愿望是死前要攒许多钱。我的性格冷酷无情。我不关心同胞,从来不施舍行善。

"亲爱的医师,这就是我自己的真实写照,也就是精明的侦探要追捕的人。你了解纽约近年来的犯罪史,应该预见到结果。我向你保证,要把那个追捕我的侦探带到你难以置信的眼睛前时,你嘲笑我说,侦探和杀人犯永远不会在纽约见面。我已经向你证实这个理论是可能的。"

"你是怎么做到的呢?"我又问道。

"非常简单,"那个杰出的凶杀犯说,"我假定侦探会走同他手中的线索完全相反的路子。我已经向你把我自己描述了一番。因此,他着手追查的疑犯必定是个白胡子的矮个子,那人喜欢在报纸上扬名,他非常有钱,喜欢吃燕麦片,希望死后散尽家财,他特别慷慨,热衷于慈善事业。到了这个份上,已经没有什么可以犹豫的了。我立刻把你带到沙洛克·乔尔摩斯向警方告发的地点——安德鲁·卡内基①的住宅。"

"奈特,"我说,"你真了不起。假如你不是缉拿的对象,你很可以成为第十九管区的优秀巡官!"

---

① 安德鲁·卡内基(1835—1919),美国钢铁大王,原籍苏格兰,移民美国匹兹堡,从钢铁厂小工做起,采用酸性转炉炼钢法获得极大成功,晚年散尽家财行善。设立卡内基基金。

狗和独幕剧[*]

七月份,通常只有遇到凉爽的日子,你才能在百老汇路上逛逛,从戏剧里找到短篇小说的素材。前几天,热得喘不过气,我却找到了一个非但可以写篇小说,而且似乎能解决艺术方面的一个重大问题的素材。

市里的人都去外地避暑了,只剩下霍利斯和我——还有两三百万留在办公桌和柜台前崇拜太阳的人。得天独厚的人已经逃往海滨、湖畔和山区,开始提取现金维持花费。霍利斯和我每晚在空荡荡的城里荡来荡去,在顾客稀少的咖啡馆、餐馆和屋顶花园寻找凉爽。我们了解纽约每一台电风扇的转速,误差不超过十分之一转,我们专挑有大风力电扇的场所。霍利斯的未婚妻,洛里斯·舍曼小姐已经去阿迪龙达克山区打前站,在下萨拉纳克湖度一个月假。一星期后,霍利斯前去和他们会合。与此同时,他高兴而乐观地咒骂这个城市,找我做伴,因为我们一起吃了晚饭,喝咖啡时,我能容忍他把未婚妻的照片拿出来给我看。

我的报复办法是把我写的独幕剧本念给他听。

一天傍晚,每一块过热的砖头、石块和钢铁把白天郁结的热气释放到空中,整个城市热得气喘吁吁,但我们凭借两足动物的狡猾,发现了太阳神驾御的马车从未到过的一片绿洲。我们的座位

---

[*] 这个短篇曾经改写,收在《毫不通融》集子里,标题是《空谈不如实验》。

在阴凉光滑的橡木的海洋里,五十张没有顾客的桌子的白亚麻桌布在电风扇吹拂下像海鸥扑动的翅膀,侍者在一英里外等候日光反射器的信号——我们在这里可以大声唱歌或者进行决斗,而不会受到干涉。

喝咖啡时,洛里斯小姐的照片又拿出来了,我又赞扬脖子优雅的姿势、盘在脑后的浓密的头发,以及像油画上那样直盯着你的眼睛。

"她是最最了不起的,"霍利斯兴致勃勃地说,"像大北方铁路公司的优先股票那么看好,像钟表那么精妙。再过一星期,我就可以围着她打转了。我大学里最好的朋友,老汤姆·托利弗,两星期前也去了那里。他来信告诉我,洛里斯无时无刻不提到我。哦,我想里普·范·温克尔①可没有我这种艳福!"

"是啊,是啊,"我赶紧取出我的剧本的打字稿说,"她绝对是个可爱的姑娘。这里有个小小的开幕戏剧本,你答应要听的。"

"有没有在舞台上演过?"霍利斯问道。

"基本上没有,"我说,"那天我念给罗伯特·艾德逊的弟弟的一位朋友听,可是只念了一半,他要赶火车,时间来不及了,没听我念完。"

"那就念吧,"霍利斯坐在椅子上往后一靠随和地说,"我不是舞台木工,但我可以像楼座第一排观众那样把我的观点告诉你。我是个戏迷,马上能判断剧本的好坏。你招呼侍者过来,再上一点喝的,然后使劲念吧。我会像狗那样老老实实地听着。"

我满怀深情地开始念剧本,还用了一些舞台发声法。尤其是

---

① 里普·范·温克尔,美国作家华盛顿·欧文《见闻札记》中的人物,平时整天遭到妻子数落,一次在山谷里偷喝了陌生人的酒,一醉二十年,醒后已是垂垂老者,回家后发现村庄面貌大变,妻子已去世,女儿已结婚,美国独立战争已经结束。

在我认为特别精彩的一个场景。喜剧突然惊心动魄地发展成为正剧。马什蒙上尉出乎意外地发现他的妻子是个不择手段的投机女人,从他们相识之日起就欺骗了他。那一刻开始,他们之间展开了殊死的搏斗——她以巧妙的谎言和塞壬般的魅力像蛇一样缠绕着他,企图扭转局面;他丧失了信心,以男子汉的蔑视,痛苦万分地要把她忘掉。我一直认为那一场是全剧的精华。马什蒙上尉对着镜子辨认吸墨纸上她写给伯爵的便条的相反的字迹,发现她的欺骗行为时,他把手举向天空喊道:"上帝啊,您在亚当睡着的时候取出他的一根肋骨,创造了女人,赐给他作为伴侣,请收回您的礼物,让他睡下去吧,即使长眠不醒也无所谓!"

"胡扯!"我抑扬顿挫地念出这几句台词时,霍利斯粗鲁地说。

"对不起!"我仍旧心平气和地说。

"得啦,"霍利斯又说,"别犯傻啦。你很清楚,如今谁都不会说出那种话来。在那段大煞风景的台词之前,剧本总的还不错。把你认为最得意的那个地方以及有关亚当和夏娃的废话删掉,让上尉像你我这种普通人一样说话吧。"

"我承认,"我认真地说(因为现在牵涉到我的理论问题),"在一般情况下,我们大家都用平常的语言来表达思想。你应该记得,在上尉发现可怕的事实之前,舞台人物说的话都和现实生活相当接近。但是我认为,当他陷入突如其来的悲惨处境时,我让他说的那些话是符合实际情况的。"

"悲惨,天哪!"我的朋友无礼地说,"在莎士比亚的时代,他也许会说出那种无聊的废话,因为那个时代的人用无韵诗点菜要火腿煎蛋,用叙事诗解雇厨师。但是在一九〇五年的百老汇路可不行!"

"依我的看法,"我说,"强烈的感情会打乱我们的词汇,把最适合表达我们情绪的字句提上来。突如其来的悲痛或者失望,会使平常人说出小说里或者舞台上用来描述那种感情的强烈、庄严和戏剧性的语言。"

"你们这些人错就错在这里,"霍利斯说,"到了那种时候,人们说的是平常的大白话。你的那个上尉很可能把猫一脚踢开,点燃一支雪茄,调一杯威士忌酒,打电话找律师,他绝不会说出罗伯特·曼特尔①的华丽篇章。"

"稍后也许有这种可能,"我接着说,"人们遭到打击时,不管平时说话多么现代化,多么实际,那时候他们不说出一些圣经式的、戏剧性的,或者深沉的话语,我才不信呢。"

"当然,"霍利斯客气地说,"舞台上的语言要稍稍夸张一点。观众有这个要求。歹徒绑架了小艾菲时,你就应该让她的妈妈伸手朝空中乱抓,嘴里叫道:'我的宝贝,我的宝贝!'实际上,她可能打电话报警,吩咐仆人倒一杯浓茶,找出小宝贝的照片,准备接受记者采访。歹徒被逼到角落里——舞台上的角落——走投无路时,他会拍一下自己的脑门,咬牙说:'全完啦!'这在舞台上完全正常,可是在平常情况下,他却会说:'这是对我的陷害——我要找律师起诉你。'"

我们像两条鳟鱼似的游出大饭店清凉的池塘,开始没精打采地咬百老汇路急流里的欢乐的鱼饵。我们有关戏剧艺术的问题还没有得出结论。

我们像聪明的鳟鱼那样,光咬鱼饵,不咬鱼钩;但是夏天的曼哈顿很快就使我们感到厌倦。霍利斯的公寓在一幢大楼的九层,我们乘电梯上到那个比较凉快的避难所。

我是公寓的常客,很快就忘掉了我的剧本,站在餐具柜前取出

---

① 曼特尔(1854—1928),苏格兰演员,后移居美国,以演情节剧和莎士比亚戏剧见长。

流　浪　汉

玻璃杯和碎冰块,开始调制威士忌。窗外吹来没有被柏油马路完全烤热的海湾的微风。霍利斯轻轻吹着口哨,翻看桌上一两封新来的信件,随手拉过一把柳条摇椅。

我正慢慢倒苦艾酒时,听到了什么声音。一个男人嘶哑的呻吟声:"虚情假意,哦,天哪! ——虚情假意,爱情是谎言,友谊只是魔鬼的绰号!"

我飞快地回头。只见霍利斯耷拉着脑袋,伸出双臂扑在桌子上。接着,他抬起头,像平时那样哈哈大笑。

我了解他——他在取笑我的理论。可是我们平平静静聊天时,突然冒出那么做作的言语显得太不自然了,以致我几乎以为我听错了——以为我的理论错了。

霍利斯缓缓伸直了身体。

"你说的有关戏剧的话是对的,老兄。"他递给我一张便条,安静地说。

我看了上面的字句。

　　洛里斯跟汤姆·托利弗跑了。

暴民小议

"原来如此,"那个穿长礼服、戴黑色垂边帽的高个子先生说,"你们城市里又有一个电车司机点了一支雪茄,走了一两个街口后,总算没有被愤怒的暴民私刑处死。"

"你认为他们会处死他吗?"坐在轮渡候船室里旁边座位上的纽约人问道。

"在换届选举之前还不至于,"高个子切下一小块嚼烟说,"我在你们的城市里住的时间长了,对你们的暴民有所了解。除了国民警卫队和裁缝代表大会以外,电车司机引起的暴乱危险性是最小的。

"情况是这样的:小威利·戈尔茨坦的妈妈叫他去买猪脚圈,他的胖乎乎的小手握着五分钱镍币,总是在电车驶来前二十英尺安全地穿过马路,可是那次他突然转身,想回去问妈妈,她还要买的是淡啤酒呢,还是八十码长的白棉纱线团。电车司机大喊一声,像橄榄球运动员似的向刹车扑上去。接着是可怕的金属磨擦声、布料的撕裂声和刺耳的尖叫声,威利坐在地上,裤子被电车的排障器撕掉一块,叫嚷说他的镍币丢了。

"十秒钟后,六百个愤怒的市民团团围住电车,高声喊道:'私刑处死司机!私刑处死司机!'有几个人跑到最近的雪茄烟铺去买绳索,但是发现最后的一根绳索刚被切成一段一段的,贴上了雪茄烟的纸箍。几百个兴奋的暴民向畏畏缩缩的司机拥上去,司机从口袋里掏出一块口香糖放进嘴里,手明显地在颤抖。

"那群红了眼的狂暴的市民围住司机时,有几个端来了折叠凳坐在附近,大家还在嚷嚷:'私刑处死!'警察福格蒂从人群中挤到他们预期的受害人身边。

"'哈啰,迈克,'司机低声招呼说,'今儿天气不坏。我要不要偷偷跑出一两条街,还是由你来救我?'

"'呃,杰里,你不介意的话,'警察说,'我想单枪匹马驱散这群愤怒的暴民。上星期二以来,我还没有机会挫败死刑的图谋呢;那次人数不多,只有三百个,他们想处死一个卖虫蛀的梨子的意大利小伙子。如果这次干得好,局里会表彰我的。'

"'好,迈克,'司机说,'你怎么说我就怎么干。我可以装出脸色发白,浑身发抖的样子。'

"他确实这么做了,警察福格蒂抽出警棍说:'散开,散开!'八秒钟后,那些不要命的暴民纷纷散去,各干各的事了,只剩下百来个人在找威利失落的镍币。"

"我们的城市里,从没有因为电车司机出了事故,暴民对他行使暴力的。"纽约人说。

"你们当然不会,"高个子说,"他们知道那个司机是好人,在可能条件之下他连一条迷路的狗都不会撞上去的。他们知道,即使依法对一头公猫进行了审讯,判了死刑,他们中间谁都不会把绞索套上公猫的脖子。"

"那他们为什么这样激怒,威胁说要动私刑呢?"纽约人问道。

"为了让司机知道他的安全绝对有保证。假如他们真想整治他的话,他们会跑进屋子,从三楼窗口朝他扔砖头。"

"纽约人可不是胆小鬼。"对方有点不自然地说。

"以前不是,"高个子立刻表示同意,"你们的城市里有许多爱打单架的人。我宁肯同你们三个人打架而不愿意打一个;我宁肯对付遭受煤气托拉斯损害的全体用户,而不愿意在黑暗的街上碰到两个觊觎我的金表的人。你们结成群体后就泄了气,就变得散漫了。不妨问高架铁路的护路人、乔治·科特柳①和康奈游乐场的铁板照相摊点。你们分散的时候个个都是好汉,合在一起就什么都不是了。E pluribus nihil 么②。每当你们的暴民围住一个人喊'私刑处死他!'的时候,那人会暗忖道'哎呀,看来我必须装出怕得要死的样子,让大伙儿高兴高兴,当然,明天我要去终止我的人寿保险。下次再遇到麻烦,这倒是个好办法,可以确保我扮演麦土撒拉③的角色。'

"当纽约警察抓住一个人,愤怒的暴民要求把他交出来,由他们私刑处死的时候,那人的苦恼心情是可想而知的。'看在老天的份上,警官,'那个惊恐万分的可怜虫嚷道,'你们千万要横下一条心,你们不至于让他们把我夺走吧?'

"'对不起,杰米,'一个警察说,'恐怕办不到。我们有三个人——我、达雷尔和那个便衣;暴民只有七千个。如果你被他们夺走后,我们回局里怎么交代?达雷尔,你只要把暴民赶到街角上,我们就可以脱身回警察局了。'"

"在我们那里,激动的市民的某些集会就不那么温和了。"纽约人略微带着家乡的自豪感说。

"我承认,"高个子说,"我的一个表亲有次去纽约恰好赶上暴乱,结果折了一条胳臂,撕掉一个耳朵。"

"那肯定是酒商工会暴乱的时候。"纽约人说。

---

① 乔治·科特柳(1862—1940),美国律师,曾任财政部长。
② 拉丁文,古罗马诗人维吉尔《农事诗》第 103 行有 e pluribus unum 一句,意为"合众为一",美国用来作为铭语;作者在这里把 unum 改为 nihil,意思就成了"合众为无"。
③ 麦土撒拉,《旧约·创世记》第 5 章第 27 节记载:"麦土撒拉活了九百六十九岁",是《圣经》中最长寿的人。

"不是酒商工会,"高个子解释说——"不过也是暴乱——瓦纳斯特家的婚礼。"

"你似乎赞成私刑法。"纽约人严厉地说。

"不,先生,我不赞成。有头脑的人都不会赞成。不过,先生,有的罪行迟迟不能受到法律的惩罚,人们会出于义愤,挺身而出,自己解决。我是主张法律和秩序的,可是我要告诉你,先生,不到六个月前,我就参加了私刑处死一个在你们地区和我们地区之间制造鸿沟的那个种族的人。"

"那种情况太可叹了,"纽约人说,"在南方才有,可是——"

"我是印第安纳州人,先生,"高个子咬了一块嚼烟说,"你了解具体情况后就不会谴责我的行为了,先生,那个黑人偷了我亲兄弟的九元六十分现款。"

雪　人[*]

　　对于待在屋子里、望着玻璃窗外的小孩说来，雪是最奇异的东西。对于成人说来，雪仿佛是个坩埚，而他们的世界则是在其中融化成几千英里外的白色的星球。能经受坩埚考验的人是雪人；本文是他根据华氏温度计、列氏温度计，或者摩西的石刻法版所做的解释①。

　　夜晚在大干河的峡谷上空拍击着黑色的翅膀，我催促坐骑朝栗色马牧场赶去，因为雪越下越大了。雪片纷纷扬扬，像威尔金斯小姐②的最能干的纺织娘编了一小时的花边，看样子几天都停不了，大雪封了路可不是好玩的。我了解栗色马牧场的罗斯·柯蒂斯，知道他会欢迎我这个像被大雪所困的旅客，一方面因为当地有好客的风气，另一方面因为罗斯除了马嘶、牛哞、羊鸣、狗吠、狼嗥

---

* 本篇是美国短篇小说大师威廉·西德尼·波特（笔名"欧·亨利"）患病前为《汉普顿杂志》撰写的，作家病情恶化，写到故事中的姑娘出场时被迫搁笔。
　　　欧·亨利毕生用铅笔书写，从不向速记员口授，当他发现力不从心时，便把《雪人》剩余部分的情节详细告诉了他认为是当时最有才能的短篇小说家之一，哈里斯·默顿·莱昂。欧·亨利勾勒了所有的人物，由莱昂先生在最后数页中结束全文。——原书编者按
① 华氏和列氏温度计分别是德国和法国物理学家华伦海特和列欧穆首创的温度标示，按华氏温度计，水的冰点为32度，沸点为212度；按列氏温度计，水的冰点为0度，沸点为80度。摩西的石刻法版是《旧约·出埃及记》里上帝在西乃山嘱咐摩西要以色列人遵守安息日，交给摩西的两块由上帝用指头写的石版。
② 威尔金斯(1852—1930)，美国小说家，作品多写新英格兰移民后代的生活。

外,很少有同他说话的人。

牧场的主宅坐落在峡谷的咽喉要道,盖房子的人当初荒唐地认为峡谷两边的树木和岩石可以遮挡科罗拉多州冬天的寒风,我却怕吹积起来的雪。山间那些看不到头、摸不着底的罅隙仿佛成了八面来风的通话管,即使北风呼号的时候,顶层的小房间里也可以听到牧场主人隆隆的声音。

一个牧场帮工听到我的招呼,从外屋出来,接过我那匹感激不尽的坐骑。几分钟后,罗斯和我坐在牧场的主宅餐厅的火炉旁边,有四个房间的宽敞朴素的主宅让我觉得宾至如归。北风呼啸声中,干燥的雪粉从圆木的缝隙和节孔里漏进来。主宅旁边是厨房,中间没有相隔的门。

我看见厨房里有个矮墩墩的、久经风霜的壮汉带着职业的自信在火红的炉子旁熟练地操作。他的面相木然而不可捉摸——像是大思想家或者无须隐瞒思想的人。我觉得他眼高于顶,超越了周围的环境和世人,但立即把它归因于小厨师的妄自尊大的特点。我把他列为诸色人等中的"营地厨师"一类,正如苹果布丁里的苹果一样,再恰当不过了。

炉火虽旺,屋子里仍旧很冷;罗斯和我坐着说话,时不时要打颤,一半是心理作用,另一半是由于凛冽的寒风。他拿来酒瓶,厨师拿来开水,我们调制了绝好的热威士忌,抵挡北风的侵袭。我们一再碰杯,玻璃杯发出的声音像是屋檐的冰挂叮咚落地,或者像是我见过的格拉莫西广场一家高级寄宿所的客厅里举行舞会时,路易十四时代式的枝形吊灯的千百个水晶棱柱的碰击声。

静寂是雪景、狮身人面像和星星的可怕的美;但有些人认为所有的事物,从不带酒的客饭到钉耶稣的十字架,都可以用音乐表现,他们可能找到一支夜曲或者交响乐,用来表现那个被抹去的世界的孤寂。我觉得玻璃杯和酒瓶的碰击声,房屋罅缝发出的风的大合唱，下面峡谷里狂风深沉的长号声，以及厨师的锅盆瓢勺的碰撞声组成了不和谐的旋律。煎火腿和鹿肉排的吱吱声，加上正宗爪哇咖啡的香气，构成了愉快的伴奏，给我们渴望的灵魂带来舒适的承诺。

厨师把热气腾腾的晚饭端上桌子。他颇有民主作风地朝我点点头，同时把沉重的盘子像扔铁环或者铁饼似的分发给我们。我带着些许估量好奇和高度迎合的神情瞅着他。没有哪个先知能告诉我们，外面邪恶的风雪什么时候可以停息；如果被雪困住，待在厨师善意照顾的半径之内也不是坏事。但是我从那位锅台摔跤运动员的脸上和举止中既看不出善意，也看不出非难。

他身高五英尺九左右，体重二百磅，脖子短得像公牛似的，面色红润，神态冷漠。他脸上老是带着不高兴的样子，我觉得是故意装出来，用以掩饰他认为是弱点的天生的和蔼。接着，我开始吃饭，暂时不去想他。

"歇一会吧，乔治，"罗斯说，"我们趁热一起吃吧。"

"你们先吃，"厨师说，"天黑之前，我在厨房里吃。"

"你认为这场雪会下得很大吗，乔治？"牧场主问道。

乔治正转身要回厨房。他磨磨蹭蹭，脸上的表情似乎是在思索数百年的智慧和学问。

"可能下。"他迟迟地回答说。

他在厨房门口站住，回头看着我们。罗斯和我手中的刀叉都停了下来，听他的高见。某些人不必说话就能引起别人的注意。他们的态度比大声嚷嚷的作用更大。

"不过也可能不下。"乔治说着，回到他的炉火旁边。

我们吃完后，他进来收拾空盘子。他站了一会儿，眉头仿佛皱得更紧了。

"雪随时都可能停下来，"他说，"也可能一连下好几天。"

我看见乔治在厨房的那一头往洗盘子的桶里倒热水,他点燃了烟斗,把餐具进行一番必要的冲洗。接着,他小心地取出一本用旧鞍毡包好的平装书,坐在油灯旁边看起来。

　　牧场主把烟草袋扔到收拾干净的桌子上,又摆出酒瓶和玻璃杯,我知道蓄积已久的话语的洪水就要奔腾涌来,而我将首当其冲。但我拿自己的命运同已故的托马斯·塔克相比时,我还觉得满意,因为塔克吃了晚饭要用唱歌作为回报,这对他自己和对主人都是双倍的负担。

　　"下雪是糟糕透顶的事情,"罗斯开宗明义地说,"不知怎的,我觉得雪不利于健康。我能忍受零下两英寸的河水和泥泞、背阴处都达到一百一十度的高温以及中等程度的旋风,可是这种毛茸茸的白东西会让我发疯。我觉得它把一切搞得面目全非,所以使你烦恼。好比你有个老婆,早上离开她时,她穿着那件蓝布旧袍子,你晚上骑马回来时,发现她换了白绸的夜礼服,手里挥着鸵鸟毛扇和一束百合花。你岂不是会以为自己走错了地方,要掏出指南针来辨认方向?你在头脑清醒过来之前很容易上前去吻她。"

　　过了一会儿,罗斯话语的洪水升腾成了云(我是这样盼望的),凝成思想的细小的雪花;我们像心腹朋友或者势不两立的仇人那样默默地坐在火炉边。我思考着罗斯刚才的开场白,也就是那个覆盖我们的小小世界的、披着白貂皮的怪物对人们产生的神秘影响,我知道他说得有道理。

　　在奥林匹斯山诸神抛给我们的所有稀奇古怪的小玩意儿、神秘、谜团、期待回报的礼物、捕鼠夹和伪装得很好的祝福中间,最使我们感到不安、给我们带来最大不幸的就是雪。从科学的角度来说,雪是最美、最纯的——因此,我们一开头就对化学抱有怀疑。

　　雪落到了世界上,瞧呀!仿佛在一夜之间改变了世界面貌。雪掩盖了我们迷恋或为之闷闷不乐的旧创伤或者熟悉的地方。我们尽可能悄悄地裹紧我们刺绣的长袍,坐在卡马拉尔扎曼王子①的马背上或者麋鹿拉的圣诞老人的雪橇里,驶进七色融为一体的白色世界。这是我们的幻想能克服雪的祸害时的情况。

但在世界上的某些地方却出现了雪狂症,人们熟悉的惟一的世界被白色的帐幔遮住以后,便不知所措,发了狂。在城市里,白色的仙女扮演了喜剧角色,她挥动一下魔杖,把受骗的人搞得晕头转向。她的钻石鞋扣像霜一样闪闪发光;她踮起脚尖旋转一下,揭开了纯洁无瑕的狂欢舞会的序幕。

在荒僻的地方,雪有讽刺意味。它抹掉了局外人的世界,却没有在另一个星球上提供立足之地作为回报。它使地球成为脚下的苍穹;让我们在邪恶胜过奇异和美的、怀有敌意的、第五元素的空间跌跌撞撞地摸索。作为粗俗的喜剧女演员,自然界戏弄了人。尽管她把人当做最高级的产品推出来,但塑造的轻率和拙劣程度简直令人难以置信。人的结构片面而不平衡,不对称的两半被拼凑在一起,走路时难免偏移。遇到下雪的黑夜,那个可笑的两足动物由于他的有缺陷的结构,会迷失方向,沿着圆周不断行进,直到累死为止。

对于干渴的喉咙来说,雪仿佛是硫酸。表面看来,它像天使的早餐那么值得赞美,到了嘴里却像生姜那么火辣辣的,增加了脱水的人的苦痛。它是水、空气和某种抽去热量的令人毛骨悚然的冷火的衍生物。人们咏赞它,即使那些被它的魅力搞得发狂、在阁楼里被它冻得瑟瑟发抖的诗人也写了无数歌颂它美丽的诗篇。

然而,即使对于穿了大衣仍凄苦万分的乐观主义者,雪是灾害——埃及法老侥幸避开的具有腐蚀性的灾害。瑞雪兆丰年,它

---

① 卡马拉尔扎曼,《天方夜谭》里与中国公主相知相爱、交换戒指定情的阿拉伯王子。

仁慈地覆盖着麦田,大大地增加产量——面粉托拉斯却像急性扁桃体周脓肿那样卡住了我们的喉咙。雪把它白色长裙的裙摆铺在与气候恶劣的北部地区接壤的红色缝上——于是产生了阿拉斯加的短篇小说。山区的旅客钻进雪洞躲避寒风,雪给了他庇护,可是第二天它背信弃义地融化了,淹死了下面山谷里的他的弟兄。

在最糟糕的情况下,雪是牢笼、严酷的考验,和喀耳刻的把人变成猪的魔杖。当雪把人困在孤寂的牧场、山间的小屋和森林里的茅舍时,它能把最坚强的人变为猿猴和老虎;把本来脆弱的人变得更脆弱,使他们的言语像幼儿那么含混不清,使他们的思想变得无法无天、怨恨恶毒。这一切并不完全是由孤立引起的;雪不仅仅起了封锁作用;它还是个化学反应。引起一般人的反应的不仅仅是加一点钾和镁,少许亚当、亚拿尼亚和尼布甲尼撒①的性格,和分开了怕冷、挤在一起又怕刺的豪猪的别扭脾性。

你会说,这算不上故事;好吧,我们现在开始讲故事吧。

有人敲门。(畅销作品的最佳读者,这种开头是不是交代了来龙去脉,富于暗示?)

我们拉开门闩,跌跌撞撞地进来了艾蒂安·吉罗(这是他后来自报的姓名)。当时他只是一条裹在要命的白色茧子里挣扎着要活命的蠕虫。

我们扒掉积雪、雨衣、大衣和围巾,挖出一个留着凡·戴克②式胡子、戴着闪亮钻戒的活物。我们按照公认的全套课程,用雪擦替他擦手脚,给他喝热牛奶,一匙一匙地喂他威士忌,终于把他拉扯到了毕业班,有资格领取半杯热水加小半杯裸麦威士忌的文凭。

---

① 亚拿尼亚是《新约·使徒行传》第5章中把应该献给使徒的钱私藏起来的信士;尼布甲尼撒是蹂躏耶路撒冷、幽禁犹太人的巴比伦王。
② 凡·戴克(1599—1641),佛兰德斯画家,英王查理一世宫廷画师,作品多以宗教、神话为题材,尤以贵族肖像画著称。

一个牧场帮工听到罗斯号角声似的呼唤,从住处跑来,把陌生人的站立不稳的矮种马连牵带踢地弄到招待牲畜的避风的畜栏。

这里不妨插一段吉罗的简介。

我们得知,艾蒂安本来是歌剧演员;但是一连串的不幸遭遇和现在的这场大雪害得他五音不全。不幸遭遇包括他所属的圣萨尔瓦多歌剧团的歇业、在饭店二楼干了一段时期、然后专门看手相,从一个城市到另一个城市。艾蒂安像别的专业看手相的人一样,每逢在爱情线上太顺的时候,立刻走上阻力最小的路线。艾蒂安自己虽然没有吐露,我们猜测他最后一次是连夜出走,比赶来抓他的警察早了二十分钟,结果遇上了大雪。他谈到雪的时候心有余悸,因为艾蒂安在巴黎出生,像果园一样,看到雪就害怕。

"糟透了!"艾蒂安又喝了小半杯酒说。

"彻头彻尾、无声无息、一片白茫茫……白茫茫!"罗斯跟进说。

"恶劣。"我说。

厨师没有吭声。他站在门口揣摩着我们的突然发作;我从他冷漠的容貌后面接收到两个不间歇的无线电信号。一是乔治认为我们辱骂雪是闹小孩脾气;二是乔治不喜欢意大利人。既然艾蒂安是法国人,我认为自己收错了信号。于是我问道:"你不是真的指意大利人吧?"无线电传来心灵的电码说:"真的。"我想,乔治大概认为外国人都是"意大利人"。我认识另一个营地厨师,他认为Mons.、Sig. 和 Millie(密西西比河流域把 Mlle. 读成 Millie)都是意大利的教名①;这位厨师老觉得纳闷,新罗马人的家名②为什么这样贫乏,因此,为什么——

---

① Mons.、Sig. 和 Millie. 分别是法语 Monsieur(先生)、意大利语 Signor(先生)和法语 Mademoiselle(小姐)的缩写。
② 古罗马人的第三名,例如恺撒姓名 Caius Julius Caesar 中的 Caesar。

我先前说过,雪是对人们的考验。艾蒂安站在窗前,咬着自己的指甲,尖声抱怨日子太单调,这样过了一天、两天。对我说来,艾蒂安正像雪那样难以容忍,第二天我出去看看我的马,可是在石头上绊了一跤,摔断了锁骨,此后要接受的考验不单单是雪了,还有仰卧休息。那种考验是任何人都经受不住的。

然而,我乐天知命地咬紧牙挺着。我现在只是个旁观者,我躺在大房间里的长榻上,带着置身事外、超脱忘我的感觉冷眼观察人类的相互影响,法国作家说那种感觉是文学家不可或缺的,美国作家则说对法罗赌场的老板至关重要。

"在这个糟糕透顶的地方,我会发疯的!"艾蒂安不停地预言。

"以前我从不知道马克·吐温这么叫我腻烦。"罗斯不停地抱怨。他坐在另一扇窗前,一坐就是好几个小时,一边放着一盒匹兹堡的低级雪茄,雪茄像匹兹堡的贪污丑闻那样又长又凶又臭,另一边放着马克·吐温的《含辛茹苦》《跳蛙》和《密西西比河上》。他每看一章就点燃一支雪茄,狠狠地抽几口。结果他反复产生痉挛、胃炎、吸烟腹痛,或者匹兹堡人过度关注贪污丑闻时常有的毛病的征兆。为了抵挡腹痛,罗斯一再服用"斯蒂尔老大夫琥珀色美国腹痛灵",四十八小时后——结果是焦虑不安。

"以前我看马克·吐温的书从来没有这么心烦。绝对没有。"罗斯啪的一声把《含辛茹苦》扔到地上,"我想人们被雪困住的时候,需要的是悲剧。幽默只会使人觉得别扭。这种死乞白赖地装出滑稽的东西让你难受,你真想把书撕掉,掏出手帕,大哭一场。"

在房间的另一头咬指甲的法国人放下手指大声说:"幽默!这种时候还有什么幽默!天哪,在这个糟糕透顶的地方,我会发疯的!"

"开晚饭了。"乔治宣布说。

拉伯雷说过:"伟大的上帝创造了星球,我们制作了美妙的饭菜盘子。"那时候，在牧场里吃饭同拉伯雷所说的不能相比，我们毫无兴趣。我们吃饭，并不是维持身体需要，只不过是转移一下注意力而已。以后的发展，却是罗斯、我或者艾蒂安永远忘不了的。

饭后，罗斯和艾蒂安又开始抽雪茄、咬指甲。我的肩膀痛得要命，我眯缝着眼睛看那个壮实的厨师的熟练的操作，尽量不去想肩痛。

我看见他突然像狗一样竖起耳朵。接着，他迅速跨出一步，走到门前，猛地打开门，站在那里。

别人都没有听到动静。

"怎么啦，乔治？"罗斯问道。

厨师在黑暗中沿着门边伸出手，摸到了什么。他小心地踏进雪地，弯下腰，抱起一件东西，后背手臂下的肌肉稍稍鼓了起来。接着他退到门里，有条不紊地关好门，放下那件东西，同火炉隔一段安全的距离。

他挺直腰，神情严肃地看着我们。我们在神秘的悬念中谁也没有动弹。

"一个女人。"乔治说。

那位小姐的名字是维利·亚当斯。职业：教师。当前的副业：在雪地里迷了路。年龄："啧啧"（在波斯语里是"二十"的意思）。如果你要描述维利·亚当斯小姐，不妨到树林里去。杨柳是她的优雅；山核桃木是她的骨气；白桦是她的白皙的皮肤；树顶上的蓝天是她的眼睛；柔软的蚕茧丝是她的头发；她说话像是六月的晚风拂过树叶的飒飒声；她的嘴唇红得像是冬青树的浆果；她的手指像玉笋；她的脚步像小鹿的足迹。她给眼花缭乱的单身汉的总的印象是——只见树木，不见森林。

在这个时候，心理学迈着山猫般静悄悄的脚步走进了牧场主宅。三个男人、一个厨师和一个年轻美丽的女人被雪困住了。别把我计算在内,反正我本来就不作数。我和女人相处的时候从来不作数。你愿意的话,厨师也可以剔除。但你得注意她对罗斯和艾蒂安所起的作用。

罗斯把马克·吐温塞进一个箱子,锁了起来。他抛弃了匹兹堡的丑闻。此外,他把三天没剃的胡子刮得干干净净。

作为法国人,艾蒂安从胡子开始着手打扮。他从坎肩口袋里掏出一小管匈牙利香脂,抹在胡子上。然后从同一个口袋里取出一把小铝梳子梳理一番。再用同一个口袋里取出的小剪刀修剪一下。他的轻浮的法国心情突然奇迹般地起了变化。他哼着愉快的圣萨尔瓦多歌剧团的曲调;他咧着嘴傻笑,捻着胡子,欠身鞠躬,说些傻话,踮着脚尖打转。连放荡的民谣歌手也不能同艾蒂安相比。

罗斯采取了唐突霸道的方法。"小女子,"他说,"欢迎欢迎!"——还加了一句他认为带有微妙的双关意义的话——"不管下不下雪,欢迎你待在这里,爱待多久就待多久。"

亚当斯小姐有点惊恐地向他道谢,白桦树皮泛起了些许冬青树浆果的颜色。她慌忙打量四周,仿佛想夺路而逃,但是除了厨房和指派给她的房间以外,没有别的地方可去。她找了个借口,躲到她的房间里去了。

后来,我假装睡着,听到了下面的谈话:

"亚当斯小姐,在你美丽可爱的脸出现在这个糟糕透顶的地方之前,我几乎要闷死了。"我睁开右舷那只眼睛。看见一根手指使劲在卷绕胡子梢,斯文加利①的眼珠子在乱转,椅子越来越近地

---

① 英国小说家乔治·杜莫里埃的小说《特里尔比》中,少女特里尔比师从匈牙利音乐家斯文加利学习声乐,在斯文加利具有催眠魔力的眼神的影响下,获得极大成功,一次在伦敦演出,斯文加利突发心脏病死去,特里尔比从此失音。

朝女教师坐的椅子挪过去。"我是法国人——你知道——冲动——敏感!我不能忍受牧场房子里的沉闷时光;但是——来了一个女人!啊!"我的肩膀痛得像有九只老鼠和一头老虎在啃咬。"变化多么大啊!一切充满了光明和欢乐;你笑的时候,一切都跟着你笑。你有心、美丽和品位。我感到你的心时,我的心回到了我的胸中。啊!"他把手按在坎肩口袋上。他从这个有利地形突然抓住女教师的手:"啊!亚当斯小姐,我无法表达我对你的——"

"开晚饭了。"乔治说。他正站在法国人的耳朵后面。他的眼睛直盯着女教师的眼睛。看了三十秒钟后,那张北冰洋的冰冷漩涡般的脸上的嘴动了动:"两分钟后开晚饭。"他结束说。

亚当斯小姐如释重负地跳了起来。"我得准备准备。"她说罢,机灵地溜进了自己的房间。

罗斯晚了十五分钟才来。盘子收掉后,我等屋子里没有别人的时候把刚才发生的事情告诉了他。

他激动之下,不假思索地点燃一支雪茄。"肮脏的、看手相的黄鼠狼,"他咬牙说,"如果他不检点,我会把他打得浑身都是窟窿——他竟敢这么对我妻子说话!"

我惊跳起来,锁骨错了位,又得多躺一星期。"你的妻子!"我张大嘴说。

"不错,我打算娶她为妻。"他宣布说。

畅销书的最佳读者啊!那之后,牧场房子充满了郁积的情绪,空气十分紧张。

罗斯像老鹰盯母鸡似的盯着亚当斯小姐,像老鹰盯稻草人似的盯着艾蒂安。艾蒂安则像黄鼠狼窥视鸡舍似的窥视着亚当斯小姐。

作为被追逐的对象,亚当斯小姐的日子很不好过。前不久,她刚逃脱皑皑白雪的折磨,在几个小时里,大自然把这个弱小女教师的视野局限在她自己身上,谁都不知道她经历了何等深刻的女性内省。现在她突然陷入男人的包围,非但没能得到解救和安全,反而发现自己又落进新的不安。即使在自己的房间里,她也能听到那几个强人所难的求婚者的大嗓门。"我要把你打得浑身都是窟窿!"罗斯嚷道。"你们要为我作证。"艾蒂安朝我和厨师挥舞着手尖叫说。她不可能知道那几个男人前几天憋在屋子里烦恼万分的情况。她原指望看到西部人坦诚的同舟共济的精神,却看到了两个男人勾心斗角,乘人之危,要从她的无奈的处境中勒索一些风流韵事。

她时不时过来护理我一下,借此躲避罗斯和法国人。他们两人也来凑热闹,帮忙护理。这种组合自然引起了我作为病号的乖戾心情,我把他们统统赶走。有一次,她觑准机会悄悄对我说:"我在这里担心死了。我不知道该怎么办。"

我支起肩膀,温柔地回答说我对占星学颇有研究,看到月亮正位于第八宫的处女座,表明一切都会逢凶化吉。

但是二十分钟后,艾蒂安又在替她看手相了,我觉得她的星位也许有必要重新布置。

日落时,艾蒂安去外面不知干什么事了,罗斯把马克·吐温又翻了出来,一直闷闷不乐、不声不响地坐着,这时又发动了冲刺。

他站在亚当斯小姐面前,居高临下地瞅着她的前额和头发交界处那块让人看了眼目清凉的地方。他先使劲瞥了我一眼。我睡得很沉。

"小女子,"罗斯以他典型的方式开口说,"像我这样的男人看到你这样烦恼,确实不好受。你"——他咽了一口唾沫——"你在这个世界上孤独的时间太久了。你需要一个保护人。我想说,你在这种时候需要一个最凶恶的保护人——一个非常乐意打烂那个招你讨厌的黄鼠狼的橘黄色嘴巴的保护人。嗯。嗯。我是个孤独的人,亚当斯小姐。到目前为止,我的家里没有"——他又咽了一口唾沫——"没有女人的甜美的光辉。在这种时候,我尤其感到孤独,我关在屋子里,几乎要发疯了,因此你一到这里,我就非常欢迎。这几天,各种各样的卑鄙、低劣、美好、崇高的感情都涌上我心头,是我多年来未曾有过的。"亚当斯小姐试图逃跑,但是不成。罗斯的态度十分坚决。"我不愿意惹你生气,亚当斯小姐,但是凭地狱发誓,即使惹你生气,我也没有法子了。那个在你手掌上指指划划的法国二流子非从这里滚蛋不可,只要你一句话,我就把他踢出去。但是我不愿意做不漂亮的事。你得表个态。我是大老粗,说话喜欢直来直去,现在我要谈谈正事,维利——维利小姐。这两天来,我竭力控制自己,可是控制不住,要出事了。这种紧张的气氛连孤独的牧羊人也会憋死的。维利小姐"——他用足力气抓住她的手——"只要你一句话。你需要一个人一辈子保护你。你愿不愿意同我结——"

"晚饭。"乔治在厨房门口简洁地说。

亚当斯小姐急忙跑开。

罗斯愤怒地转过身。"你——你——"

"我已经考虑了一会儿了。"乔治说。

他缓慢地拿来咖啡壶。然后勇敢地拿来一大盘猪肉煮豆子。忧郁地拿来土豆。深沉地拿来面包。"我已经考虑了一会儿了。没有必要再等斯文加利。我们先吃吧。"

我从长椅上的有利地形观看了那顿晚饭的全过程。罗斯慌张,失望,怒目而视;艾蒂安不停地奉承讨好,挤眉弄眼;亚当斯小姐紧张,拨弄着食物,回话时游移不定,几乎有点歇斯底里;厨师壮实的影子像雾中呈现的大无畏号战舰,时不时在他们背后掠过。

以前我有一台钟,报时前三分钟总要咔咔响一下。因此我了解等待预期的事件发生时的滋味。有时候,我半夜三点钟醒来,听到钟咔咔一响,我便等那三分钟后一定会来的三下报时钟声。那晚上,在罗斯的牧场主宅里,高潮的货运慢车老远就拉响了汽笛。

艾蒂安晚饭后开始发难。亚当斯小姐突然对厨房的布置感到浓烈兴趣,我听到她在厨房里兴致勃勃地对乔治说话——不是同他说话——因为他正低着头把锅盘瓢勺弄得直响。

"我的朋友,"艾蒂安吐出一大口烟雾,伸出又瘦又长的胳臂,用戴着钻戒的手拍拍罗斯的肩膀,"我认为我应该开诚布公同你谈谈。首先,你我是情敌;其次,因为你对这种事情十分认真。我——我是法国人。我喜欢女人——"他把鬈发朝后一掠,露出一口黄牙,朝厨房吹了一个气味难闻的飞吻,"我想这是我们的民族性格。法国人都喜欢女人——漂亮女人。你瞧:我在这里!"他摊开双臂,"外面很冷!我讨厌冷!雪!我讨厌糟糕透顶的雪!两个男人!这里一个"——他指指我——"那里还有一个!"他指指罗斯,"我心烦意乱!我站在窗口扯自己的头发,整整有两天!我紧张不安,脑袋里乱哄哄的!突然——看哪!一个女人,一个好看、迷人、天真的年轻女人!我当然高兴。我又成了原来的我——轻松、愉快、幸福。我向小姐献殷勤;消磨了时间。先生,这就是女人的作用——消磨时间!娱乐——像音乐,像酒一样!

"她们投合你的心意、想法和脾气。同女人一起玩,顺着她的意思,追求她——啊!这是打发时光的最愉快的办法了。"

罗斯猛拍一下桌子。"闭嘴,你这个不要脸的黄狗崽子!"他吼道,"我反对你在我家里追求任何东西、任何人。你给我听着,你——"他拿起雪茄烟盒当醒木拍桌子。响声引起厨房里的姑娘的注意。她悄悄溜回大房间。"我根本不知道你的法国求爱方式,也不想知道。在我们这个地方,两军相遇强者胜。我是这里最强的人,你别忘了!这个姑娘我要定了。不准再有什么玩耍、追求、看手相了。我打定主意要这个姑娘,没有商量余地。在这一带,我说的话就是法律。她是我的,只要她说愿意跟我,你得走人。"雪茄烟盒重重地拍了一下,作为句号。

艾蒂安并不罢休。"啊!那不是赢得女人的办法,"他轻松地笑着说,"我丑话说在前面,你这样永远赢不到她。不。这个女人不行。这个可爱迷人的小东西,你必须先逗她玩,然后吻她。对,吻她一下!她就是你的了。"他又露出了讨厌的黄牙。"我可以同你打赌,我要吻她——"

作为记载快人快事的编年史家,我很高兴地叙说,艾蒂安的多情嘴唇接触到的并不是罗斯的巴掌。突然听到像是骡子踢木板栅栏的一声巨响,艾蒂安从遗忘的旋转门里飞了出去。

我看到这一巴掌是怎么打下去的。一个超然的、自发的、几乎是漫不经心的动作。我原以为厨师在练习翻薄煎饼呢。

他默默站着,若有所思地挠挠头。接着,他放下袖管。

"小姐,你最好收拾你的东西,我们离开这里,"他决定说,"穿得暖和一些。"

我听到她宽慰地叹一口气,去拿她的大衣、毛衣和帽子了。

罗斯跳起来说:"乔治,你要干什么?"

朝我走来的乔治慢慢转过身,面对他的雇主。"我做过营地厨师,骑马的技术不错,"乔治让我们明白了他的意图,"我想借这个人的马。"

四天来,我第一次感到由衷的高兴。"如果你有洛钦法尔的打算,尽管骑走。"我大方地说。

厨师打量了我片刻,仿佛要辨辨我话里有没有侮辱他的味道。"不,"他说,"是我和那位小姐的打算,我们只骑三英里——去西克斯维尔。罗斯,我有些话要对你说。"罗斯刚要开口,乔治转过身,结实的背部朝着我,用低沉有力的声音简洁地对主人说。"你的毛病出在神经上。你无法忍受大雪。你一天比一天烦躁,神经兮兮。你的毛病,加上那个意大利人"——他把大拇指朝躺在角落里半死不活的法国人一摆——"使我觉得我不得不出头干预了。我一直在思考,认为必须做些什么,立刻做,否则这里会闹出人命来,而且"——他的头向姑娘的房间微微一点——"可能还会出更糟糕的事。"

他停下来,伸出一根粗大的手指,示意别人不要开口。他接着把他的想法说了出来。"至于这个女人。我了解你,罗斯,也了解你对女人的真实想法。假如她不是因为这场大雪来到这里,你在女人方面,根本不会多想。等风雪平息后,你和帮工都出去忙活,这里发生过的事情统统会给抛在脑后,直到天国降临之前,你再也不会去想女人。这一切完全是因为下了一场雪,别忘了,你生活的世界同四天前的一模一样。你还是四天前一模一样的你。只不过在屋子里憋了四天,怎么就搞得一团糟呢?我思考的就是这件事,终于做出了这个决定。"

他走到门口,叫一个帮工替我的马备鞍。

罗斯点燃一支雪茄,沉思地站在房间中央。他说:"我有个好主意。乔治,我真想打掉你那个该死的脑瓜,把你扔到那堆雪里去——"

"你错啦,先生。你那个主意一点也不好。而且糟透啦。你自己看!"他指着门外,我们两人顺着他指点的方向望去,"你们困在这里至少还得一个星期。"他让我们信服后,朝罗斯嚷道:"你会做饭吗?"又朝我嚷道:"你会做饭吗?"至于角落里的艾蒂安,他看都不看。

罗斯和我认真考虑着假如没有厨师做饭,一星期的日子怎么过,不敢吱声。

"如果你动动脑筋,"乔治说,"不同我闹翻,我打算做的只是把这位姑娘送到西克斯维尔,然后再回来替你们做饭。"

马和亚当斯小姐同时到了,马和人都神情严肃,不声不响。马之所以严肃,是因为它知道它将面对的是什么气候,姑娘之所以严肃,是因为她将告别那种气候。

我突然领悟到厨师要干什么。"天哪!"我喊道,"这么大的雪,难道你不怕吗?"

我听到罗斯在我背后说,"他才不怕呢。"

乔治利索地把姑娘举上马,让她坐在鞍后,他自己戴好手套,把脚伸进马镫,从容地看看我。

这时,我心目中似乎看到雪的制图符号,也就是代数学的等号,同时听到面前那个人的回答。

"我姓斯诺①。"乔治说。他跨上马鞍,在暮色中谨慎地进入雪花造币厂发行的新纸币的漩涡。姑娘快活地挨在营地厨师壮实的背后。

我离开罗斯·柯蒂斯的牧场主宅时带走了三件东西——不,四件。一是我的拙笔传达给各位的我对雪的评价;二是我小心保护的锁骨;三是吃了一星期糟糕透顶的伙食的回忆;四是第三点的起因,也就是一星期后才送到的、一张用蓝铅笔写在包肉纸上的便笺。

> 乔治:我不能回去干你那里的工作了。斯诺太太不同意。

我考虑了种种情况,她是对的。

---

① 斯诺(Snow)是英文中的"雪"。